고전에서 길어올린
한식 이야기
식사

食史

고전에서 길어 올린
한식 이야기 식사

초판 1쇄 발행 | 2017년 9월 10일
초판 3쇄 발행 | 2019년 6월 17일

지은이 | 황광해

발행인 | 정욱
편집인 | 황민호
출판사업본부장 | 박종규
편집장 | 박정훈
책임편집 | 백지영
마케팅본부장 | 김구회
마케팅 | 이상훈 김학관 김종국 조안나 반재완 이수정 임도환
국제판권 | 이주은
제작 | 심상운
디자인 | 김규림

발행처 | 대원씨아이(주)
주소 | 서울특별시 용산구 한강대로15길 9-12
전화 | (02)2071-2000
팩스 | (02)749-2105
등록 | 제3-563호
등록일자 | 1992년 5월 11일
홈페이지 | www.dwci.co.kr

© 황광해 2017

ISBN 979-11-334-6118-9 13900

※이 책은 대원씨아이(주)와 저작권자의 계약에 의해 출판된 것이므로, 무단 전재 및 유포, 공유, 복제를 금합니다.
※이 책 내용의 전부 또는 일부를 이용하려면 반드시 저작권자와 대원씨아이(주)의 서면동의를 받아야 합니다.
※잘못 만들어진 책은 판매처에서 교환해 드립니다.

고전에서 길어 올린
한식 이야기 식사

食史

황광해 지음

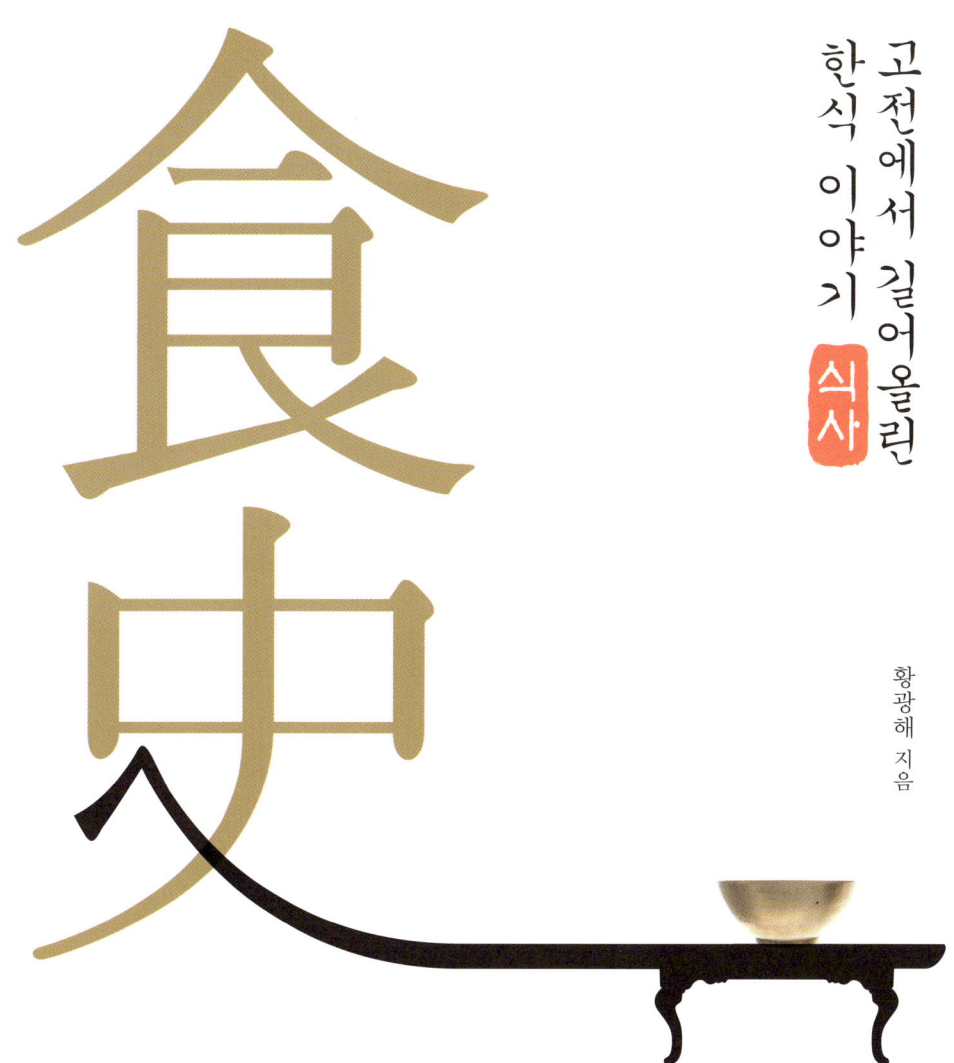

하빌리스

추천사

그가 요리와 음식을 업처럼 삼은 지 꽤 되었다. 그의 관심사는 주로 사라져가는 것들이었다. 음식이든 재료든, 조리법과 그것을 만들던 사람까지. 이미 멀리 기자 시절부터 관련 글을 썼는데, 이제 팔자가 된 것 같다. 그가 늘 하는 말이 "요새 공부하느라 바쁘다"다. 들은풍월로 선생 소리 듣기 어렵지 않은 게 요리 글이고, 음식 칼럼이라는 얄팍한 동네에서 말이다.

그의 글이 차진 건 일단 뒤지고 보는 기자 근성에서 온다. 읽어서 새기고, 찾아서 묻는다. 그 내력이 이 글에서 다시 확인된다. 왕조실록을 기본으로 삼아 우리 음식의 역사를 거꾸로 추적해 들어갔다. 제사와 잔치를 빼면 음식에 대한 역사적 기록물은 상당히 엷고 희미하다고들 한다. 그래서 집요한 포집으로 읽고 묶어내는 것은 공력이 든다.

발로 쓴다는 말이 흔했던 때가 있었다. 일일이 파고든다는 뜻의 상찬이었다. 이제는 점차 듣기 어려운 말이었는데 황광해가 수공으로 채운 이 노고가 그 말에 드물게 필적할 것 같다. 더구나 이제는 사라진 풍습, 없어지다시피 한 음식들의 촘촘한 수배가 허전한 속을 채워준다. 음식이 풍요로워진다는 건 어쩌면 그 안에 이야기가 있다는 뜻이기도 하다. 그 이야기를 불러온 사람께 감사하다.

박찬일('몽로' 요리사, 음식칼럼니스트)

친구도 30년쯤을 넘기면 무덤덤해진다. 한해쯤 연락 없이 지나기도 한다. '언제 밥 한번 먹지?'가 언제적 이야기인지 모르겠다. 황광해와 밥 먹은 지도 꽤 된 것 같다.

황광해는 글을 쓰고, 나는 사진을 찍는다. 황광해는 책을 내고, 나는 사진전시회를 연다.

책 내는 것 쉽지 않은데, 가끔 책을 낸다고 해서 그저 '대단하군!' 하고 생각했다. 이번엔 다르다. 동아일보 연재칼럼을 신문, 인터넷으로 봤다. 대단하군, 이렇게 많은 자료를 언제 다 봤담?

책으로 묶으면 좋은 자료집이 되겠다고 했더니, "누가 내자고 하겠어? 별 재미도 없는 칼럼을"이라고 했다. 결국 책 낸다고 연락이 왔다. 내 말이 맞았다.

식재료와 음식에 대한 꼼꼼한 기록이다. 책으로 묶는다니 더욱더 반갑다.

공부하느라 바쁘다, 하지 말고 언제 밥 한번 먹자는 말을 남긴다. 이제 칼럼 연재도 끝나고 단행본으로 묶었으니 공부한다는 핑계는 대지 말자. 다 먹자고 하는 짓이다.

김용호(사진작가, 915인더스트리갤러리 대표)

머리말

재주가 짧고 얕다. 더하여 게으르고 미련하다.

오늘 해야 할 일을 걸핏하면 내일로 미룬다. 대책이 없다.

공부를 할 재목이 아닌데, 원고를 쓰기 위해 팔자에 없는 공부로 허둥지둥했다.

동아일보에 매주 11매, 음식 칼럼을 기고했다. '역사 속의 한식' '우리가 모르는 한식 이야기'다.

어, 하는 사이 해를 넘기고 원고가 쌓였다.

60여 회 분량을 묶어서 책으로 내자는 제안을 생각 없이 받아들였다.

글 말미에 몇 자씩 적어 넣었다. 면피용인데 제대로 면피가 될는지는 의문이다.

원고 쓴답시고, 팔자에 없는 늦공부를 하면서 "학교 다닐 때 이 정도로 공부를 했으면…." 싶은 생각이 들었다.

교양한문의 고 이가원 선생님, 중국사 고 황원구 선생님의 강의만 열심히 들었어도 오늘날 요 모양 요 꼴은 아니었을 터이다.

"食不厭精 膾不厭細(사불염정, 회불염세)"

정하게 지은 밥과 가늘게 썬 회가 좋으나, 굳이 구복口腹을 위하여 찾지는 않는다.

한식이 무엇인지, 허둥지둥 공부를 하다가 우연히 찾은 스스로의 답이다.

모든 인용에 대해 출처를 밝혔다.

눈 밝은 이가 한식을 제대로 곧추 세우는데 작은 거름이라도 되면 좋겠다는 바람을 가지고 있다.

졸문을 무던히 게재한 동아일보 편집 팀에 감사드린다.

대원씨아이(주)의 황민호 전무와 편집부의 도움이 없었다면 칼럼을 책으로 묶는 일이 어려웠을 것이다. 자료를 챙겨준 '한식사용법연구소'의 남아영 팀장에게도 고마움을 전한다.

내 인생의 세 여자, 어머니, 아내, 딸에게는 늘 미안하다.

2017년 7월
글쓴이 황광해

차 례

추천사 • 004
머리말 • 006

1장 곡식 穀

01	냉면	가지런한 냉면 가락에 배추김치는 푸르구나	• 014
02	수반	물에 만 밥은 정치적인 음식이다?	• 019
03	두부	전생에 지은 죄가 많아 금생에 두부를 만든다	• 023
04	고구마	조선시대에 고구마로 소주를 만들었다?	• 028
05	메밀	굶어 죽을 목숨을 숱하게 구했다	• 032
06	쌀	왕은 어떤 쌀을 먹었을까?	• 036
07	죽과 미음	더 이상 살 마음이 없으니 좁쌀죽도 먹을 수가 없다	• 040

2장 고기 肉

08	신선로/ 전골/ 불고기	신선로, 스기야키, 열구자탕은 모두 같은 것이다	• 046
09	만두	'쌍화점'은 우리나라 최초의 외국계 만두 전문점이다	• 050
10	설렁탕	설렁탕과 선농단은 아무런 관련이 없다	• 055
11	돼지고기	우리는 돼지 기르는 일을 잘하지 못했다	• 060
12	닭고기	꿩 대신 닭이 아니라 소 대신 닭이라	• 064
13	쇠고기	세종대왕 사촌, 밀도살로 귀양길에서 죽다?	• 069
14	녹미	도무지 맛을 짐작할 수 없는 사슴꼬리?	• 074
15	육개장	개고기를 먹지 않으니 개장국이 육개장이 되다	• 078
16	달단족의 쇠고기	한반도 쇠고기 문화는 '달단, 화척, 백정'에서 찾아야 한다	• 082

17 __ 열구자탕	열구자탕, 탕제자, 스기야키가 어울려 신선로가 되다		• 086
18 __ 곰탕과 대갱	대갱은 고기 국물이고 소금과 채소를 더하면 화갱이라		• 091
19 __ 타락죽과 수유치	수유는 치즈다 수유치는 치즈 만드는 이다		• 096

3장 생선 魚

20 __ 회	서리 맞은 석자 미만 농어에 잘게 썬 국화 꽃잎을 더했더라		• 102
21 __ 굴	무정한 물건이 마치 정이 있는 듯 꽃을 피웠구나		• 106
22 __ 전복	백성들이 전복 때문에 고생하니 앞으로 3년 동안 입에 대지 않겠다		• 110
23 __ 청어	이름도 참 많구나 관목어, 비유어, 비우어		• 115
24 __ 복어	사람의 목숨과도 바꿀 만한 맛이라		• 119
25 __ 명태	명태 하나에 젓갈만 넷이라 창난젓, 명란젓, 아가미젓 그리고 김치를 담느니		• 124
26 __ 미꾸라지	오래전부터 흔하게 먹었으나 천한 음식이니 기록이 없다		• 128
27 __ 위어	행주산성 아래 위어, 서빙고의 얼음 채워 한양 도성으로 옮기다		• 132
28 __ 밴댕이	한낱 생선이 무슨 속이 좁으랴? 그저 내장이 약하니 잘 터질 뿐!		• 136
29 __ 조기	너무 흔하고 많이 잡히니 따로 설명할 필요도 없다네		• 141
30 __ 뱀장어	깊은 바다에서 알을 낳으니 도무지 그 정체를 알기 힘들다		• 146
31 __ 홍어	부드러운 뼈는 씹기 좋고 넉넉한 살은 국 끓이기 좋아라		• 151
32 __ 문어	대팔초어는 문어요 소팔초어는 낙지라		• 155

4장 과채 菜菜

33__ 김치	김치, 중국에서 시작되었으나 화려하게 꽃피운 것은 한반도라네	• 162
34__ 잡채	정작 채소는 빠진 '여러 가지 채소 모둠'이 슬프다	• 167
35__ 귤	어찌 맛있다고만 말하랴? 술잔으로 만들면 그 향에 취하는 것을!	• 171
36__ 인삼	인삼은 산삼이고 홍삼은 인삼을 가공한 것이다?	• 175
37__ 미나리	그대 기억하는가, '미나리 궁전'에서 공부하던 시절을?	• 180
38__ 상추	수나라 사람들이 천금을 주고 사들이니 고구려 상추는 천금채라	• 184
39__ 부추	산중의 채소 중에서 봄 부추가 가장 맛있더라	• 188
40__ 수박	하얀 속살은 마치 얼음 같고 푸른 껍질은 빛나는 옥 같다	• 192
41__ 오이	중국 사신, 그해 봄 오이가 익을 때까지 돌아가지 않았다	• 196
42__ 비빔밥	하나의 그릇 안에서 숱한 것들이 충돌, 화합한다	• 200
43__ 배추	한양 도성, 동대문 밖 왕십리는 배추가 잘 자라는 곳이라	• 205
44__ 여지	작고 별 볼 일 없는 과일 하나가 나라를 망하게 한다	• 209
45__ 곶감	잘 말린 곶감 표면에 하얗게 서리가 내렸구나	• 213

5장 향신 香辛

46__ 해장국	'해정'은 해장국이 아니다 조선시대에는 해장국이 없었다	• 220
47__ 후추	후추 몇 알에 이토록 기강이 무너지다니 이 나라도 망할 날이 머지않았다	• 226

48 __ 얼음	얼음은 '음'이고 여름은 '양'이니 양의 계절에 음으로 조화롭게 한다	· 230
49 __ 막걸리	산촌 막걸리, 거칠다 마라 마시고 취하면 그 어딘들 무릉도원 아니랴	· 234
50 __ 꿀	꿀은 달콤하지만, '불법 꿀'의 뒷맛은 쓰다	· 239
51 __ 생강	생강은 정신을 맑게 하나니 나이든 이들을 위한 보약이라	· 243
52 __ 울금과 강황	울금은 덩이뿌리, 강황은 뿌리줄기? 그래도 여전히 혼란스러운 울금과 강황	· 247

6장 사람人

53 __ 술과 술꾼	술이 피보다 진할까, 피가 술보다 진할까?	· 254
54 __ 신선로	'궁중신선로'는 없다 신선로는 차와 술 데우는 도구였다	· 258
55 __ 주막과 주점	'사설주점'인 주막은 언제부터 생겼을까?	· 263
56 __ 국왕의 고기반찬	자연재해는 국왕의 부덕 탓이니 왕은 고기반찬을 먹지 말라	· 267
57 __ 소주	한번 증류한 술은 소주요, 두 번 증류한 술은 환소주라	· 272
58 __ 중국배의 해산물 약탈	조선시대에도 '중국 막가파'는 조선 해안에서 약탈을 했다	· 276
59 __ 천렵	참 아름답고 서글픈 다산 정약용 천렵 '농땡이'	· 280
60 __ 명월관과 안순환	'명월관'의 안순환, 한식을 술집 안주로 팔아넘기다	· 284
61 __ 숙수의 삶	음식 만지는 일은 고귀하다 앞으로는 남자들만 만지게 하라	· 288

1장

곡식 穀

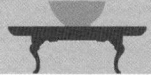

깊은 밤, 열한 살의 어린 국왕 순조는
궁궐로 냉면을 '테이크아웃'했다.
_《임하필기》

01 ___ 냉면

가지런한 냉면 가락에
배추김치는 푸르구나

　열한 살의 어린 국왕이다. 깊은 밤, 갑자기 냉면이 먹고 싶다. 주방의 남자 숙수熟手들은 모두 퇴근했다. 냉면은 어차피 별미다. 궁궐 밖의 냉면을 사다 먹기로 했다. 마침내 냉면을 사왔는데 곁에 시립侍立한 이가 뭔가를 숨기고 있다. 돼지고기다. 수육이었을 것이다. 순조가 말한다. "그이는 먹을 것이 따로 있으니 냉면을 줄 필요가 없다." 조선 후기의 문신 이유원의《임하필기》에 나오는 이야기다.

　이른바 '순조의 냉면과 돼지고기'로 순조 원년(1800년)의 일이다. 이유원은 1814년생이다. 어린 시절, '순조의 냉면' 이야기를 들었을 것이다. 이유원은 돼지고기 수육을 숨긴 신하에게 냉면을 주지 말라고 한 순조가 "속이 좁다"고 지적한다. 하지만 겨우 열한 살의 어린아이다. 오히려 이유원의 속이 좁은 것은 아닌가 하는 생각도 든다. 재미있는 것은 1800년 무렵의, 참 평화로운 '냉면 테이크아웃'이다. 군왕이 독살 염려도 없이 궁궐 밖 음식을 테이크아웃 한 것은 흐뭇하다.

　냉면에 대해서 가장 먼저 언급한 이는 조선 중기의 문인 계곡 장유(1587~1638년)다. 문집에 〈자장냉면紫漿冷麪〉이란 제목의 시가 있다. "자

냉면은 세계적으로 특이한 음식이다. 차가운 국수를 먹지 않는 나라는 드물지만 '차가운 국수=냉면'이라는 별도의 이름을 가진 음식도 드물다. 우리는 오래전부터 냉면을 먹었고 조선 후기에 이미 냉면을 상품화했다. 일제강점기에는 냉면이 설렁탕 등과 함께 주요한 외식 메뉴였다. 1930년대에는 냉면을 뽑는 주방 인력, 냉면을 배달하는 배달부의 파업도 자주 일어난다.

줏빛 육수가 노을처럼 영롱하고, 옥가루가 마치 눈꽃처럼 내렸다"고 했다. 자줏빛 육수가 무엇으로 만들었는지, 옥가루같이 흰 국수가 어떤 것인지는 알 수가 없다. 그저 '노을처럼 영롱한 자줏빛 육수의 냉면'이라고 표현했다.

냉면을 만든 재료는 메밀가루였다. 메밀은 글루텐 성분이 부족해서 면으로 만들기 힘들다. 녹말을 넣고 힘겹게 면발을 만들었다. 메밀은 교맥蕎麥으로 표기했다.

정조 시절 현감을 지냈던 문신 이인행은 순조 2년(1802년) 평안도 위원으로 유배를 떠난다. 유배 과정과 유배지의 삶을 기록한 《서천록西遷錄》에 냉면이 등장한다. "6월 초 이틀. 냉면을 즐기는 것이 이 지방(위원)의 풍습이다. 교맥으로(국수를) 만든 후, 김치沈菹, 침저국물로 (맛을) 조절한다. 눈, 얼음이 흩날리는 깊은 겨울에 쭉 마시면 시원하다"고 했다.

이인행과 교분이 깊었던 다산 정약용도 18세기 말, 황해도에서 먹었던 냉면을 기록으로 남겼다. 《다산시문집》에 나타나는 "납조냉면숭저

1930년대에 이미 냉면은 전국적으로 유행했다. 소설가 이무영은 〈영남주간기〉에서 경남 의령에서 한밤중에 냉면을 먹었다고 기록했다. 중국과 가까웠던 평양은 대도시였다. 냉면 소비도 많았다. 일제강점기, 평양에는 냉면 공장이 많았고 생산량도 많았다. 한국전쟁 후 월남한 실향민들에게 냉면은 소울 푸드였다. 서울에서 평양냉면이 오랫동안 살아남고 또 붐이 일어난 이유다.

벽拉條冷麵菘葅碧"이라는 문구다. 냉면과 배추김치(숭저)가 등장한다. 냉면의 육수가 배추김치 국물이었음을 알 수 있다.

　순조를 난처하게 한 돼지고기 수육은 비슷한 시대의 실학자 영재 유득공의 〈서경잡절西京雜絶〉에도 나타난다. 음력 4월의 평양 풍경을 이야기하면서 "냉면과 돼지수육의 값이 오르기 시작한다"라고 했다. 18세기 전후하여 냉면과 더불어 돼지고기 수육, 배추김치 혹은 김칫(동치미) 국물을 더불어 먹었음을 알 수 있다.

　냉면은 귀하면서도 비교적 흔한 별미였다. 조선 후기의 문신 유주목은 "돌아가신 아버지가 매월 초하룻날, 최승지 집에 가서 냉면을 선물로 드렸다"고 기록했다. 조선 후기에는 이미 냉면이 선물 품목이기도 했다.

　조선 말기, 일제강점기 무렵에는 냉면이 별미이면서 길거리 식당들의 주요 메뉴로 등장한다. 도공 출신으로 분원盆院을 운영했던 하재 지규식은 "종로에서 냉면을 사먹었고 냉면값이 1냥"이라고 명기했다. 지규식은 한 달에 여러 차례 냉면을 사먹었던 기록을 남겼다.

　일제강점기의 신문에는 냉면에 관한 기사가 자주 오르내린다. 상당수는 냉면 배달부의 파업에 관한 것이었다. 경성(서울)과 평양을 가리지 않고 냉면 배달부의 파업은 속을 썩였다. 평양에서는 냉면 배달부가 파업, 참다못한 시민들이 항의를 한다. 경찰서장이 냉면집 주인과 배달부 사이에서 파업을 중재한다. 동아일보 1938년 12월 1일의 기사는 퍽 드라마틱하다. 파업주체는 '평양면업노동조합平壤麵業勞動組合'으로 냉면산업에 종사하는 노동자들의 모임이다. 240명이 파업을 시작한다. 요구조건은 11월 18일까지 임금 90전을 1원으로 올려줄 것. 냉면집 주인들은 "12월 1일자로 임금을 올려주겠다"고 대안을 제시했다가 날짜를 12월 10일로 미룬다. 상황은 더 시끄러워진다. 이 기사 중에는 '냉면당冷麪黨'이라는 표현이 나오는데, 냉면 마니아다. 일제강점기에 이미 냉면 마니아들이 있었다.

냉면은 전국적으로 널리 유행했다. 소설가 이무영은 〈영남주간기〉(동아일보 1935년 5월)에서 "경남 의령에서 한밤중에 냉면을 배달시켜 먹었다"고 했다. 경성, 평양뿐만 아니라 남쪽의 지방도시에도 '한밤중 냉면 배달'은 흔했다.

못다한 이야기

냉면冷麪은 차가운 국수다. 어떤 국수든 차면 냉면인 셈이다. 그런데 이게 세계에서 보기 드문 음식이다. 외국의 대부분 국수는 뜨거운 국물에 면발을 만 것이다. 물 국수보다는 비빔국수를 널리 먹는다.

일본에도 찬 국수가 있다. 냉 소바도 차가운 국수다. 게다가 소바는 메밀을 재료로 만든다. 우리 냉면과 다를 바 없지만 일본인들도 한국 냉면을 각별히 좋아한다.

냉면의 육수는 배추김치 국물, 동치미 국물, 돼지고기 국물, 꿩고기 국물, 닭고기 국물, 쇠고기 국물 등으로 바뀌었다. 당시 구하기 쉬운 것, 가격이 싼 것부터 사용했다고 추정할 수 있다. 꿩고기가 사라진 것은 꿩이 맛이 떨어지고 꿩고기 단자 속에 뼛조각이 씹히는 등 불편했기 때문이리라.

어쨌든 냉면冷麪이라는 음식은 한반도에 유일하다. 왜 한반도에만 냉면이라는 음식이 생기고, 발전하는지에 대한 연구가 있으면 냉면 세계화의 길도 열릴 것이다.

02 ___ 수반水飯

물에 만 밥은
정치적인 음식이다?

효종 5년(1654년) 2월 10일, 정언 이상진이 영의정 정태화와 병조판서 원두표를 탄핵한다. 내용은 간단하다. 병조판서가 술상과 기생, 음악을 준비하여 상급자인 영의정의 집에서 한바탕 놀았다는 것이다. 상소문 중에 세종대왕 당시 영의정 황희와 호조판서 김종서의 '물에 만 밥', 수반水飯 접대가 등장한다. 김종서가 황희에게 물에 만 밥을 준비하여 접대(?)하려 했더니, 황희가 김종서를 뜰 아래 세워놓고 "아첨하려 한다"고 꾸짖었다는 내용이다.

'수반水飯'은 '물에 만 밥' 즉, '물밥'이다. 밥상 차리기 귀찮을 때, 밥 먹기 번거로울 때 후루룩 먹는 것이다. 예나 지금이나 '물밥'은 정식식

수반은 간편식이다. 한편으로는 비가 오지 않는 등 국가의 재난이 있을 때 국왕이 속죄하는 의미로 택했던 음식이다. 왕이 물에 만 밥을 먹으면 만류하는 것이 신하들의 도리이기도 했다.

사는 아니다. 간편식이다. 간단한 음식이지만 여러 가지 모습으로 나타난다.

수반은 때로는 정치적인 음식이다. 성종 1년(1470년) 5월 29일 《조선왕조실록》 기록에 수반이 나타난다. 성종이 "가뭄이 심하니 낮 수라를 수반으로만 올리라"고 명한 내용이다.

조선왕조 때에는 가뭄, 홍수 등 천재지변이 있으면, 국왕이 음식을 줄였다. 이틀 후인 6월 1일, 원로대신들이 수반을 멈출 것을 청한다. 내용이 상당히 길다. "근래 가뭄으로 인하여 감선한 지가 오래되었다. 낮에 또 수반을 올리게 하시니 예전에도 이렇게 한 적은 없었다." 성종이 답한다. "세종대왕 때에는 풍년이라도 수반을 올리게 했다. 지금 수반을 먹는 게 무슨 잘못이겠는가?" 노 대신들도 지지 않는다. "대체로 비위脾胃는 찬 것을 싫어하므로, 수반水飯이 비위를 상할까 염려된다. 보통 사람도 그러하거늘, 하물며 지존至尊이겠습니까?" 성종이 까칠하게 응답한다. "경卿의 말과 같다면 늘 건식乾食, 마른 음식을 올려야 하겠는가?"

한 달 남짓 후인 7월 8일의 기사에도 또 수반을 두고 논쟁이 벌어진다. 노대신과 승지가 "요즘 비가 흡족해서 곡식이 잘 익으니 식사를 제대로 하셔야 한다"고 아뢴다. 재미있는 것은 성종의 태도다. 끝까지 수반을 고집한다. "감선減膳하는 것은 가뭄 때문이 아니다. 낮에 수반水飯을 먹는 것은 더운 날씨 때문이다."

성종은 열세 살에 왕위에 올랐다. 예상치 못했던 왕위계승이었다. 왕은 어렸고 대신들은 노회했다. 세조의 왕위찬탈에 공이 큰 대신들도 많았다. 노 대신들이 국가의 업무를 관장하였다. 왕은 원상 회의의 결과를 확인하는 역할만 맡았다. 성종의 즉위를 주도한 이들도 바로 원상들이었다. 게다가 수렴청정 체제였다. 어린 왕은 스트레스가 심했다. 입맛이 없으면 늘 수반을 찾았다.

성종의 수반은 정치적인 투정, 저항일 수도 있다. 한의사들은 성종이 스트레스가 심해서 몸속에 열이 많았고 따라서 수반, 물에 만 밥을 찾았다고 말한다. 성종 12년(1481년) 7월의 《조선왕조실록》 기사에도 수반은 등장한다. "가뭄이 매우 심하니, 오전五殿에 진상하는 생선, 고기를 감면하고, 나와 왕비의 낮 수라는 수반水飯만을 올리라"는 내용이다. 오전五殿은 할머니인 세조 비 정희 왕후, 친모인 소혜왕후(훗날 인수대비), 예종 비 안순 왕후와 성종 내외를 뜻한다.

광해군 역시 울화병으로 수반을 먹었던 경우다. 인조는 반정으로 실각한 광해군을 강화도로 보냈다. 인조 6년(1628년) 2월, 광해군에 대한 근황이다. "삼시 끼니에 물에 만 밥을 한두 숟가락 뜨는 데 불과할 뿐이고 기력이 쇠진하여 목소리도 잘 나오지 않는 지경이다." 물에 만 밥은 속이 탄 사람들이 먹었던 것이다.

인조 역시 몸이 아플 때 수반을 먹었다는 기록이 있다. 인조 9년(1631년) 1월의 《승정원일기》에는 인조가 인후염 등으로 고생하는 내용이 자주 나타난다. 30일에는 신하들의 낮 문안을 받고 "(몸 상태가) 아침과 같다. 수반을 조금 먹었다"고 말한다.

정조에게 수반은 효도의 상징이다. 수원 화성 언저리(지금의 화성시)에 아버지 사도세자의 묘를 모셨던 정조는 아버지 묘에 다녀오던 날 시를 남겼다. "비석 뒤에서 수반을 먹고 더디 더디 출발한다"고 했다. 아버지를 떠나기 아쉬워하는 아들의 효성이 엿보인다.

수반은 곤궁함의 상징이기도 했다. 조선 중기 문신 성이성은 1645년,

청나라 사행에 서장관으로 참석한다. 청나라에서 돌아오는 길, 사신단은 퍽 힘들었다. "새벽 5시에 길을 떠난다. 강가 벌판에서 아침을 먹었다. 병이 있어 며칠째 식사를 못 하는 이들이 많다. 조기를 몇 마리 사서 수반을 차린다"는 내용이다.

> **못다한 이야기**
>
> 물에 만 밥을 보면 늘 할머니가 생각난다.
> 학교까지는 15리 길이었다. 열 살 무렵 남자아이의 걸음으로는 두어 시간이 걸렸다. 초여름, 학교에 다녀오면 부모님들은 들일을 나가시고, 집에는 할머니만 계셨다. 늦은 점심이다. 할머니는 손자의 밥상 옆에 앉아 밥에 우물물을 부었다. "어여여여 훌훌 먹어라." 반찬이라고 해야 아침에 먹다 남은 짠 된장찌개와 푸성귀 두어 가지였다.
> 나는 언젠가 할머니 제사를 모실 맏손자였다. 맏손자 밥상에 반찬 없는 게 할머니는 안타까웠을 것이다.
> 할머니는 오래전 돌아가셨다. 할머니를 떠올리면 늘 할머니의 '물에 만 밥'이 기억난다.

03 ___ 두부

전생에 지은 죄가 많아 금생에 두부를 만든다

1597년 6월 22일(음력). 임진왜란 중이다. 숱한 승전에도 불구하고 모함으로 이순신 장군의 벼슬길은 끊어졌다. 목숨이라도 구한 것이 다행이다. 백의종군. 권율 장군이 있던 경남 합천으로 향했다. 그날 아침 《난중일기》 기록이다. "(합천)초계 군수가 연포(탕)을 마련하여 찾아와서 권했다. 얼굴에 오만한 기색이 완연했다."

'연포탕軟泡湯'의 '포泡'는 거품이다. 두부를 만들 때 거품이 인다. 두부를 '포'라고 불렀다. '연포'는 연두부다. 초계군수 입장도 난처했으리라. 벼슬이 끊어진 백의종군 신세지만 전직 삼도수군통제사다. 대접할 수도, 모른 척할 수도 없다. 귀한 연포탕을 준비했지만 얼굴은 떨떠름하다.

두부의 이름은 여러 가지다. 다산 정약용은 《아언각비》에서 "두부의 이름은 본래 백아순白雅馴인데 우리나라 사람들이 '포泡'라 했고 또 다른 이름은 숙유菽乳"라고 밝혔다. '숙菽'은 콩이다. 숙유는 '콩 우유' 즉, 두유다. 두유로 두부를 만드니 숙유라고 불렀음직 하다. 두부는 '두포豆泡'라고도 했다. 역시 콩, 거품의 의미다.

"전생에 지은 죄가 커 금생에 두부를 만든다"는 말이 있다. 두부를 만들기 힘들다는 뜻이다. 고려, 조선시대에는 주로 사찰에서 두부를 만들었다. 사찰은 힘든 일을 해낼 인력이 있다. 고려 말의 목은 이색도 사찰의 승려를 통해 두부를 만난다. 조선시대에는 왕실, 왕릉의 제사에 두부를 공급하는 사찰, 조포사造泡寺가 있었다. 《승정원일기》 인조 3년(1625년) 4월의 기록에는 "중국사신이 오면 한양 인근 사찰에 곡식을 주고 두부를 맡기자"는 제안도 나온다. 영조 9년(1733년) 3월에는 남원에서 '백복사百福寺 흉서 사건'이 터진다. 범인으로 지목된 노이겸은 "백복사에서 연포軟泡를 설비하였다는 일은 이제 처음 들었습니다"며 공범들을 만난 적이 없다고 부인한다. 역시 사찰의 두부다.

두부는 연포탕을 통하여 맛있는 음식으로 발전한다. 고려 말의 목은 이색은 두붓국과 지진 두부를 먹었다. 단순하다. 이색은 "오랜만에 만나는 두부가 마치 갓 썰어낸 비계 같고, 성긴 이로 먹기에도 그저 그만"이라고 했고(목은시고 제33권), 제9권에서는 '두부와 토란을 섞은 반찬'을 이야기한다. 조선 전기의 문신 서거정(1420~1488년)도 《사가집》에서 "서리 빛보다 흰 두부를 잘게 썰어 국을 끓이니 부드럽고 향기롭다"고 했다. 두부를 넣은 평범한 국이다. 홍만선의 《산림경제山林經濟》에는, 두부를 잘게 썰어 서너 개씩 꿴 다음, 흰 새우젓갈을 섞은 물에 넣고 끓이되 굴石花을 더한다고 했다. 새우젓갈, 굴이 있으나 고기는 없다. 추사 김정희의 〈대팽두부大烹豆腐〉에도 "가장 맛있는 반찬은 두부, 오이, 생강나물"이라고만 했다. 차별화된 두부 맛은 말하지 않는다.

두부는 진화한다. '프리미엄 연포탕'은 닭고기와 기름에 지진 두부를 닭고기 국물에 넣고 끓인 것이다. 다산 정약용은 《다산시문집》(제7권),

추사 김정희는 "가장 맛있는 음식은 두부, 오이, 생강나물"이라고 했다. 조선시대 두부는 귀한 음식이었다. 식량이 부족했으니 당연히 콩도 귀했다. 콩을 준비해도 두부를 만드는 것은 많은 인력이 필요하다. 두부는 비교적 흔했지만 널리 먹기는 여전히 힘들었다.

가장 맛있는 두부는 갓 만든 두부다. 밥이나 두부 모두 갓 지은 것, 갓 만든 것이 제일 맛있다. 두부가 맛없는 식품이 된 것은 두부를 만들어서 물에 담근 다음 파는 공장 대량생산 두부가 흔해지면서부터다. 제대로 된 콩으로 만든 다음, 갓 내놓는 두부는 상당히 고소하다.

〈절에서 밤에 두붓국을 끓이다〉에서 "다섯 집에서 닭을 한 마리씩 추렴하고, 주사위처럼 썬 두부를 띠 풀에 꿰어 준비한다"고 했다. 닭고기가 들어간 프리미엄 연포탕이다.

숙종 7년(1681년) 6월에는 '암행어사의 연포탕'이 문제가 된다. 영의정 김수항의 탄핵에 의하면 "암행어사 목임일은 (평안도)찰방, 적객謫客 등과 어울려 산사로 돌아다녔고 연포회를 베풀었다"고 했다. '적객'은 귀양살이 온 사람이다. 암행어사가 공무원(찰방), 적객과 '프리미엄 연포탕'를 즐겼으니 중죄다. 조선 후기 홍석모의 《동국세시기》(1849년)에는 시월의 음식으로 연포탕을 꼽는다. 두부를 잘게 썰어 꼬챙이에 꿰서 지진 다음, 닭고기와 함께 끓인 것이다.

우리는 맛있는 두부를 먹었던 민족이다. 허균은 《도문대작》(1611년)에서 "창의문(자하문) 밖의 두부가 맛있다"고 차별화했다. 세종 때는 중국으로부터 "두부와 반찬 잘 만드는 여인들을 보내달라"는 부탁을 받았다. 일본의 고급 두부, '당인두부唐人豆腐'는 경주 출신 박호인이 만들기 시작했다는 '설'도 있다.

이제 맛있는 두부를 잃어버렸다. 중국에는 '취두부臭豆腐' '모두부毛豆腐' 등 발효두부가 남아 있다. 일본의 두부 종류는 헤아릴 수 없을 정도

조선시대에도 우리는 두부와 두부 음식을 잘 만들었다. 두부장豆腐醬이나 동두부凍豆腐 등은 이제 거의 사라졌다. 중국과 일본에는 여전히 취두부나 연두부, 두부를 이용한 각종 음식들이 남아 있다.

로 다양하다. 우리만 '물에 담가 포장한 두부'로 찌개를 끓이거나 지져 먹는다. 고려 말의 두부 수준이다.

실학자 이덕무는 《청장관전서》에서 "두부 먹다가 이 빠진다豆腐喫 齒或落"고 했다. 두부를 쉽게 여기다가 좋은 두부를 다 잃었다.

못다한 이야기

음식 공부를 하다 보면 중국이나 일본, 유럽의 음식에 대해서 귀동냥하게 된다. 나는 우리 음식에 대해서 자부심이 있다. '국뽕'으로서가 아니라 비빔밥이나 다양한 탕반음식, 각종 김치류, 보기 드문 한상차림에 대해서 자부심이 있다. 한식이 최고라고 믿는다.
꿀리는 부분이 있다. 바로 두부다. 중국 두부의 넓고 깊은 경지에는 도저히 못 당하겠다는 생각이 든다. 취두부臭豆腐만해도 그렇다. '취'는 냄새다. '부'는 상하다, 썩었다는 뜻이다. 상한 것과 발효하는 것은 비슷한 느낌을 준다. 코를 쥐는 냄새가 바로 그것이다. 인간은 발효한 것과 썩은 것을 구별한다. 발효한 것을 먹으면 잘 견디지만 썩은 것을 일정량 이상 먹으면 배탈이 난다. 중국 취두부는 상한 것이 아니라 발효한 것이다. 우리도 삭힌 두부가 있었다. 바로 장두부醬豆腐다. 된장 등에 두부를 박아두면 두부는 삭는다. 사찰음식으로 몇몇 곳에서 내놓더니 이젠 보기 힘들어졌다. 언두부, 동두부凍豆腐도 있었다. 이젠 모두 사라졌다.
중국에는 모두부毛豆腐도 있다. 두부 표면에 하얀 곰팡이가 마치 수풀처럼 자라서 바람에 하늘거린다. 삭힌 두부, 발효두부다.
일본에도 우리보다 다양한 두부, 두부 음식이 있다. 부럽다.

04 ___ 고구마

조선시대에 고구마로
소주를 만들었다?

참 딱하다는 생각이 든다. 고구마 이야기다.

　조선 후기 문신 서영보(1759~1816년)는 호남위유사로 호남 남쪽 해안의 사정을 살피고, 보고서를 올린다. 정조 18년(1794년) 12월의 일이다. 내용 중에 엉뚱하게도 "왜 고구마가 널리 퍼지지 않았는지?"에 대한 해답이 있다.

　"고구마 종자가 처음 들어왔을 때는 백성들이 다투어 심어서 생활에 보탬이 되는 경우가 왕왕 많았는데, 얼마 되지 않아 지방 관리의 가렴주구가 이어졌습니다. 관아와 아전들이 심하게 세금을 빼앗아가니 고구마를 심은 자는 곤란을 당하고 아직 심지 않은 자는 두려워합니다. 부지런히 심고 가꾸는 일이 처음보다 못하다가, 이젠 희귀하게 되었습니다(조선왕조실록)."

　조선 후기 조정의 관리들은 고구마가 훌륭한 구황작물임을 익히 알고 있었다. 호남 남해안을 둘러본 서영보 역시 '구황작물 고구마'

에 대해서 정확하게 알고 있었다. 현지관리들의 '세금을 빙자한' 엉뚱한 탐욕 때문에 고구마가 널리 퍼지지 않았음을 조정에 보고한 것이다. 지방 관리들의 탐학이 없었다면 고구마는 좀 더 널리, 빨리 퍼졌을 것이다.

조선의 학자, 정치인들은 고구마의 존재에 대해서 일찍부터 알았다. 문신 남용익(1628~1692년)은 효종 6년 (1655년), 조선통신사 종사관으로 일본에 갔다.

우리에게도 고구마를 소주로 만든 역사가 있었다. 《오주연문장전산고》에는 고구마 증류주에 대한 정확한 기록이 있다. 증류식 소주는 쌀로 만들지만 고구마로도 만들 수 있다는 내용이다.

남용익은 "큰 도시라 하더라도 솥을 걸고 밥을 해먹는 일은 드물고 왜인들 중 서민들은 주로 군고구마(소우燒芋, 야키이모)를 먹는다"고 적었다(문견별록). '우芋(이모)'는, 토란을 비롯하여 감자, 고구마 등 넝쿨줄기식물을 통칭한다. 예전에는 고구마가 땅속에서 자라니 마치 토란 같다고 표현한 것이다. '군고구마 = 야키이모'는 일제강점기의 신문에도 등장한다.

고구마가 한반도로 건너온 것은 훨씬 이후다. 영조 때의 문인 칠탄 이광려(1720~1783년)는 중국을 통하여 구황식물로서의 고구마 존재를 알고 몇 차례 고구마 재배를 시도했으나 실패했다. 이광려의 노력은 조엄에 의해서 빛을 본다. 조엄은, 영조 40년(1764년) 6월 18일의 일기에 고구마에 대해 상세하게 설명한다(해사일기).

"이 섬(쓰시마)에 먹을 수 있는 뿌리가 있는데 '감저甘藷' 또는 '효자마孝子麻'라 부른다. (효자마는) 일본 발음으로 '고귀마古貴麻'라 한다. 생김새는 산약山藥(마)과 같고 무 뿌리(청근菁根)와도 같으며 오이나 토란과도 같아 그 모양이 일정하지 않다. 진득진득하고 반쯤 구운 밤 맛과도 같다. 날로 혹은 굽고, 삶아서 먹어도 된다. 곡식과 섞어 죽을 쑤어도 되고 썰어서 정과正果로 써도 된다. 떡을 만들거나 밥에 섞거나 되지 않는 것이 없으니 흉년을 지낼 밑천으로 좋을 듯하였다. 남경南京에서 일본으로 들어와 일본의 육지와 여러 섬에 많이 있다는데, 그중에서도 대마도가 더욱 많다."

조엄은 조선통신사 정사로 일본에 가서 두 차례 고구마 종자를 동래 일대로 보낸다. 1763년 일본에 도착한 후 바로 보낸 것은 재배에 실패했지만, 이듬해 귀국 길에 보낸 종자는 재배에 성공한다.

고구마의 원래 이름은 '감저甘藷'였으나 북방에서 건너온 감자에 그 이름을 주었다. 오늘날 우리는 '감저'를 '고구마'로 부르고 있다. "강진 고금도에서 널리 퍼졌기 때문에 '고금이'가 되고, '고구마'가 되었다"는 주장도 있으나 다수설은 일본어 '효자마孝子麻'의 일본 발음 '고귀마古貴麻 혹은 古貴爲麻'에서 고구마가 비롯되었다는 것이다.

다산 정약용은 《경세유표》에서 고구마의 상품성을 정확하게 설명한다. "서도(황해도)의 담배밭, 평안도의 삼밭, 한산 모시밭, 전주 생강밭, 강진의 고구마밭은 아주 좋은 논에 비해서 그 이익이 열 곱절이 된다." 오주 이규경(1788~1856년)은 《오주연문장전산고》에서 "(고구마는) 필리핀(여송국呂宋國)에서 중국으로 전했고 영조 때 조선으로 건너왔다. 영남의 동래, 부산 등 해안가와 호남의 태인, 강진의 고금도 등에서 널리 재배한다. 전주(부)의 시장에 내다 판다"고 했다. 이규경의 시대는 고구마의 전래시점부터 100년이 채 되지 않는다. 이 사이 고구마는 시장에 내다 파는 환금작물이 된 것이다.

고구마 소주를 일본 특산물로 여기지만 그렇지는 않다. 우리도 일찍부터 고구마 소주를 만들었다. 이규경은 《오주연문장전산고》에서 고구마 소주 제조법을 상세히 설명한다. "고구마를 썰어서 반건조시킨 다음 술로 만든다. 소주 제조법은 쌀로 소주 만드는 법과 동일하다"고 했다.

못다한 이야기

고구마의 원래 이름은 감저甘藷다. '저藷'는 감자, 참마 등을 이른다. 고구마는 '단맛이 나는 감자'쯤 된다. 영어로, 감자는 'POTATO', 고구마는 'SWEET POTATO'이니 비슷한 내용이다. 서양이나 우리나 단맛이 강한 감자를 고구마로 불렀다.
땅속에서 자라는 작물에 대한 생각은 다르다. 유럽인들은 처음 감자를 봤을 때 '악마의 식물'이라고 생각했다. 보이지 않는 땅속에서 어느 순간 자라서 열매(?)를 맺으니 두려워했다. 감자는 악마의 식물이었다. 감자는 유럽 남부지방에서 배척되고 북부 유럽까지 전래된 다음 정착된다. 먹을 것이 지극히 귀했던 북유럽인들이 감자를 받아들인 것이다. 독일 북부나 스칸디나비아, 아일랜드 등에서 감자를 주식으로 삼고 있는 이유다.
우리는 감자든 고구마든 적극적으로 받아들였다. 고구마를 처음 전래한 사람은 조선 통신사를 지낸 조엄이다. 조엄의 고구마는 칠탄 이광려의 권고가 있었기 때문에 가능했다. 이광려는 오래전부터 중국을 통해 고구마 종자를 구하려 노력했으나 실패했다. 그는 일본 고구마 종자를 구해와 조선의 동래에서 재배 성공시키는 데 큰 역할을 한다. 땅속에서, 보이지 않는 가운데 자라는 식물을 적극적으로 받아들인 것이다.

05 ___ 메밀

굶어 죽을 목숨을
슬하에 구했다

영조 48년(1772년) 9월 7일, 충청감사 송재경이 파직된다. 죄목은 '목맥가분木麥加分'이다(조선왕조실록). '목맥'은 메밀이고, 메밀의 원래 이름은 교맥蕎麥이다. "교맥은 숙맥菽麥이라고 하고, 화교花蕎라고도 한다. 세속에서는 목맥木麥이라 한다"고 했다(임하필기).

'가분'은 관청에서, 정해진 규정 이상의 비율로 환곡을 대출하는 것을 말한다. 규정은, 지방 관아 보유 곡식의 반을 보관하고 나머지 반은 민간에 빌려주도록 했다. 문제는 환곡, 빌려준 곡식에 대한 이자다. 이자를 탐낸 지방 관리들이 반 이상의 곡식을 빌려주곤 했다. '가분'이 범법 행위는 아니었다. 정조 6년(1782년) 5월의 기록에는 강원감사 김희가 조정에 '메밀가분'을 요청하고, 조정에서 허락하는 내용도 있다(일성록).

'메밀가분'으로 처벌된 것은 메밀을 소중한 구황 곡물로 여겼기 때문이다. 중종 7년(1512년) 8월, 함경도구황경차관咸鏡道救荒敬差官의 보고다. 가뭄, 홍수 등으로 흉년의 조짐이 보이면 중앙정부에서는 지방에 관리를 파견한다. 구황경차관이다. "늦은 비로 콩, 팥은 더러 무성하게 익은 데가 많았고, 벼도 또한 조금씩 익어 가을에는 먹고 살 수 있었습니다.

상수리(도토리)도 많습니다. 아직 서리가 내리지 아니하여 메밀도 장차 먹을 수 있으며, 유민이나 동냥 다니는 사람을 보지 못했습니다(조선왕조실록)."

메밀은 구황 곡물의 범위를 넘어선다. 메밀은 식량이 없을 때만 먹었던 곡식이 아니다. 식량은 늘 부족했다. 메밀도 늘 미리 준비해두었던 곡물이었다. 구황 곡물을 넘어서 주요 식량이었다.

메밀은 파종 시기를 놓쳤을 때 진가를 발휘했다. 임진왜란 때 의병장을 지냈던 선비 정경운(1556년~?)이 《고대일록》 1603년 5월 25일의 기록에 남긴 내용이다. "순찰사가 가뭄으로 장계를 올려 강원도의 메밀 종자를 경상도로 옮겨, 백성들이 내년 봄 구황의 먹을거리를 마련할 수 있도록 해주기를 청하였다는 소문을 들었다." 음력 5월 25일이면 모내기가 끝났을 무렵이다. 이해 경상도 일대의 가뭄이 심해서 '뿌린 씨앗이 모두 시드는' 지경이 되었다. 가뭄으로 들판 전체가 시들어갈 때 중앙정부에서는 급히 '메밀대파代播'를 지시했다. 말라죽은 곡식 대신 메밀을 심도록 하는 것이다.

정조는 '메밀대파'를 적극적으로 권유한다. 정조 22년(1798년) 6월, 경기도 화성부華城府 일대에 비가 내렸다. 가뭄 끝의 단비니 조정에서는 어떤 작물을 심을 것인가에 대한 의논이 있었을 법하다. 정조는, "메밀은 맨 나중에 심고 맨 먼저 익는다. 열매를 맺을 때까지의 기간이 짧다"고 말한다(조선왕조실록). 《일성록》에서는 "메밀은 파종 후 50일이면 능히 열매를 맺으니 굶주림을 구제하는 방책이 된다"고 했다.

메밀대파마저 간단치는 않았다. 메밀 종자가 귀했다. 중앙정부에서는 메밀대파를 적극적으로 권하지만, 현지에서는 제대로 시행되지 않

메밀은 생육 기간이 비교적 짧다. 가뭄, 홍수 등으로 농작물이 망가지면 정부에서는 경작지에 메밀을 심도록 유도했다. 메밀은 각 지방에서도 비상식량으로 보관했다. 흉년이 들면 정부는 메밀을 빌려주었고, 전쟁 등에 대비해서도 메밀을 보관토록 했다. 평소에도 메밀을 귀한 식량으로 사용했다. 군사들에게 메밀을 지급한 기록도 남아 있다.

았다. 정조는 "메밀 종자가 많은 산간 고을에서 연안의 군읍으로 메밀을 이송하는 것은 물길만 이용하더라도 가능하다"고 했지만 현실은 그렇지 않았다.

다산 정약용은 《다산시문집》에서 "조정에서는 메밀 종자를 나누어주도록 명령하지만 지방 수령 등이 그 명령은 따르지 않는다. 메밀이 귀해지니 시장에서도 살 수가 없다. 종자도 주지 않고 메밀을 파종하라는 터무니없는 일이 벌어진다"고 했다.

메밀은 오래전부터 널리 사용되었다. 고려 말의 문신 목은 이색은 "대나무 꼬챙이에 메밀떡을 꿰어/ 간장 발라 불에 굽는다"고 했으며 강원도 정선의 풍광을 그리며 "메밀 죽은 어찌 이리 매끄러운지/ 송화 꿀은 참으로 향기롭구나"라고 했다. 산이 깊은 강원도 일대에서는 애당초 곡식 대신 메밀을 심었다. 추사 김정희(1786~1856년)도 "메밀꽃 희끗희끗하고 은조(좁쌀)는 희다/ 온 산을 뒤덮은 것이 모두 만두의 재료"라고 했다(완당전집). 메밀은 떡, 수제비, 국수, 죽, 만두, 차 등으로 널리 먹었다.

'메밀대파'를 적극적으로 권장했던 정조는 승하 며칠 전, 종기 치료에 메밀로 지은 밥을 이용했다. 정조는 즉위 24년(1800년) 6월 28일(음력) 승하했다. 며칠 전인 6월 20일, 21일에 종기 치료를 위하여 약재와 더불어 메밀밥을 지어 드렸다는 내용이 남아 있다. 6월 21일의 또 다른 기록에는 "(종기에) 메밀밥을 붙인 것이 오늘 여섯 차례에 지나지 않았다. 이 정도로는 효과를 볼 수 없다"는 의관의 보고도 남아있다.

못다한 이야기

메밀을 생각하면 늘 '막국수'의 억울함이 떠오른다.
조선시대에는 메밀이 비교적 가격이 싼 작물이었다. 쌀이나 보리 등에 비해서 가격이 낮았다. 밀가루는 귀했다. 전분은 더 귀했다. 전분을 곡물을 가루 낸 다음, 물에 담그고, 한 차례 가라앉힌 다음 가루를 걷어서 곱게 말린 것이다. 손도 많이 가고 곡물 소비도 심하니 당연히 비쌌다.
냉면은 메밀가루에 고구마, 감자전분을 더한 것이다. 지금은 수입 카사바 전분도 사용한다. 메밀국수, 막국수 집 중에는 100% 메밀을 사용하는 경우도 있다.
20kg 기준, 쌀은 3~5만 원대, 밀가루는 2~5만 원대다. 메밀은 수입산도 최소 10만 원 이상이다. 메밀은 무척 비싼 식재료다. 그런데 전분, 밀가루가 들어간 냉면은 1만 원을 넘는 경우가 많은데 정작 메밀 함량이 냉면보다 높은 막국수, 메밀국수는 1만 원 이상 받기 힘들다. 메밀국수, 막국수는 억울하다.

06 ___ 쌀

왕은 어떤 쌀을 먹었을까?

정조 20년(1796년) 3월, 우의정 윤시동의 '신임 제주목사 유사모의 근황'에 대한 보고다. 상황이 복잡하게 얽혔다. 제주도는 척박하여 쌀 등 곡물이 잘 자라지 않는다. 늘 호남 일대에서 곡물을 실어 보냈다. 조정에서는 신임 제주목사에게 곡물을 전하도록 명했다. 유사모는 한양에서 베, 후추, 단목 등 6천 냥쯤 되는 물건을 지니고 호남 해안으로 갔다. 유사모는 현지에서 돈 6천 냥은 만드는 데는 성공했으나 막상 곡물을 사기가 힘들었다. 현지에서는 6천 냥이 백미 1천 섬에 불과했다. 조정의 명은 '절미 2천 섬의 곡물'을 지니고 제주에 부임하라는 것이었다. '절미折米'는 싸라기를 뜻하지만, '쌀로 환산할 때의 양'이라는 의미도 있다. 민간 사상私商에는 백미만 있을 뿐 다양한 곡물이 없었다. 백미는 비싸고 보관, 운반도 불편했다. 벼나 다른 곡물을 가져가서 제주 현지에서 도정하는 것이 낫다. 조정에서는, 호남 일대에 보관 중인 국가 소유 곡물 중 벼(조租), 밀(모牟) 등을 가져가는 거로 결정한다(일성록).

조선시대에는 오곡에 메밀(교맥蕎麥), 밀 등을 더하여 식량으로 사용했다. 오곡은 쌀, 기장, 조, 보리, 콩이다. 이중 기장은 황미黃米로, 조는

조선시대에는 '쌀'의 품종 혹은 생산지로 특별하게 등급을 나누지는 않았다. 대부분의 경우, 쌀을 공물로 받으면 궁궐 내 창고 혹은 국가의 창고에 모아서 보관하였다. 당연히 어느 지역, 어떤 품종이든 모두 뒤섞였다. 우리가 흔히 '임금님 표 쌀'로 표현하는 특정 쌀은 없었다. 쌀은 도정搗精의 정도로 구분하였다. 하얗게 쓿은 백미白米는 귀했다.

소미小米로 불렀다. 이에 비해 쌀은 대미大米로 부르기도 했다. 모두 주요한 식량으로 여겼다.

쌀은 다른 곡물에 귀하고 비쌌다. 선조 10년(1577년) 1월, 충청도 천안에서 시작된 돌림병이 한양까지 전해진다. "보리밥을 먹어야 병을 면할 수 있다"는 유언비어가 돌았다. 기록에는 "온 도성이 소란스럽게 보리쌀을 샀으므로 보리쌀 값이 뛰어올라 겉보리 값이 백미 값과 같았다(조선왕조실록)"고 전한다. 원래 보리쌀은 쌀값의 반 이하였다.

우리는 쌀로 밥, 떡, 죽, 술 등을 만들어 먹었다. 고려시대에는 쌀로 죽을 끓여 도성의 회랑에 두고 지나가는 사람들이 누구나 퍼먹을 수 있도록 하였다고 전해진다(고려도경). 목은 이색은 "흰 쌀로 쪄낸 떡이 크고 두툼하여라/ 정결하고 맑으니 가히 신명에게 올릴 만하다"고 노래했다. 인조 2년(1624년) 8월부터 이듬해 3월까지 조선통신사 통신부사로 일본을 다녀온 강홍중(1577~1642년)은 《동사록》에서 "일본에는 백미로 누룩을 만들고 백미로 밥을 쪄서 담근 제백諸白이라는 명주가 있다"고 했다. 밀, 보리 등 잡곡으로 누룩을 만들고 지에밥을 지어 술을 빚는 조선과 달리 일본인들은 쌀로 밑술을 만든 다음 지에밥을 더하여 술을 빚었음을 알 수 있다.

쌀을 헤아리는 단위는 지금과 비슷했다. 10홉合은 한 되(승升), 10되는 한 말(두斗)이다. 다만 한 섬(석石)은 15말이다. 정조 19년(1795년) 7월의 기록에, "북한산성 언저리 가난한 집 112호에 1호당 2말씩 도합 14섬 14말을 지급하였다(일성록)"는 내용이 있다. 224말이 14섬 14말이니 결국 한 섬은 15말이다. 중국 송나라의 제도를 따라 원래 10말이 한 섬이었으나 조선시대에는 15말로 바뀌었다.

갱미粳米는 밥을 짓는 멥쌀이다. 한편으로 갱미는 잘 쓿은 쌀을 이르기도 한다. 세조 4년(1458년) 6월, 세조가 말한다. "나는 스스로 검약하고자 한다. 음식을 특별히 가리지 않는다. (세조가 먹는) 밥에 쓸 쌀이 특별히 정갈하거나 흰 색깔일 필요가 없다. 이제부터 제사 이외에는 세갱미細粳米를 쓸 필요가 없다. 중미中米가 좋겠다." 도승지가 답한다. "중미는 지극히 거치니 밥상에 올리기 힘듭니다." 세조가 최종적으로 답한다. "갱미를 올리라." 갱미는 중미보다 좀 더 쓿은 쌀이다. 세갱미는 세심하게 쓿은 쌀이다. 중미는 현미보다 조금 더 부드럽다. 예나 지금이나 현미는 먹기 껄끄럽다.

태종 12년(1412년) 8월의 기록에는 "(관료에게 주는) 녹봉을 갱미에서 조미로 바꾼다. 임금이 (쌀을) 정밀하게 깎는 폐단을 염려하여 조미로 넉넉하게 주게 하였다"는 내용이 있다. 조미造米, 糙米는 벼의 외피만 벗겨낸 것을 말한다. 색깔이 희지 않으니 검다고 표현했다. 현미玄米 즉, 매조미쌀이다. 숙종 1년(1675년) 윤 5월의 기록에는 "송시열(1607~1689년)이 만년에는 청주 화양동에 살았는데 '여반糲飯'과 해진 옷으로 어려운 생활을 했다"는 내용이 있다(조선왕조실록). '여반'은 매조미쌀, 현미로 지은 거친 밥이다. 세조 4년(1458년) 윤 2월, 경상도 관찰사의 보고 내용 중에 "백미 5되는 면포 2필, 조미 5되는 면포 1필에 준한다(조선왕조실록)"는 문장이 있다. 도정하는 공임도 있겠지만 현미로 백미를 만들 때 양이 줄어들기 때문일 것이다.

못다한 이야기

칼럼을 진행하면서 반드시 쓰고 싶었던 것이 쌀과 밀이었다. 밀가루나 메밀가루는 조선시대 기록 여기저기에 등장한다. 문제는 너무 양이 방대하고 표현도 다양하다는 데 있다. 웬만큼 읽어서는 그 내용을 알기 힘들다.

쌀도 마찬가지다. 쌀은 예나 지금이나 주요 곡물이다. 품종은 완전히 달라졌지만 어쨌든 쌀은 소중한 식량이었다. 기록도 상당히 풍부하다.

쌀을 쉽게 언급하지 못한 것은 역시 공부가 짧았기 때문이다. 쌀에 대한 표현은 지극히 다양하다. 조미, 현미, 매조미 쌀, 중미, 갱미, 세갱미, 절미, 백미 등 이 칼럼에 등장하는 쌀 이름은 다양하다. 보관하는 창고에 따라 다른 이름이 있고, 용도에 따라 이름이 모두 다르다. 별다른 설명 없이 쌀 이름들 수백 가지가 등장하니 자료를 보는 입장에서는 막막하다. 한 자 한 자 짜 맞추다 보면 점점 더 미궁으로 빠져드는 기분이었다.

가장 기본적인 식량, 쌀에 대한 칼럼이 늦어진 이유다.

07 ___ 죽粥과 미음米飮

더 이상 살 마음이 없으니
좁쌀죽도 먹을 수가 없다

정국이 복잡하게 얽혔다. 정조 10년(1786년) 12월 1일, 왕대비 혜경궁 홍 씨가 한글 하교문을 승정원 등에 내린다. "5월에 원자元子가 죽고 9월에 또 변고가 있었다. 가슴이 막히고 담이 떨려 일시라도 세상에 살 마음이 없었다. 그간 목숨을 연명, 부지할 수 있었던 것은 오직 속미음粟米飮을 마셨기 때문인데 이제는 이것도 들지 않고 죄다 봉해서 날짜를 표시해두었다. 그간 미음을 든다고 대전大殿(임금)에 말했으나 지금 병세는 실로 부지하기 힘들다."

미음은 몸이 아플 때 먹는 것이다. 미음이나 물도 마시지 않는 것은 죽겠다는 시위다. 단식투쟁이다. 속미음은 좁쌀로 끓인 미음 혹은 죽粥이다. 혜경궁 홍 씨가 미음도 끊고 시위를 한 이유는 무엇일까? 이해 5월에 홍역으로 문효세자가 죽었다(5세). '9월의 변고'는 문효세자의 어머니 의빈 성 씨의 죽음이다. 의빈 성 씨는 셋째 아이를 임신한 상태였다. 이제 정조의 아들은 없다. 차기 대권 향방이 오리무중이다. 혜경궁으로서는 절박했을 것이다.

혜경궁이 문제 삼은 대상은 죽은 전임 도승지 홍국영(1748~1781년) 일

죽과 미음은 조선시대 궁궐의 보양식이자 치유식이었다. "죽 그릇도 물리쳤다"는 것은 목숨을 걸고 항의한다는 뜻이다. 왕이나 궁궐의 대비, 중전도 죽 그릇을 물리면서 자신의 의사를 표시했다. 민간에서도 죽과 미음은 환자를 위한 음식이었다.

파의 '그림자'다. 홍국영은 정조의 '문고리 권력'이었다. 비선이자 실선의 실세였다. 젊은 나이(29세)에 도승지가 되었다. 대통령 비서실장이다. 자신의 여동생을 후궁(원빈)으로 밀어 넣어 외척이 되려 했으나 원빈의 죽음으로 실패했다. 정조의 이복조카였던 상계군 담을 원빈의 양자로 받아들여 '정조 다음'을 꿈꾸었으나 역시 실패했다. 홍국영이 죽은 후 5년이 지났다. 혜경궁은 여전히 궁궐에 홍국영의 그림자가 남아 있다고 말한다. 홍국영은 정조 반대파인 노론 벽파와 손잡았고 그들이 궁궐에 남아 있었다. 혜경궁은 속미음도 거부하고 '홍국영의 그림자'를 걷어낼 것을 요구한 것이다.

영조도 속미음을 이용하여 한바탕 시위를 벌였다. 영조 32년(1756년) 2월 18일 한밤중, 영조가 느닷없이 진전眞殿 동쪽 뜰에 돗자리를 깔고 북향하여 엎드린다. 붕당, 당파 간의 심한 싸움에 대한 국왕의 항의다. 진전은 역대 왕들의 어진을 모신 곳이다. "내가 신하들의 붕당하지 않겠다는 말을 믿고 선왕들에게 고했다. 이제 또다시 붕당과 싸움이 일어나니 내 말이 거짓이 되었다. 선조들에게 사과하고자 한다." 예순 살을 넘긴 국왕이 홑겹 돗자리를 깔고 한밤중 찬 바닥에 엎드렸다. 신하들로서는 큰일이다. 조선왕조실록에는 "여러 신하들이 속미음을 올렸으나 임금이 끝내 거부했다"고 기록했다. "미음도 먹지 않겠다"는 걸로 자신의 정치적 의사를 표현한 것이다.

진솔한 '미음 단식'도 있다. 영조 24년(1748년) 7월, 영조가 '내 마음을 알아주는 딸'이라고 불렀던 화평옹주가 죽었다. 당시 22세였다. 영조는, "미음 같은 음식도 잘 넘기지 못하여 매양 답답할 때가 많다"고 한탄한다.

몸이 허약한 경우는 함부로 "미음도 먹지 않는다"고 단식을 내세울 일은 아니다. 미음은 환자식이다. 경종은 원래 몸이 약했다. 세상 떠나기 하루 전인 경종 4년(1724년) 8월 23일, "설사 징후가 그치지 않아 혼미하고 피곤함이 특별히 심하니, 약방에서 입진, 탕약을 정지하고 잇따라 인삼 속미음人蔘粟米飮을 올렸다"고 했다. 인삼 속미음은 인삼과 좁쌀로 끓인 죽이다. 다음 날인 8월 24일의 기록. "도제조와 제조가 미음(죽음粥飮) 드시기를 권하였으나 응답하지 않았다. 세제世弟(영조)가 청하니 임금이 비로소 고개를 들었고, 미음을 올렸다"고 했다.

정조도 마찬가지. 《조선왕조실록》 정조 24년(1800년) 6월 22일의 기사. 정조가 위독하다. 세상을 떠나기 불과 6일 전. 화성유수 서유린

미음은 죽보다 묽은 것이었지만 죽과 미음을 뒤섞어 혼용한 경우도 많았다.

이 "수라는 드셨느냐?"고 여쭙는다. 정조는 "미음을 조금 마셨을 뿐"이라고 답한다. 6월 26일에는 좌의정 심환지가 "음식은 드셨습니까?"라고 묻자 "조금 전, 흰 도라지 미음(백길경미음白桔莄米飮)을 조금 마셨다"고 답한다.

죽은 되다. 미음은 마실 수 있을 정도로 묽다. 그 차이를 정확하게 가르기는 힘들다. 죽과 미음은 혼용했다. 영조가 세상을 떠난 직후, 신하들이 세손 정조에게 "죽음粥飮을 바쳤다"는 내용도 있다. 죽과 미음을 혼용한 것이다. 다산 정약용은 "중국 사신은 미음을 즐겨 찾으니 큰 쟁반에 사발을 두고 미음을 담는데 잣죽(과송죽果松粥)이든 깨죽(호마죽胡麻粥)이든 모두 좋다"고 했다(목민심서 예전).

못다한 이야기

미음, 죽을 두고 궁중 운운하는 경우가 잦다. 한마디로 궁중음식으로서의 죽, 미음은 따로 없다. 민간에서도 먹었다는 이야기다.
우리 선조들은 몸이 아플 때 미음, 죽을 먹었다. 소화가 쉽기 때문이다. 환자가 오랫동안 자리를 보전하고 있으면 운동량이 적다. 운동량이 적으면 소화 기능은 떨어진다. 간단하다. 환자는 미음으로 원기를 얻은 다음 움직이는 것이 좋다.
서양인들의 가장 보편적인 소울푸드는 치킨 수프CHICKEN SOUP다. 서양인들의 닭고기 수프에 얽힌 이야기는 많다. 몸이 아파서 학교에 가지 못했을 때 어머니가 끓여주셨던 닭고기 수프를 기억하는 서양인이 많다는 뜻이다.
우리에게는 죽, 미음이다. 몸이 아플 때 어머니 혹은 아내, 가족이 끓여준 미음이나 죽은 평생 기억에 남는다.
김치, 콩나물, 식은 밥을 넣은 음식은 '갱죽羹粥'이다. 갱죽의 또 다른 이름은 '갱식更食'이다. 어쨌든 죽이다. 어린 시절 먹었던 갱죽이 늘 기억에 남는다. 지금도 감기 기운 등으로 몸이 어슬어슬하면 갱죽이 생각난다. 아픈 몸에는 죽이 최고다.

2장

고기

남자 다섯, 여자 둘이 불판 테두리에서 고기를 굽는다.
중간 움푹한 홈에는 채소와 장을 넣고 끓인다.
눈 온 다음에 연 파티다.
_〈설후야연〉

08 ___ 신선로/ 전골/ 불고기

신선로, 스기야키, 열구자탕은 모두 같은 것이다

조선은 '3금禁'의 나라다. 금송禁松, 금육禁肉, 금주禁酒다. 소나무 베지 마라, 쇠고기 먹지 마라, 술 마시지 말라는 뜻이다. 모두 농사를 잘 짓게 하고 곡식을 아끼기 위해서 만든 원칙이었다. 먹고 사는 것은 농사에 달려 있다. 소는 농사에 필수적이다. 식용 대상이 아니다. 개인의 도축은 원칙적으로 금했다. 궁중 제사나 외국 사신 접대 등에만 제한적으로 쇠고기를 사용했다. 소의 밀도살은 중죄였다. 초범이라도 곤장 100대에 징역 3년의 벌을 받았다. 밀도살로 발각되면 온 가족이 천민이 되어 역참驛站에 노비로 배속되었다.

18세기 이후 영조, 정조 시대를 거치면서 국가와 민간의 살림살이가 나아지고 드디어 국왕(정조)이 신하들과 '쇠고기 파티'를 벌이고 민간에서도 고기를 먹는 일이 시작된다. 조선의 상층부에서는 중국의 '쇠고기 먹는 풍습'을 이야기한다. "중국에서는 음력 10월 초에 쇠고기를 구워 먹는다. 난란회煖暖會다. 이 풍습은 송나라 때부터 시작된 것"이라는 말도 나온다. 중국에서도 먹는다. 그러나 오랑캐의 청나라 풍습을 따른다고 하기는 조금 멋쩍다. 송나라 때부터 전해진 것이라고 덧붙인다. 그리고 드디어 고기를 먹기 시작한다. 홍석모도 《동국세시기》에서 '쇠고기 구워 먹는 풍속'을 이야기한다.

단원 김홍도의 8폭 병풍 〈사계풍속도〉 중 〈설후야연雪後野宴〉이 있다. '눈 온 다음에 연 파티'라는 뜻이다. 남자가 다섯, 여자가 둘이다. 여자는 옷차림이나 분위기가 기생이다. 그림 중간에 불판이 있다. 사람들의 관심은 모두 중간의 고기 불판에 쏠린다. 정조도 "신하들과 난로회煖爐會를 즐겼다"고 전해진다. 1745년생으로 정조 시대를 살았던 김홍도도 민간의 쇠고기 굽는 모습을 봤을 것이다.

그림 중 불판을 보면 중간에 홈이 있고 테두리에서 고기를 굽는다. 중간의 움푹한 홈에는 채소와 장醬을 넣고 끓인다. 고기를 구운 다음, 중간의 홈에 있는 채소와 장의 물기에 찍어 먹는다. 어느 순간 움푹한

신선로 그릇은 중국에서 시작된 것이다. 신선로는 원래 술을 덥히는 휴대용 도구였다. 임진왜란 당시 이순신 장군도 중국 측으로부터 신선로를 선물 받는다. 기록상으로는, 신선로는 술을 덥히는데 사용한 그릇이었다. 이 그릇이 조선 후기, 음식을 끓이는 도구로 변한다. 19세기부터 한반도와 중국, 일본의 신선로 그릇은 뒤섞인다. 열구자탕, 탕제자, 신선로, 승기악이, 승기악이탕 등은 모두 신선로와 비슷하거나 같은 것들이다.

중간 부분이 커진다. 테두리에 고기를 굽는 대신 움푹한 부분에 고기, 채소, 장을 모두 넣고 끓인다. 그릇 모양은 마치 조선시대 군졸들의 벙거지 같다. 벙거지는 전립투氈笠套다. 여기에 섞는다는 뜻의 '골滑'을 붙이면 '전립투골'이 된다. 둥글고 움푹한 그릇에 쇠고기, 각종 채소, 장을 섞은 다음, 끓인다. 오늘날의 전골이다. '전골'은 '전립투골'에서 비롯된 말이다.

전골 그릇은 중간이 움푹하고 테두리가 짧다. 이 그릇을 뒤집으면 오늘날 '서울식 불고기판'이 된다. 중간은 불룩하게 솟아오르고 테두리에는 짧고 얕은 홈이 있다. 불룩한 부분에 작은 구멍을 여러 개 뚫는다. 이 구멍을 통하여 불기는 올라오고 국물은 떨어지지 않는다. 불기에 직접 닿은 고기에서는 '불 맛'이 난다. 석쇠를 만드는 가는 철사가 귀하던 시절, 직화直火구이 대신 불 맛을 느끼며 고기를 먹는 방식이었다. 어린 시절 불고기를 먹어본 사람들은 고기 군데군데 가뭇하게 탄 흔적을 기억한다. 가장자리 얕은 부분의 국물에 밥을 비벼 먹어본 추억이 새록새록하다. 불 맛과 더불어 달싹한 맛을 잊지 못한다.

불고기판의 둥근 부분 중간에 큰 불구멍을 만들고 테두리 부분을 깊고 넓게 하면 신선로 그릇이 된다. 신선로는 '신선神仙'과는 관계가 없다. 중국에서 건너온 '새로운 형태의 그릇(신설로新設爐)'에서 비롯된 표현이라는 주장이 정확하다. 쇠고기 먹는 일이 잦아지면서 중국에서 새롭게 받아들인 그릇이 바로 신선로新設爐 그릇이다.

'궁중 신선로'라는 표현은 어폐가 있다. 신선로는 궁중에서만 먹었던 것도 아니고, 우리 전통 음식도 아니다. 비슷한 음식으로 일본에서 건너온 '승기악탕勝技樂湯'도 있다. "기생보다 더 즐거움이 큰 음식"이라는 뜻이다. 고기 대신 도미 등 생선을 쓰기도 한다. 음식은 비슷하다.

'분당 새댁' 탕웨이가 출연한 중국 영화 〈무협〉(2011년, 진가신 감독)은 1900년 언저리의 중국 내륙 산악지방이 무대다. 탕웨이, 견자단, 금성무가 깊은 산속의 움막에서 식사하는 장면에 낡고 보잘것없는 신선로 그릇이 보인다. 싱가포르, 홍콩 등지의 리어카 음식점(호커, HAWKER)에서 볼 수 있는 '스팀 보트, STEAM BOAT'가 바로 신선로 그릇이다. 설마 정조 시대의 신선로 그릇이 중국으로 건너가 산골 음식의 빈한한 그릇이 되었을까?

못다한 이야기

'궁중음식'은 없다. 더더욱 '궁중신선로'는 없다.
신선로 그릇은 원래 술을 덥히거나 차를 끓여 마시기 위한 도구였을 것이다. 기록에는 분명 그렇게 나타난다. 우리 그릇도 아니다. 중국에서 건너왔고 일본에서도 널리 사용했다. 신선로 그릇에 관한 한, 일본과 중국이 종주국이자 오랫동안 발전시킨 나라다.
가정에서는 누구도 먹지 않는 음식, 신선로가 궁중, 우리 음식인 양 행세하고 있다.
한반도의 쇠고기 풍습은 짐작보다 그리 오래되지 않았다. 맥적貊炙은 이름만 남았고 정확한 음식 형태는 알려지지 않았다. 쇠고기는 조선 초기부터 슬슬 퍼지기 시작한다. 외국 사신 접대, 국가의 행사, 반가班家의 제사 등에서 시작되었을 것이다. 민간에서 고기를 먹었던 것은 아마도 조선 후기부터일 것이다.
신선로 그릇의 발전은 쇠고기를 먹는 것과 연관이 있다.

09 ___ 만두

'쌍화점'은 우리나라 최초의 외국계 만두 전문점이다

제갈공명이 만두를 처음 만들었다(?)는 이야기는 거짓이다. 출처인 《삼국지연의》는 말 그대로 '연의演義' 즉, '소설'이다. 작가 나관중은, 오랫동안 구전된 이야기를 소설로 정리하면서 14세기의 중국 만두를 제갈공명의 이야기에 슬쩍 끼워 넣었다. 남만정벌 자체가 과장이다. 정사(正史)에는 만두를 빚었다는 '노수대제瀘水大祭'는 없다. 만두도 없다.

고려 가요 〈쌍화점〉의 첫머리에는 "쌍화점에 쌍화 사러 갔더니 회회□□아비가 내 손목을 쥐더이다"라는 내용이 나온다. '쌍화'는 만두다. '상화'라고도 한다. '쌍화점'은 만두전문점이다. 곡물가루를 찜통에 넣어서 찌면 하얀 김이 서리처럼 피어오르거나 맺힌다. 하얀 김이 서리는 모습이 서리꽃, '상화霜花'다. '회회아비'는 위구르 족, 투르크 족 등 중앙아시아의 유목민족이다. 만두는 고려 후기, 중앙아시아 유목민족들에 의해서 한반도에 전래한 것이다. 고려의 수도 개경(개성)에는 몽골족을 비롯하여 위구르, 아랍계 등 여러 민족이 섞여 살았다.

만두는 '유목민족의 휴대 음식'에서 시작되었다. 곡물가루를 날것으로 반죽하거나 혹은 발효, 숙성시킨 다음 작은 덩어리로 보관하다가 물

만두가 중국에서, 특히 《삼국지》 제갈공명의 노수대제에서 처음 시작되었다는 주장은 엉터리다. 소설 내용을 역사적인 사실로 받아들인 것이다. 지금으로서는 한반도의 만두는 몽골의 고려 침략 시기, '회회아비'들에 의해 들어왔다는 것이 정설이다. 고려 가사 〈쌍화점〉은 '만두 전문점'이다.

에 넣고 끓이면 바로 먹을 수 있다. 유목민족의 편리한 휴대, 인스턴트 음식이다. 곡물의 피에 고기나 채소 등, 속을 넣어도 마찬가지다. 춥고 건조한 지방이니 보관은 어렵지 않다. 어디에서든 끓는 물에 넣고 한소 끔 끓이면 바로 먹을 수 있다. 곡물을 통째로 익히는 것보다 한결 편리하다. 중국 남방의 송나라 사신들을 접대하는 거란족 요나라의 벽화에도 만두는 등장한다. 만두 찜통을 묘사한 그림들도 있다. 우리의 만두는 거란의 요나라, 몽골의 원나라 등에서 유래했다는 주장이 설득력이 있다.

고려나 조선 모두 밀가루는 귀했다. 중국 화북 지방에서 수입한 밀가루는 극히 제한적으로 사용했다. 밀을 소량 재배했으나 대부분 술을 만드는 누룩으로 사용했다. 밀가루가 흔해진 것은 한국전쟁 후다. 1955년 미 공법 480조에 의해서 미국 잉여농산물이 한반도로 들어왔다. 그 이전에는 무엇으로 만두를 빚었을까? 메밀가루다. 교맥蕎麥, 메밀가루를 비교적 흔하게 사용했다.

한반도의 만두 문화는 꾸준히 진화한다. 궁중, 고위 관리, 반가, 상민들로 꾸준히 확산된다. 고려 충혜왕 때는 '궁궐에서 만두를 훔쳐 먹었다가 사형당한 도둑'이 등장한다. "단순한 음식물 도둑이 아니라 '만두 도둑'이라고 적시한 점, 사형이라는 중형을 내린 점" 등을 두고 만두가 그만큼 귀한 음식이었다고 주장한다. 궁궐에서 귀하게 여긴 만두를 손 댄 중죄인 셈이다. 고려 말 목은 이색은 관악산 신방사 스님으로부터 만두를 접대받는다. "승려가 속인에게 눈처럼 하얗게 쪄낸 만두를 접대하다니 놀라자빠질 일"이라고 적었다. 승려, 고위 문관 사이의 접대용이니 귀한 음식이었던 셈이다.

《조선왕조실록》 세종 4년(1422년) 5월 17일의 기록은 태종의 수륙재에 대한 내용이다. "진전眞殿과 불전佛前 및 승려 대접 이외에는 만두饅頭·면麵·병餠 등의 사치한 음식은 일체 금단하소서"라는 내용이 있다. 국왕, 부처, 승려의 밥상 이외에는 사치스런 음식, 만두를 내놓지 마라는 뜻이다. 조선 전기의 문인 서거정은《사가집》에서 만두를 선물로 받은 후, "붉은 통을 열어보니, 만두가 서릿빛처럼 희다"는 시를 남긴다. 붉은 통과 흰 만두가 대비된다. 만두는 선물로도 요긴했다.

'독극물 만두 살인 사건'도 있었다. 조선 중종 때의 일이다. 창덕궁에 근무하던 가위장假衛將 이곤이 만두를 먹고 죽었다. 같이 만두를 먹었던 사람들도 토하거나 정신을 잃었다. '가위장'은 국왕이 거처하지 않는 빈 궁궐을 지키는 책임자로, 고위직 관리다. 한성부에서 독극물 투입 여부를 확인한다. 범인은 이곤 집안의 종奴이었다. 만두는 귀하지만 민간으로도 널리 퍼졌다.

허균(1569~1618년)은《도문대작》에서 "우리나라 의주 사람들이 중국의 대만두大饅頭를 잘 만든다"고 했다. 대만두는 큰 만두피에 작은 만두를 여러 개 넣은 것이다.《해동역사》에서는 고려, 조선 초의 풍속을 전

만두의 겉껍질인 피는 주로 메밀가루로 만들었을 것이다. 산골에 하얗게 핀 메밀꽃을 보면서 만두를 떠올리는 시도 있다. 곡물 중 밀가루, 쌀, 찹쌀 등은 특히 귀했다. 만두는 메밀(교맥蕎麥)로 주로 만들었을 것이다.

하며 대만두로 추정되는 만두 이야기를 실었다. "큰 만두의 껍질을 갈랐더니 그 안에는 작은 만두가 가득 들어 있었다. 크기가 호도胡桃만 하여 먹기에 아주 좋았다"고 했다. 허균의 대만두와 비슷하다. 대만두는 이제는 사라진 음식이다.

못다한 이야기

우리의 만두에 대해서는 더 깊은 연구가 필요하다. 만두, 쌍화, 상화에 대한 구분이나 정확한 개념 정리도 필요하다.
만두가 제갈공명이 처음 만든 것이 아니라는 사실부터 널리 알려지기를.
"왜, 우리는 만두饅頭, 포자包子, 교자餃子를 혼돈하는지?"도 퍽 궁금하다. 왜 한반도에서는 이 모든 음식을 '만두'라고 통칭하는지 궁금하다.
만두는, 이탈리아의 라비올리, 깔조네, 남미의 엠파나다 등과도 비슷하거나 같은 음식이다. 만주는 겉을 곡물가루로, 속을 채소, 고기, 생선 등으로 채운 것이다. 굽거나 물에 삶거나 기름에 튀기거나 모두 만두다. 만두의 세계는 넓고도 깊다.
한반도의 만두도 깊고 넓은 역사를 지니고 있지만 아직은 많은 부분이 밝혀지지 않았다.

10 ___ 설렁탕

설렁탕과 선농단先農壇은
아무런 관련이 없다

설렁탕과 곰탕의 구별법은 간단하다. 설렁탕은 사골 등 뼈를 곤 국물이다. 곰탕은 고기 곤 국물이다. 설렁탕에는 허드레 고기가 들어간다. 곰탕은 정육精肉을 사용한다. 설렁탕은 흰색, 유백색이고 곰탕은 노란 기름기가 동동 뜨는 투명한 국물이다.

곰탕은 반가班家의 음식이다. '고음膏飮' '곰'이란 이름으로 조선시대 음식 책에도 등장한다. 고기 국물이니 '육즙肉汁'이다. 제사에 사용하는 탕국이나 진주晉州비빔밥의 '보탕국' 등은 곰탕과 닮은 면이 있다. 모두 고기 국물이다.

곰탕은 고기 곤 국물이고 설렁탕은 뼈를 중심으로 각종 내장 등을 곤 국물이다. 곰탕은 노랗게 기름이 뜨고 투명하다. 잘 곤 설렁탕은 뽀얀 색깔이다.

우리 선조들은 오래전부터 설렁탕을 먹었을 것이다. 소를 도축한 후 살코기(정육精肉)는 관청에 납품하고, 남은 뼈, 내장, 허드레 고기를 고아서 그 국물을 먹었을 것이다. 버리지 않고 먹긴 했지만, 제대로 된 음식이 아니니 이름이 없었을 뿐이다.

위 사진의 그릇 중간에 보이는 것과 아래 오른쪽 사진의 숟가락 위에 있는 것은 지라다. 지라는 비장脾臟이다. 쓴맛이 나지만 철분 등이 많아 빈혈에 좋다고 알려져 있다. 오래된 서울의 설렁탕 집들은 '서울식 설렁탕'임을 강조하기 위하여 지라를 내놓는다. 지라 수육도 있다. 설렁탕을 끓일 때 내장을 사용했음을 보여준다.

설렁탕이 선농단先農壇의 행사에서 유래했다는 말은 근거가 없는 '주장'일 뿐이다. 《조선왕조실록》 세종, 성종 편에 선농단, 설렁탕이 등장한다는 말도 받아들이기 힘들다. 그런 표현은 없다. 선농단 행사 때 의례적으로 먹었다거나 국왕의 행렬이 비를 만나서, 구경하던 백성들과 끓여 먹었다는 표현은 "그랬으면 좋겠다"는 동화다. 국왕이 비를 만나면 빨리 환궁하는 것이 원칙이다. 왕조실록에는 "선농단 행사를 마친 후, 고기生肉를 대비전에 올렸다"는 기록은 있다. 고기는 귀했고 제사에 사용한 고기는 더더욱 귀하게 여겼다.

설렁탕은 오래전부터 있었던 음식이었을 것이다. 고기, 정육을 만날 수 있었던 곳은 궁궐이나 지방관아다. 이곳에는 고기를 납품하는 이들이 있었다. 백정白丁들이다. 조선 초기에는 달단족韃靼族 등 중앙아시아에서 온 이방인들이 도축을 도맡았다. 일정 부분의 고기를 도축, 납품하면 부산물이 남는다. 뼈, 내장, 꼬리, 머리, 피 등이다. 냉장시설이 없었으니 솥에 두루 넣고 푹 고았을 것이다. 일제강점기에 어린 시절을 보냈던 언론인 고 홍승면 씨는 "설렁탕 집 옆을 지나가다가 하얗게 탈골한 소머리를 보고 질겁한 후, 오랫동안 설렁탕을 먹지 못했다"는 기록을 남겼다. 일제강점기에도 설렁탕에 소머리뼈를 넣었음을 알 수 있다.

형평사衡平社는 '백정의 신분 차별 철폐' 등을 내걸고 1923년 경남 진주에서 시작되었다. 사회주의 조직이다. 진주 형평사의 간부 출신이 서울에 와서 오늘날 종로통에서 설렁탕 집을 열었다. 문제는 아이들의 진학이다. "신분제도는 이미 갑오경장 때 철폐되었으나 여전히 상민常民들은 우리 아이들과 자신들의 아이들이 같은 학교에 입학하는 것을 반

대한다"며 항의한다.

　동아일보 1930년 11월 12일의 기사에는 여러 가지 음식들이 등장한다. 조합의 자율적인(?) 결정으로, 냉면, 장국밥, 떡국, 대구탕반 등 7가지 음식의 가격은 원래 20전에서 15전으로 내린다. 문제는 설렁탕값이다. 기사에는 "설렁탕은 13전으로 내리기로 했으나 관할 종로서에서 10전으로 내릴 것을 종용하고 있으며 아마 10전으로 내릴 것"이란 내용이 있다. 예나 지금이나 음식값을 행정관청에서 '지도'하는 것도 재미있다. 설렁탕은 다른 음식보다 싸다. 같은 길거리 음식인데 장국밥이나 대구탕반보다 싸다. 고기가 아니라 뼈가 위주고 그나마 고기도 내장 등 부산물을 사용했기 때문이다. 실제 "설렁탕을 주문한 후 5전을 더 주면 고기를 후하게 얹어주었다"는 기록도 있다. 당연히 그 고기는 내장이나 머리 고기 등일 것이다.

　가격이 싸고 영양가는 풍부하니 설렁탕은 '길거리 서민 음식'으로 자리매김한다. 1930년대, 설렁탕은 주요한 '배달음식'이 된다. 설렁탕값을 내놓으라는 배달꾼과 '주인이 오면 주겠다'는 사람 사이에 논쟁이 벌어지고 주먹다짐으로 발전한다. 가해자인 설렁탕 배달꾼이 종로서에서 "우리 뒤에는 300명이 있다"고 한 내용을 보면 당시 경성(서울)에는 상당수의 설렁탕 배달꾼이 있었음을 알 수 있다. 1929년의 소설에 "설렁탕 그릇의 탑을 둘러멘 '뽀이'의 자전차가 사람들 사이의 물결을 바느질한다"는 표현도 등장한다.

　당시의 잡지 〈별건곤〉에는 '신식부부는 하루에 설렁탕 두 그릇'이라는 내용이 있다. 부모로부터 유산을 제법 받은 젊은 부부가 신혼 초에는 흥청망청하다가 슬슬 돈이 떨어진다. 결국 하루 두 끼, 가격이 싼 설렁탕이다. 느지막이 일어나니 밥을 지을 엄이 나지 않는다. 오전에 설렁탕을 배달해 먹고, 오후에도 차려입고 산책이나 하다가 저녁에도 설렁탕을 먹는다는 뜻이다.

반가 출신의 '양반인 양' 하는 이들은 여전히 설렁탕을 피했다. 정히 먹고 싶으면 배달이다. 상민이나 천민 등과 더불어 설렁탕을 먹는 것도 싫고, 식탁에 파, 소금 등이 있는 것도 못마땅하다. 곰탕은 간장으로 간을 맞춘다. 설렁탕은 소금 간이 제격이다. 이것도 설렁탕과 곰탕의 차이점이다.

못다한 이야기

설렁탕은 원래 소뼈 속의 골수를 취하는 음식이다. 뼈를 오랫동안 고면 뼛속의 골수가 국물에 빠져나온다. 이게 녹으면 기름기가 있는 국물이 된다. 뼛속 골수의 여러 성분도 국물에 녹는다. 뼈와 더불어 각종 허드레 고기도 넣는다. 고기 삶은 국물도 합쳐지는 셈이다.

예전에는 내장이 썼지만 이젠 내장 가격도 만만치 않다. '지라'는 맛이 쓴 편이다. 피 냄새가 나는 경우도 잦다. 서울 설렁탕에서 지라가 빠지는 이유다.

'양지설렁탕'은 양지고기를 사용하기 때문에 붙인 이름이다. 역사는 짧다. 40년 정도. 이제 대부분의 설렁탕 집에서 뼈와 더불어 고기도 사용한다. 고기 삶은 물 위주인 곰탕과의 경계가 허물어지고 있다.

설렁탕은 진화하고 있다. 다만 성분을 확인할 수 없는 수입산 뼈 분말이나 정체불명의 각종 조미료, 우유와 분유, 치킨파우더 등은 사용하지 않았으면 좋겠다.

11 ___ 돼지고기

우리는 돼지 기르는 일을
잘하지 못했다

기구한 운명이다. 반정으로 왕위에 올랐다. 청나라와 두 번의 전쟁을 겪었다. 일방적인 침략. 두 번째 전쟁, 병자호란은 짧았다. 불과 두 달. 상처는 더 깊었다. 왕이 땅에 머리를 찧었고 잡혀간 사람들만 50만 명이었다. 전쟁이 끝난 지 불과 7개월, 청의 사신이 왔다. 인조 15년(1637년) 8월 28일의 기록(승정원일기)은 참담하다. 영접도감에서 아뢴다.

"전날, 임금께서 '왜 돼지고기 대신 쇠고기를 마련했는가? 미리 준비한 돼지고기를 모두 연회에 사용할 것인지?'라고 물어보셨습니다. 청나라 사람들이 쇠고기를 좋아합니다. 게다가 이번 칙사는 추운 계절에 왔으므로 생선도 구하기가 힘듭니다. 연회가 많으니 돼지고기를 사용하는 일이 잦습니다. 혹시 준비한 돼지고기 두 근이 부족할까 하여 쇠고기를 한 근 더 준비했습니다. 혹시 돼지고기를 찾으면 돼지고기를 올리겠습니다."

쇠고기 한 근. 임금의 대답이 궁색하다. "소를 쓸데없이 도살하는 일은 애석하다. 그리고 음식을 더 내놓는 것도 타당하지 못한 듯하다. 늘 하던 대로 하라." 하라 할 수도, 하지 말라 할 수도 없는 참담한 심정이 엿보인다. "주긴 하되 많이 주지는 말고, 원래 주던 대로 내놓으라"는 애매한 태도다.

돼지고기는 '낮춰보는' 식재료였다. 조선시대 내내 자기 자식을 부르는 호칭은 '돈아豚兒'였다. '돼지같이 미욱한 내 자식'이다. 말귀를 못 알아듣는 것도 "돼지같다"고 했다. 좋은 뜻이 널리 퍼졌다고 표현할 때 "돈어豚魚도 알아들었다"고 했다. 돼지와 물고기를 가장 미욱한 생물로 여겼다.

제사에서도 돼지고기는 천시했다. 중국에서도 돼지고기는 천대받는 제사음식이었다. "흉년이 들면 제사 음식에 하생下牲을 쓴다"고 했다. '하생'은 제사음식의 등급을 낮추는 것이다. "소, 양, 돼지 대신 양과 돼지를, 양, 돼지 대신 송아지를 쓴다. 평소 송아지를 쓰던 이는 새끼돼지

삼겹살 구이는 우리 시대 음식이다. 기름기가 많아서 건강에 좋지 않다는 주장도 있지만, 삼겹살은 우리 시대가 만든 최고의 음식 중 하나다. 삼겹살 구이는 소시지 등에 사용했던 하등급 고기 삼겹살을 최고 부위의 고기로 만들었다.
삼겹살구이는 수육으로만 먹던 돼지고기의 또 다른 맛을 보여준다.

를 쓴다"고 했다. 숙종 12년(1686년) 11월 궁중에 올라온 상소문이다. 흉년으로 기근이 들었다. '하생'이다. 돼지는 늘 제일 뒤차지다.

우리도 돼지고기를 오래전부터 사용했다. 1123년, 고려에 왔던 송나라 사신 서긍은 《고려도경》에서 "고려에서도 돼지, 양 등을 먹지만 귀하다. 왕이나 귀족들만 먹는다. 고기 도축하는 것도 서투르다"고 했다.

고려 말기에도 여전히 농경의 주요 도구인 소는 귀하다. 문제는 종묘사직의 제사와 중국 사신 접대. 사신이 왕래하는 평안도 일대는 늘 고기가 필요하다. 고기를 구하기 위해 농번기에도 농민들을 사냥에 내몬다. 상소문은, 금살도감禁殺都監을 설치하여 소의 도축을 엄금하고, 대신 양계장, 양돈장을 만들어서 고기를 공급하자고 주장한다. 양돈장은 조선시대에도 나타난다.

세종 7년(1425년) 4월, 호조의 상소다. "전구서에 암퇘지 508마리가 있는데 그 숫자가 너무 많으니 3백 마리만 남기고 나머지 2백 마리는 시세대로 팔아서 민가에서 두루 번식하게 하자"는 내용이다.

단종 1년(1453년) 4월에는 '돼지 사육을 잘하는 탐관오리'의 처벌에 대한 이야기가 등장한다. 별좌 이흥덕이 부패혐의로 체포되었다. 사헌부에서 정한 벌은 곤장 100대에 3천리 밖 유배, 벼슬길 금지다. 의정부는 '곤장 80대, 벌금, 파직하되 벼슬길은 열어준다'는 걸로 무른다. 이유가 재미있다. "이흥덕은 중국을 드나들면서 양돈을 배웠고 세종대왕이 예빈시에서 일하도록 했다. 돼지 기르는 일에 힘썼고 공적도 있다"는 것이다.

세조 8년(1462년) 6월에도 돼지 사육을 권장하는 이야기가 나온다. "우리는 닭, 돼지, 개 기르는 일을 잘 하지 못한다. 하여 손님 접대와 제사가 늘 넉넉하지 못하다. 한양 도성은 한성부, 지방은 관찰사, 수령이 직접 관리하라. 매년 그 숫자를 보고하고 양돈 성적에 따라 상벌을 적용하라"는 내용이다.

돼지고기는 널리 사용되지는 않았다. 안동 장 씨의 《음식디미방》(1670년경)에도 돼지고기 요리법은 딸랑 두 개, '가제육家豬肉'과 '야제육野豬肉' 뿐이다. 개고기 요리법은 10여 가지가 넘는다.

19세기부터 돼지고기는 비교적 흔해진다. 순조가 궁궐에서 냉면을 '테이크아웃'할 때도 돼지고기는 등장한다. 조선 후기 실학자 영재 유득공의 〈서경잡절〉에도 "냉면과 돼지수육 값이 올라간다"는 표현이 나타난다. 돼지고기가 흔해지고 저잣거리로 나온 것이다.

못다한 이야기

우리는 돼지고기 만지는 일이 서툴렀던 민족이다. 조선시대 내내 돼지고기는 귀했다. 가격이 높아서가 아니라 사육하는 방식이 서툴렀기 때문이다. 돼지는 기온이 높고 습기가 많은 곳을 좋아한다. 기온과 습도가 높은 제주도, 일본 오키나와, 규슈 등에 '돗고기(돼지고기)국수'와 돈코츠라멘 등이 나타나는 이유다. 그나마 제주도의 고기국수는 1960년대 이후 유행한 것이다.

돼지를 널리 키우지 않았던 것은 곡물 부족 때문이었을 것이다. 돼지는 인간과 먹이를 두고 다툰다. 사료가 필요한 동물이다. 한반도의 건조하고 추운 기후와도 맞지 않는다.

조선시대 돼지품종은 지금의 것과는 완전히 다르다. 토종이라고 나오는 것들도 일제강점기 무렵 혹은 그 이후의 것일 가능성이 높다.

세종 시기는 조선 초기다. 고기 만지는 일이 서투르니 중국에서 양돈법을 배워 왔을 것이다. 우리가 알고 있는 것보다 한반도의 고기 문화는 늦었다.

12 ___ 닭고기

꿩 대신 닭이 아니라
소 대신 닭이라

꿩 대신 닭이 아니다. 소 대신 닭이다. 조선 초기 문신 서거정은 중국 고전을 인용, "소 잡아 제사 모시는 것보다 살아계실 때 닭고기, 돼지고기로 봉양하는 것이 낫다"고 했다(사가시집).

한반도 닭의 역사는 길다. 김알지, 김수로왕은 모두 알에서 태어났다. 신라와 경주를 계림鷄林으로 부르기도 했다. 고려시대에도 양계장이 있었다. 우리는 닭을 오래전부터 가까이 했다. 소는 농경의 주요 도구로 금육의 대상이다. 돼지는 하는 일 없이 곡물을 먹는다. 만만한 게 닭이다. 산과 들에서 벌레와 잡초 씨앗을 먹는다. 인간과 먹이를 두고 경쟁하지 않는다. 궁중과 민간 모두 만만하게 닭을 대했다.

'태종의 닭고기'는 가슴 아프다. 태종은 양녕대군을 비롯하여 충녕대군(세종대왕) 등 모두 4명의 아들을 두었다. 막내 성녕대군은 열네 살에 죽었다. 귀한 늦둥이였다. 태종 18년(1418년) 5월 9일《조선왕조실록》의 기록이다. 태종이 먼저 이야기한다. "성녕이 평소 쇠고기를 좋아했다. 그러나 소를 가볍게 도축할 수는 없다. 중국사신이 오거나 종묘 제사 때 도축하면 그때 사용하겠다. 제사에 닭을 사용하는 것이 예법에 어긋

조선시대 닭고기 요리는 연계백숙軟鷄白熟, 연계증軟鷄蒸, 프리미엄 연포탕軟泡湯 등이다. 연계백숙과 연계증은 별다른 양념 없이 닭고기를 찌거나 삶은 것을 말한다. 프리미엄 연포탕은 부드러운 두부에 닭고기 국물과 고기를 더해서 끓인 것이었다.

호남의 닭고기 요리는 제법 큰 닭 한 마리를 해체, 회, 구이, 찜, 죽 등 '코스요리'로 내놓는다. 여수 '약수닭집', 해남의 '장수통닭', 함평의 '시골집' 등에서 이런 코스요리 닭고기를 볼 수 있다. 사진은 닭회와 구이다.

나지 않는가?" 신하들이 대답한다. "제사 음식으로 닭을 쓰는 것이 오래전부터 예법에 있었습니다." 태종이 말한다. "성녕이 닭고기 또한 좋아했다. 5일에 닭 한 마리씩을 상에 올리라."

비참한 닭고기 이야기도 있다. 인조는 청나라의 침입 때 남한산성으로 피신했다. 미리 준비한 피난이 아니다. 극도로 궁핍했다. 국왕의 밥상이라고 나을 것도 없다. "임금이 침구가 없어 옷을 벗지 못하고 자고, 밥상에 닭다리 하나를 놓았다"고 했다. 인조가 말한다. "처음 산성에 들어왔을 때는 새벽에 닭 울음소리가 많이 들렸다. 지금은 닭 울음소리가 어쩌다 겨우 들리니 아마 닭을 나에게 바치기 때문일 것이다. 앞으로 닭고기를 쓰지 마라(연려실기술)."

중종 20년(1525년) 10월, 궁중에서 '독극물로 의심되는 사건'이 발생한다. 세자궁에 말린 고기脯肉와 닭고기를 올렸다. 신하들이 이 음식을 하사받아 먹었다가 몇 명이 배탈이 나고 드러누웠다. 세자를 겨냥한 독극물 투입 가능성도 있다. 사건을 추적하는 동안 재미있는 내용이 나온다. "닭고기를 지네가 씹어놓으면 독이 있다는 말을 들었다. 그래서 지네를 다스리는 약으로 치료했더니 전부 닭고기를 토하고서 소생하게 되었다"는 표현이다. 이 사건은 닭 때문인지, 말린 고기 때문인지 밝혀지지 않는다. 말린 고기에 '생산자 표시'를 해서 조심하자는 식으로 마무리된다.

조선시대 문인들의 글에 가장 자주 나타나는 '닭고기'는 '닭과 기장밥' 그리고 우정에 대한 것이다. 중국 후한 때 범식과 장소는 태학에서 같이 공부하며 깊은 우정을 나눈다. 범식은 장소와 헤어지면서 "2년 뒤 9월 15일 그대 집에 찾아가겠다"고 약속한다. 마침내 그날, 장소는 닭을 잡고 기장밥을 지었다. 장소의 부모는 "범식의 고향이 천 리나 멀리 떨어진 곳인데, 어찌 그가 올 수 있겠느냐?"라고 했다. 장소는 "범식은 신의가 있는 선비이니, 약속을 지킬 것"이라고 하였는데, 그 말이 채 끝나기도 전에 범식이 도착하였다. 닭鷄과 기장黍밥에 얽힌 약속約, 계서약鷄黍約이다. 조선의 선비들은 '닭과 기장밥'의 우정을 부러워했다. 친구가 찾아오면 '계서鷄黍'를 준비한다는 표현도 흔하게 나타난다.

조선시대 가장 흔했던 닭요리는 '백숙白熟'이다. 백숙이 닭고기만을 뜻하는 것은 아니다. 아무런 조미도 하지 않고 쪄낸 모든 고기 음식이 백숙이다. 오늘날의 백숙은 조선시대의 '연계증軟鷄蒸'이다. 닭고기를 부드럽게 쪄낸 것이다. 연계증은 '연계백숙軟鷄白熟' 혹은 물로 쪘다고 수증계水蒸鷄라고도 했다(음식디미방). 1795년 6월, 정조의 어머니 혜경궁 홍 씨의 생신날 밥상에도 연계증이 있고, 《오주연문장전산고》에도 별

닭백숙과 찹쌀 누룽지. 누룽지에도 닭국물이 배어 있다.

미로 연계증이 거론된다.

　재미있는 닭 음식도 있다. '계주鷄酒'는 삶은 닭 속에 술을 머금은 솜을 넣은 것이다. 여행용 닭고기다. '계고鷄膏'는 진하게 졸인 닭곰이다. 닭 살코기만 담은 옹기를 가마솥에 넣고 오랫동안 중탕한 것이다. 닭고기는 맛이 없어지고 진액은 비허증脾虛症에 좋다고 했다(성호사설).

못다한 이야기

제발 어리디어린 닭을 먹는 일은 더 없었으면 한다.
삼계탕용 닭은 550g이다. 100g을 1호로 부르니, 겨우 5.5호 닭이다. 30일 기른다고 하더니 21일 기른다는 '괴담'도 들린다. 병아리 부화 후, 겨우 21일이다. 뼈도 여물지 않았고 닭 껍질에 맛이 들지도 않았다. 삼계탕용 닭을 직접 보면 기형적이다. 아직 먹을 만큼 자라지도 않았다. 이걸 '영계'라고 부른다.
삼계탕 사업은 치밀하다. 닭 한 마리는 반드시 550g이고 뚝배기는 그 치수에 꼭 맞다. 별맛은 없다. 그저 '닭 한 마리를 나 혼자서 다 먹어치운다'는 욕심만 남았을 뿐이다. 맛이 없으니 조미료 범벅에 각종 정체불명의 견과류를 넣는다. 닭고기 국물은 달다. 왜 또 조미료를 더하는지도 아리송하다.
우리 시대의 삶이 닭 한 마리로 보신해야 할 정도일까?

13 ___ 쇠고기

세종대왕 사촌, 밀도살로 귀양길에서 죽다?

왕실 종친이 소를 밀도살했다? 대형 스캔들이다.

성종 5년(1474년) 12월 7일(음력), 사헌부 이형원李亨元이 상소를 올린다. 내용이 대단하다. "동양정 이서東陽正 李徐가 소를 밀도살했다"는 것이다. 실제 소를 도축한 것은 기술자인 거골장去骨匠 김산이다. 현장을 관리하고 진행한 이는 종奴 난동이다. 문제는 현장이다. 이서의 집이다. 이서는 태종의 증손자다. 왕족이다. 종친의 집이니 몰래 소를 도축할 수 있었을 것이다. 소 밀도살은 중죄다. 더하여 이서는, 단속 차 찾은 관리들을 종을 시켜 협박했다. "여기가 어디라고 감히!"라고 한 것이다. 명백한 공무집행방해다. 종 '난동'의 신분도 문제다. 개인이 거느린 노비가 아니다. 국가에서 종친에게 공식적으로 내려준 노비인 '구사丘史'다. 문제가 심각하다.

성종은 "구사들을 거두라"고 명한다. 이 정도로 끝날 일이 아니다. 상민常民이 밀도살을 했을 경우, 초범인 경우도 '곤장 1백 대에 귀양 3년'이다. 아무리 왕족이지만 고작 "구사를 거두라"는 건 너무 약한 벌이라는 주장이 쏟아진다. 불과 나흘 뒤인 12월 11일, 이번엔 원로대신 한명

회와 대사간 정괄까지 나선다. 이쯤 되면 국왕이라도 어쩔 수 없다. 이 날 성종은 "이서의 직첩을 거두라"고 명한다. 왕족이 평민의 신분으로 떨어진 것이다. 큰 벌이다.

상소문 중에 "세종대왕 당시 수도정 이덕생守道正 李德生의 처벌을 참고해야 한다"는 문구가 있다. 이덕생은 정종의 서자庶子다. 세종과는 사촌지간. 역시 왕족이다. 한때 승려가 되려고 삭발했으나 세종이 만류하여 머리를 기르고 한양 도성에 살았다. 문제는 이덕생이 '소 밀도살' 건으로 걸려든 것이다. 수사과정에서 도축한 소의 상당수가 민간에서 훔친 것이라는 내용도 드러났다. 이때도 '압수 수색' 중에 마찰이 일어난다. 마당에서 소, 말 대가리 뼈 40여 개와 숱한 잡뼈가 발견되었다. 처음에는 세종도 사촌의 죄를 유야무야 덮으려 했으나 불가능했다. 결국 전남 담양으로 유배를 보냈는데 이번엔 "너무 편한 곳으로 유배 보냈다"는 상소가 줄을 잇는다. 결국 추운 북쪽으로 유배지를 옮기던 중, 경기도 용인에서 죽었다.

성종은 "이서의 죄는 이덕생과 다르다"고 말한다. 소를 훔친 건 아니라는 뜻이다. 하지만 중벌인 '직첩 회수'를 명한다.

소 밀도살은 중죄다. 소가 경작의 주요 도구이기 때문이다. 고려가 불교국가라서 고기를 먹지 않았다는 이야기도 다시 살펴봐야 한다. 고려 말에도 '금살도감禁殺都監'이 있었다. 소의 도축을 막고 대신 돼지, 닭을 키우자는 것이다. 살생을 금하는 불교라면 모든 생명체의 도축을 금하는 것이 맞다. 금살도감은 살생이 아니라 소의 불법도축을 막기 위한 기관이다. 조선시대 초기의 기록에도 금살도감은 자주 나타난다.

조선시대에도 공식적인 쇠고기 공급은 있었다. 도축서屠畜署, 전생서

쇠고기 문화는 고려시대 몽골 침략기에 전래한 것으로 추정한다. 고려 후기 북방에서 유입된 수렵, 유목민족들이 고기를 다루었다. 달단㺚靼은 타타르 혹은 타르타르인이다. 몽골의 후예다. 이들이 한반도에 유입, 양척, 화수척 등으로 불리다 고려, 조선시대 '백정' '신백정'이 된다.

'타타르 스테이크'는 날고기다. 우리는 날고기(육회)도 먹고 때로는 익혀 먹기도 한다.

'고기+여러 종류의 나물'은 한반도만의 독특한 고기 문화다. 사진의 밥상은 경기도 곤지암의 '마당넓은집'이다.

典牲署에서 쇠고기를 공급했다. 쇠고기가 필요한 곳은 종묘 제사와 중국 사신 접대다. 효종 9년(1658년) 12월 17일, 이조판서 송시열은 "전생서典牲署는 제향祭享을 전담하고 사축서司畜署는 객사客使의 수요를 전담하는데"라고 말한다(조선왕조실록). '제향'은 종묘 등의 제사다. '객사'는 중국 사신이다.

왕실과 사대부들은 필요한 고기를 신청한 후, 허가를 얻어서 구했다. 공식적인 공급이 원활할 리는 없다. 제때, 원하는 양을 받는 것은 거의 불가능했다. 결국 밀도살, 불법거래가 일어난다. 조선 후기, "명절이 되면 갑자기 절름발이 소가 늘어난다"는 풍자가 떠돈다. 농사 못 짓는 소는 도축해도 괜찮으니 갑자기 절뚝거리는 소가 늘어난 것이다.

쇠고기 때문에 두고두고 망신을 산 벼슬아치도 있었다. 표연말表沿沫(1449~1498년)은 조선 전기의 문신, 문장가다. 집안도 명문가고 본인도 대제학을 지냈다. 성종 3년(1472년) 과거에 급제, 삼사 중의 하나인 예문관 관리가 되었다. 괜찮은 출발이다. 전도양양했는데 느닷없이 '금육' 사건에 말려든다. 밀도살도 아니고 쇠고기를 개인적으로 거래한 것도 아니다. 당시의 관례(?)대로 홍문관 관리들의 술자리에 참석했는데 하필이면 상에 쇠고기가 있었다. 파직당하고 고향에 간 다음 쇠고기가 놓인 자리에 가면 "차마 다시 국법을 금할 수 없다"고 말했다고 전해진다. 문제는 그 후다. 조선시대 기록문 여기저기에 '표연말이 금육 먹고 파직당한 이야기'가 실린다. 500여 년 전의 그 기록은 지금도 남아 있다.

못다한 이야기

늘 '이밥에 고깃국' 타령을 하는 북한을 보고 있자면 조선시대 쇠고기가 생각난다. 실제 조선시대 평민들의 절반 이상이 쇠고기 맛을 보지도 못하고 세상을 떠났으리라는 추측을 해본다. 북한도 마찬가지다. 북한도 여전히 식량부족으로 헤매고 있다.
소는 중요한 농경의 도구였다. 암소는 12명의 노동력, 황소는 20명의 노동력이라는 주장도 있다. 실제 몇 명이 매달려도 하지 못하는 일을 소는 순간적으로 해치우기도 한다. 농사를 짓는데 소가 부족하니 마을에서 소 몇 마리를 공동으로 사용한 일도 있었다. 만약 소가 없어서 농사를 짓지 못하면 바로 이듬해 기근으로 이어진다. 소 밀도살을 철저히 막은 이유다.
영조는 금주禁酒, 금육禁肉을 철저히 지켰다. 모두 곡물 생산, 소비와 연관이 있다. 곡물 부족은 지역의 폭동, 반란으로 이어진다. 먹고살 것이 없어서 떠도는 유랑민이 생기면 정부는 긴장한다.
소의 도살, 쇠고기 먹는 풍습은 국가를 흔든다고 믿었다. 쇠고기를 아예 금육禁肉으로 부른 이유다.

14 ___ 녹미

도무지 맛을 짐작할 수 없는 사슴꼬리?

짐작하지 못할 식재료는 아니다. 짐작은 하지만, "글쎄? 그게 어떤 맛일까?"라는 궁금증은 든다. 사슴 꼬리, 녹미鹿尾 이야기다.

연산군 10년(1504년) 10월의 《조선왕조실록》 기록이다. 사슴 꼬리 때문에 애꿎은 관찰사의 목이 떨어질 판이다. 연산군, 누구나 알듯이 해괴한 짓 많이 했다. 그중 하나다. 연산군이 사옹원司饔院에 명한다. "녹미는 모름지기 꼬리가 있는 것으로 올리라. 관찰사도 부엌의 반찬을 보고 좋고 나쁨을 따진다. 하물며 궁중에 올리는 물건이야 말하면 무엇하랴? 앞으로 사옹원에서는 관찰사가 올리는 녹미의 색깔과 맛을 살펴보고, 나쁜 것이 있으면 조사하라. 이조에서는 장부에 기록하라. 6개월에 3번 이상 질 나쁜 녹미를 올리는 관찰사가 있으면 비록 근무성적이 최고라 하더라도 파면하라."

입이 짧기로 소문난 영조도 녹미에 대해서 이런저런 말들을 많이 남겼다. 영조 40년(1764년) 4월에는 "사슴 꼬리나 메추리고기도 내가 전에 즐겼던 것들이나 올리지 말라고 했다. 역시 민폐가 될까 두려워서이다"라고 했다. 이쯤 되면 사슴 꼬리는 사라져야 마땅하다. 그렇지 않다.

5년 후인 영조 45년 8월의 기사에는 "사슴 꼬리가 60조條면 사슴 또한 60필이다. (제주도에서) 1년에 두 번 올리면 사슴이 자그마치 1백20필이다. 예전엔 그렇게 올렸는지 모르지만, 앞으로는 진공進貢하지 마라"는 내용이 있다. 사슴 꼬리가 또 등장했다.

　영조 48년 11월의 기사다. "오늘 젓가락을 댄 것은 오직 녹미뿐이다. 맛있다고 해서 어찌 어질지 못한 짓을 계속하겠는가? 앞으로는 녹미를 봉진하지 마라." 영조 51년 8월에 또 '사슴 꼬리 봉진 금지'가 등장한다. "내가 일찍이 녹미를 즐겼으므로 어영청에서 먼저 구해서 바쳤다. 다른 영문에서도 장차 이와 같이 할 것이다. 앞으로 다시는 (녹미를) 구하지 마라. 하여, 내가 녹미를 구하는 뜻이 없음을 보여주라." 어영청은 5영문 중 하나다. 어영청에서 시작하면 훈련도감 등 다른 영문들도 따라할 것은 뻔하다.

　영조는 10여 년간 계속 '녹미 봉진 금지'를 이야기한다. 뒤집어 보자면, 영조는 사슴 꼬리로 만든 음식을 좋아했고 역설적으로 계속 녹미를 받아왔음을 알 수 있다. 집권 말기, 여든 살 무렵, 영조의 변덕도 상당했음을 짐작할 수 있다.

사슴 꼬리는 지방기가 많으리라 짐작할 수 있다. 사슴, 노루 등을 상식하지 않으니 그 고기 맛을 알 수는 없다.

지금은 '사슴 꼬리 음식'을 쉽게 만날 수 없으니 얼마나 맛있는 고기인지는 알 수 없다. 그러나 연산군이나 영조 이외에도 녹미를 좋아하는 이들은 많았다. 군왕뿐만 아니라 일반인들도 녹미를 좋아했고 그 때문에 녹미를 둘러싼 잡음도 많았다.

중종 3년 4월의 기록에는 "중신 채윤문이 경상도 수사로 있을 때 녹미, 녹설鹿舌을 많이 거두어 장사해서 이익을 취했으니, 이렇게 더러운 사람으로 장수를 삼을 수 없다"는 사간원의 탄핵내용도 있다. 1712년 북경에 사신으로 갔던 조선 후기 문인 김창업(1658~1721년)은 북경에서 "주방에서 사슴 꼬리를 들여보냈는데 구웠더니 별로 맛이 없었다. 오래되어 변한 듯하다"고 했다. 귀하지만, 일상적으로 먹었던 음식임을 알 수 있다.

녹미의 봉진을 둘러싼 다른 잡음들도 있었다. 진상용 녹미를 구하지 못한 지방에서는 엉뚱하게도 한양으로 녹미를 구하러 보낸다. 지방관리가 면포를 가지고 한양에서 녹미를 구하여 진상하는 일도 있었다. 중종 12년(1517년) 8월의 기록에는 "한양에서 녹미를 구한다니 도대체 한양 어디에서 녹미가 나오는지 알 수 없다. 결국 사옹원 등에서 퇴짜 맞은 물건들이 떠돌아다니는 것 아니겠는가?"라는 참찬관 조방언의 진언도 남아 있다.

황해도 감사였던 율곡 이이도 "녹미는 맛있는 음식이 아니다. 황해도 내에서 사슴이 많이 나지 않으므로 결국 베와 재화를 가지고 한양에서 바꾼다. 그 값도 (원래보다) 지나치게 높다"며 제도를 바꿀 것을 제안한다.

말도 많고 탈도 많았지만 녹미에 대한 관심은 깊었다. 교산 허균은

《도문대작》에서 "녹미는 전북 부안에서 그늘에 말린 것이 가장 좋고 제주도 것이 그 다음"이라고 밝혔다. 오주 이규경은 《오주연문장전산고》에서 '녹미 절임 법'을 상세히 설명한다. "칼로 사슴 꼬리의 뿌리 부분 털을 잘 깎아낸다. 뼈를 발라내고 소금 1전錢과 무이 5푼(반전)을 꼬리 속에 넣는다. 긴 막대에 끼워서 바람 부는 곳에서 말린다"고 했다. '무이蕪荑'는 왕느릅나무(열매)로 추정한다.

못다한 이야기

나도 사슴 꼬리에 대한 기억은 없다. 아무리 생각해봐도 사슴 꼬리를 본 적도 먹어본 적도 없다. 아니나 다를까, 이 원고가 편집팀에 넘어간 후 "앞으로는 일상적으로 쉽게 만날 수 있는 식재료, 음식으로 원고를 써 달라"는 지청구 섞인 주문을 들었다.

교산 허균이 《도문대작》에서 언급했고 오주 이규경이 《오주연문장전산고》에서 녹미 말리는 법을 소개한 걸 보면 조선시대에는 비교적 흔하게 녹미, 사슴 꼬리를 사용했을 것이다. 이제는 이 음식의 맛이 어떤지 알기 힘들다. 사슴 꼬리를 먹는다고 이야기조차 들어본 적이 없으니.

그저 궁금증을 풀기 위해서 한 번쯤은 먹어보고 싶은데, 사슴 꼬리가 아니라 사슴고기도 귀한 세상이 되었으니 그마저도 힘들 것이다.

15 ___ 육개장

개고기를 먹지 않으니
개장국이 육개장이 되다

"(1777년) 7월 28일(음력) 밤에 '대궐 밖의 개 잡는 집'에 이르러 강용휘가 전흥문에게 3문文의 돈을 주어 '개장국狗醬'을 함께 사 먹고 대궐 안으로 숨어 들어가 별감 강계창과 나인內人 월혜를 불러, 귀에 대고 한참 동안 속삭였다(명의록)."

《명의록》은 정조 암살미수 사건에 대한 기록이다. 영화 〈역린〉의 소재다.

이야기는 이어진다. "암살시도가 실패한 후, 범인 전흥문은 홍원문(경희궁)으로 빠져나와 달아났고, 강용휘는 금천교(창덕궁) 방향으로 달아난 후, 이튿날 공범 홍상범 등과 '개 잡는 집'에 다시 모였다."

앞의 '대궐 밖 개 잡는 집'과 이튿날 모인 '개 잡는 집'은 다른 곳이다. 18세기 후반 한양에는 군데군데 '개 잡는 집'과 밤늦게 문을 여는 '개장국' 파는 집이 있었음을 알 수 있다. 개고기는 일상적으로 먹는 상식尙食이었다. '개고기 = 복날 보양식'은 엉터리다. 한식에는 보양식이 없다. 개, 장어, 민어, 삼계탕 등이 보양식이라는 기록도 없다. 보양식으로 민어가 일품, 닭이 이품, 개가 삼품이라는 말도 엉터리다. 근거가 없다.

육개장도 끊임없이 변한다. 고사리, 토란대 등을 없애거나 줄인 육개장들도 많다. 사진은 대구 '옛집식당'의 육개장이다. 장터국밥 형태로 바뀐 것.

중국과 한반도에서는 육축六畜을 먹었다. 육축은, 집에서 기르는 6가지 짐승으로 소, 말, 개, 돼지, 양, 닭이다. 개의 식용에 대해서는 조선시대에도 말이 많았다. 조선 말기 이유원의 《임하필기》에도 개고기 식용을 둘러싼 찬반 사례가 나타난다.

"연경(북경)사람들은 개고기를 먹지 않을뿐더러 개가 죽으면 땅에 묻어준다. 심상규(1756~1838년)가 북경에 갔을 때 경일庚日(복날)을 맞아 개고기를 삶아 올리도록 하였다. 북경사람들이 크게 놀라면서 이상히 여기고 팔지 않았다. 심상규가 그릇을 빌려 삶았는데 그 그릇을 모조리 내다 버렸다. (황해도)장단의 이종성(1692~1759년)은 잔치에 갔다가 개장국을 보고 먹지 않고 돌아와 말하기를, '손님을 접대하는 음식이 아니다'라고 하였다. 두 사람이 달랐다."

심상규가 성절사로 북경에 간 것은 1812년, 청나라 때다. 청나라 사람들은 개고기를 피했다. 중국도 개고기를 제사에 사용하는 등, 상식尙食했다. 청나라 이후, 중국인들은 개고기를 피한다. 이유는 두 가지다. 청나라를 세운 만주족은 기마민족이다. 사냥이 주업인 기마민족에게 개는 수렵의 동반자이자 목숨을 지켜주는 동료다. 농경민족의 개와는 지위가 다르다. 남쪽의 광동, 광서성 등에서 지금도 개고기를 먹는 반면, 북쪽 지역에서 먹지 않는 이유다. 또 다른 이유는 개가 청 태조 누르하치의 생명을 구했다는 설화 때문이다. 누르하치가 깊은 산에서 정신을 잃고 쓰러졌을 때 개가 불길에서 누르하치를 구했다. 청을 건국한 만주족들이 개를 먹지 않자 중원의 한족들도 따른다.

조선 후기에는 개고기 식용과 비식용파가 나뉜다. 1791년 사은사 일행으로 청나라를 다녀온 문인 김정중은 《연행록》에서 "중국인들은 비둘기, 오리, 거위 등을 먹지만 개고기는 먹지 않는다"고 했고, 1712년 마찬가지로 청나라를 다녀온 김창업은 《연행일기》에서 "평안도 가산의 가평관에서 이민족(오랑캐)에게 '개고기'와 소주를 대접받았다"고 했다.

육개장은 개장국(구장羹狗醬羹)을 대신한다. 일제강점기 초기, 경부철도의 건설로 대구에 사람들이 모이고 시장이 선다. 이미 개고기를 피하는 이들이 많다. 대구 명물 육개장이 나타난다. '대구탕大邱湯'으로 부르기도 한다. 육개장은 '쇠고기＋개장국'이다. 개장국 스타일로 끓인 쇠고기 국으로 시장통 등에서 팔던 주막 음식이었다. 육개장 끓이는 법을 설명하는 칼럼(1939년 7월 8일 동아일보) 제목은 〈오늘 저녁엔 이런 반찬을〉이다. 필자는 한식연구가 조자호 씨. 육개장은 길거리 식당 음식에서 가정으로 퍼진다. 쇠고기 부위를 한정하지는 않고 '여러 종류의 국거리'라고 표현했다. 고기는 삶은 후, 반드시 손으로 찢고 양(내장)은 칼로 썬다. 대파를 많이 사용한다. 고기와 고춧가루, 고추장으로 양념한 채소를 버무려 다시 한소끔 끓여서 낸다. 한번 삶아낸 밀국수를 넣어서 먹으면 맛이 '희한하다'고 기록했다.

《동국세시기》의 기록을 들고 "여름철 보양식은 개고기"라고 이야기하는 것은 타당성이 없다. 우리는 지금 영양 과잉 상태다. 먹는 것은 자유지만, 보양식 운운하는 것은 허망하다. 여름철엔 휴식, 수면, 운동, 균형 잡힌 식사가 필요하다. 여름철 보양식은 없다.

못다한 이야기

개장국에 관한 이야기만 쓰면 여러 '동물보호협회'에서 연락(?)이 온다. 개고기 이야기 하지 마라, 개고기 먹지 말라 등등의 내용과 더불어 이메일이 온다.
나는 개고기를 좋아하지 않는다. 평생 먹어본 게 5회를 넘기지 않는다. 그것도 대부분 반강제적으로 이끌려 간 것이다.
아마 개고기 관련 칼럼 등을 검색해서 자동으로 '동물보호' '개고기 식용 반대' 등의 이메일을 날리는 단체가 있는 것 같다.
나는 먹자고 이야기한 적도 없고, 먹지 말자고 이야기한 적도 없다. 그저 조선시대 중기까지는 개고기를 먹었다고 썼을 뿐이다.
조선 말기 개고기 식용 반대는 아마도 청나라의 풍습을 따른 듯하다. 농경민족에게 개고기는 식용의 대상이지만, 유목민족에게 개는 동반자요, 때로는 은인 같은 존재다. 깊은 산속에서 위험에 처하면 개는 사람의 목숨을 구하는 존재다. 가축이면 먹지만, '동반자' '친구'는 식용의 대상이 아니다.

16 ___ 달단족의 쇠고기

한반도 쇠고기 문화는
'달단, 화척, 백정'에서 찾아야 한다

그들은 '달단족韃靼族'이다. 달단은 '타타르TATAR'다. 뜻도 재미있다. '단靼'은 '부드러운 가죽'이다. 달단은 고기, 가죽 등을 잘 만지는, 북방의 수렵, 기마민족이다. 중국이나 한반도 모두 이들의 침략, 약탈 등으로 속을 썩인다. 어쩔 수 없다는 생각도 든다. 달단족은, 농경보다는 수렵이 친근하다. 주식도 고기다. 우리 민족과도 관련이 깊다. 한반도의 고기 문화는 달단족이 전하고 발전시킨 것이다.

세조 2년(1456년) 3월, 집현전 직제학 양성지가 상소한다.

"백정은 화척 혹은 재인, 달단입니다. 그들이 이 땅에 산 지 이미 5백 년이 되었습니다. 이들은 이민족입니다. 자기들끼리 결혼하고 모여 살면서 소를 도살하거나 동냥질, 도둑질을 합니다(조선왕조실록)."

'달단'은 터키 북쪽, 중앙아시아의 타타르 족과 뿌리가 같다. 역시 유목민족으로 고기를 잘 만진다. 서양의 '타타르 스테이크'는 우리의 육회와 닮은 면이 있다.

고려, 조선 조정이 달단족을 천시한 것은 그들이 농경의 도구인 소를 도축하는 일을 생계로 삼았기 때문이다. 소의 도축은 식량 생산의 감소로 연결된다. 농경국가로서는 소 도축을 인정하기 어렵다. 달단족은 평소 버들고리柳器를 짜거나 밀도살로 살다가 형편이 어려워지면 소를 훔치거나 동냥질, 도둑질을 일삼았다.

세조 13년(1467년) 양성지(대사헌)의 거듭되는 상소다.

"예전에는 백정白丁과 화척禾尺이 소를 잡았으나, 지금은 양민들도 도축합니다. 예전에는 잔치 준비를 위해 소를 잡았으나, 지금은 팔기 위하여 소를 잡고, 예전에는 남의 소를 훔쳐서 잡았으나, 지금은 소를 사서 잡습니다(조선왕조실록)."

달단족의 소 밀도살이 양민들에게 확대된다. 잔치 등 대소사에 쓰던 쇠고기가 일상적으로 사용된다. 쇠고기 판매도 버젓이 이루어진다. 양성지는 소 밀도살이 농경국가 조선에 치명적임을 잘 알고 있었다. 적극적으로 막는다.

양성지는 "달단족은 5백 년 전부터 한반도에 살았다"고 했다. 993년, 거란의 1차 고려침략 시기다. 양성지는, 이때 달단족이 거란군의 길 안

한반도의 쇠고기 문화는 역시 '모든 부위의 고기를 맞춤형으로 조리하여 사용한다'는 점이다. 내장은 순대로, 허드레 고기도 버리지 않고 모두 사용했다. 뼈까지 국을 끓여 먹었던 경우는 드물다.

내(향도)를 맡았다고 했다. 일부는 한반도에 머물렀을 것이다. 10세기 후반 달단족이 고려에 왔지만 고려의 고기 만지는 솜씨는 여전히 수준 이하였다.

100년 뒤인 1123년(고려 인종 1년) 고려에 왔던 송나라 사신 서긍은 "고려의 고기 만지는 솜씨가 형편없다. 돼지를 불 속에 던져서 그을어 도축한다. 냄새가 심해서 먹을 수 없다"고 했다(선화봉사고려도경). 여전히 한반도의 고기 문화는 발전하지 못하고 있었다.

여말선초, 소 밀도살 및 고기 식용은 확대되고 사회적 문제가 된다. 중심에 달단족이 있다. 《고려도경》에서 서툴다고 했던 한반도의 고기 문화는 달단족 덕분에 급속히 발전한 것이다. 13, 14세기에는 몽골이 한반도를 침략, 지배한다. 달단족은 몽골의 한 부족이다. 몽골의 원나라 멸망 후 더 많은 숫자의 달단족이 한반도에 남는다.

태종 6년(1406년) 4월의 왕조실록에는 "달단 화척에게 소와 말 잡는 것을 금하도록 거듭 밝혔다"는 문구가 나타난다. 달단족의 소 밀도살이 상습적이었음을 알 수 있다. 소 밀도살은 쉬 사라지지 않는다. 태종 11년(1411년)에는 신백정을 조사 색출, 도성으로부터 3사舍(1사는 30리) 밖으로 내쫓는다. 세종 7년(1425년)에는 도성 서쪽 무악산 아래의 신백정新白丁을 멀리 내쫓는다. 세종 29년(1447년) 3월의 기록에는 "농사짓는 소를 달단 화척에게 팔기만 해도 재산 몰수, 수군 편입, 소를 훔쳐서 도살하면 장 1백 대에 얼굴에 문신을 새기고, 재산몰수, 수군에 편입시킨다"는 내용도 나타난다.

한반도의 오래된 고기 문화로 '맥적貊炙'을 든다. 맥적은 '맥족貊族의 구운 고기'다. 맥족은 북방의 기마, 수렵 민족이다. 맥적이 어떤 것인지

뚜렷하게 전해지는 바는 없다.

'달단 화척'은 조선 후기 기록에는 나타나지 않는다. 대신 '백정'이 나타난다. 달단족은 서서히 우리 민족으로 편입되었다. 달단족은 한반도에 고기 문화를 전하거나 발전시킨 이들이다. '소 잡는 도적(재우적宰牛賊)'은 '거골장去骨匠'으로 바뀐다. 한반도의 고기 문화는 맥적이 아니라 '밀도살을 일삼던 달단 화척'에서 찾아야 한다.

못다한 이야기

단군의 자손, 한민족, 단일민족이라는 표현은 문화적 동일체라는 뜻이다. 핏줄 동일체는 아니다. 머리카락도 꼬불꼬불한 이가 있고 곧은 이가 있다. 눈도 동그란 이가 있고 옆으로 길게 찢긴 이가 있다. 핏줄로는 뒤섞인 부분이 많다.

고려시대를 지나면서 이민족들이 한반도에 많이 모여든다. 몽골 통치시기에 몽골족과 북방의 유목민족, 아랍족까지 한반도에 모여든다. 조선 초기 세종의 4군 6진 개척을 전후하여 우리는 많은 이민족을 받아들인다. 여진족으로 대표되는 북방 유목민족, 기마민족이다. 또 다른 표현으로는 야인野人들이다. 이들은 농경화된 우리와는 달랐다. 주업이 짐승을 사냥하거나 도축하는 일이었다.

조선 초기 나타나는 '달단韃靼의 화척'은 점차 한반도에 적응한다. 이민족이 우리 여인 혹은 남정네와 결혼을 한다. 이웃을 이루고 한 동네에 살며 점차 농경민족화, 한민족화 된다.

조선 후기에는 '달단의 화척' '재우적'이라는 표현이 나타나지 않는다. 조선 초, 중기에 이미 거골장이라는 표현이 나타난다. 조선시대 쇠고기 문화는 이들 이민족이 발전시킨 것이다.

17 ___ 열구자탕

열구자탕, 탕제자, 스기야키가 어울려 신선로가 되다

우리 음식 열구자탕悅口子湯과 일본 음식 '스기야키杉煮, sugiyaki'는 비슷하지만 다르다.

조선 후기 문신 서유문(1762~1822년)은 정조 22년(1798년) 겨울 동지사 서장관으로 연경에 간다. 가는 날이 장날. 이듬해 음력 1월 초, 건륭제가 죽었다. 느닷없이 조문사절단이 되었다. 《무오연행록》 1월 6일의 기록이다. "이날 오시午時 곡반哭班에 물러 나온 후 사슴 고기 세 근을 '황제가 내리는 것'이라 하고 주었다."

상중에는 고기를 먹지 않는다. 소선素膳이다. 그런데 고기라니. 하인이 전하는 바깥 분위기는 더 기가 막힌다. "열구자탕悅口子湯을 놓고 화로에 둘러앉아 어지러이 먹으며 술장사와 열구자탕 장사가 무수히 많습니다." 상중에 고기 먹는 일을 꺼리지 않는 중국인들의 풍습이 놀라웠다.

서유문은 "열구자탕은 곧 탕제자라 한다. 돼지고기와 닭고기를 넣어 만들었으되 그중 좋은 것과 나쁜 것이 있어 두 냥 어치, 한 냥 반 어치, 한 냥 어치의 양념과 나물이 다르다 하더라"라고 전한다.

1월 21일의 기록. "중국인들 밥 먹는 것을 보니, 밥은 작은 보시기에 고르게 담았고 무슨 고기 한 접시, 나물 한 접시요, 열구자탕悅口子湯을 받친 그릇이 없이 땅에 놓고"라고 했다. 우리의 열구자탕과 비슷한 것을 쉽게 열구자탕이라고 표기했다.

그보다 약 50년 전인 1748년 2월, 조선통신사 종사관으로 일본에 갔던 조명채(1700~1764년)는 3월, 이키시마壹岐島(나가사키 현)에서 '스기야키'를 대접받는다. "영접관이 와서 역관에게 말하기를, '도주島主가 사신단에게 승기악勝妓樂을 보낼 터이니, 점심은 잠시 천천히 드십시오' 하더라 한다. '승기악'이라는 것은 저들의 가장 맛좋은 음식이라고 하는 것이다. 이윽고 사자가 왜인을 데려와 손수 만들어 바친다고 하는데, 마치 우리나라의 이른바 열구자잡탕悅口資雜湯과 같은 것이며, 그 빛이 희고 탁하며 장맛이 몹시 달지만 그리 별미인지도 모르겠다(봉사일본시견문록)."

비슷한 시기에 조선통신사 정사 조엄(1719~1777년)도 스기야키를 먹

1인용 신선로다. 신선로는 '조선 후기, 탕제자, 열구자탕, 스기야키 등이 뒤섞이면서 발달한 음식'이라고 표현해야 한다. 19세기 초반 동래東萊 아전衙前들까지 널리 먹었던 일본 전래 음식이다. 이런 음식을 '궁중신선로'라고 표현하는 것은 조선과 조선 궁중에 대한 모욕이다.

낙하생 이학규는 저서 《낙하생집》에서 "동래의 아전들이 천금을 주고라도 일본에서 건너온 '勝歌妓(승가기)'를 사 먹으려 한다"고 비판했다. 승가기가 바로 스기야키다. '승가기勝佳妓' 혹은 '승기악勝妓樂'이라고도 표현했다. 조선시대 일본에 갔던 조선통신사들은 대부분 "저들이 가장 맛있는 음식이라고 '승가기'를 내왔는데 맛이 너무 달아서 먹기 힘들었다"고 적었다.

는다. 1763년 11월 29일의 기록. 장소는 같은 이키시마. "도주가 승기악勝妓樂을 바쳤다. '승기악'이란 이른바 '삼자杉煮'인데 생선과 나물을 뒤섞어서 끓인 것으로, 저들의 일미라 하여 승기악이라고 이름한 것이나, 그 맛이 어찌 감히 우리나라의 열구자탕悅口子湯을 당하겠는가(해사록)?"

문신 남유용(1698~1773년)의 기록에 따르면 '열구자'도 신선로와 마찬가지로 그릇 이름으로 시작되었다. "의뭉한 불로 열구자탕悅口羹을 새로 덥힌다"며 "열구자는 작은 냄비의 이름이다. 고기, 어육 등을 넣고 푹 익힌다. 맛이 뛰어나고 맑으며 부드럽다. 예전부터 '열구悅口'라 했다"고 했다(뇌연집). '열구'는 '입을 즐겁게 한다'는 뜻이다.

남유용과 비슷한 시기의 이명환(1718~1764년) 역시 "납과 구리를 녹여 그릇을 만든다. 중간에 불을 굴처럼 길게 둔다. 여러 가지 어육, 채소 등을 그 사이(테두리)에 둔다. 푹 끓인 다음 모여서 즐겁게 먹는다. 열구자라 한다"고 했다(해악집).

18세기 이후, 경남 남부 지역에는 일본 왜관을 중심으로 일본식 스기야키가 널리 퍼졌다. 19세기 초반 김해에서 유배 생활을 했던 낙하생 이학규(1779~1835년)는 "승가기勝歌妓는 맛있는 고기 국물의 이름이다. 만드는 법은 대마도에서 왔다"고 했다(낙하생집).

'勝歌妓(승가기)', '勝妓樂(승기악)' 등은 일본 '스기야키'를 표현하기 위한 차음借音이다. 열구자, 열구자탕은 '고기+생선+채소'이나 일본 스기야키는 '생선+채소'다. 이학규는 '승가기'를 맛있는 '고기' 국물이라고 했다. 열구자탕, 스기야키는 혼란스러워지기 시작한다.

일제강점기 육당 최남선(1890~1957년)은 《조선상식문답》에서 "(황해도)해주 명물 승가기"라고 말한다. '승가기'는 일본 스기야키다. 《조선상식문답》은 1937년 매일신보 연재물을 책으로 묶은 것이다. 정보를 찾기 힘든 시절의 실수일 수 있다.

신선로는 열구자탕과 스기야키 등이 섞여 발전한 것이다. 열구자탕은 고종 39년(1902년)의 기록에도 나타난다(조선왕조실록, 진연의궤). 열구자탕 대신 신선로를 '우리 고유의 전통적인 음식'이라 하기는 힘들다.

못다한 이야기

일본 '스기야키'(杉煮, sugiyaki)'는 삼나무 통에 익힌 음식을 넣은 것을 말한다. '煮'는 끓여서 익히는 것이다. 즉, 스기야키는 생선이나 채소를 익혀서 삼나무 통에 넣은 것이다. 조선통신사들이 남긴 기록에 실을 꼬아서 예쁘게 장식한 삼나무 통과 스기야키가 남아 있다. 생선은 도미를 고급으로 쳤다.

스기야키의 유래를, 쇠로 만든 삽에 고기를 구워 먹은 것으로 여기는 것은 어폐가 있다. 고기 문화는 그리 쉽게 생기지 않는다. 일본인들이 고기를 먹은 것은 개항 이후다. 그때도 여전히 쇠고기는 귀했다. 소가 귀했으니 일반인들이 고기 먹는 일은 더 귀했다.

스기야키는 19세기 중반 부산 동래를 중심으로 남부 해안 전 지역에 넓게 소개된다. 지방 관아의 아전들까지 일본 왜관(倭館)의 스기야키를 사 먹었다니 스기야키의 한반도 상륙 시기는 퍽 이르다.

'勝歌妓(승가기)', '勝妓樂(승기악)', '勝妓樂湯(승기악탕)' 등을 두고 "기생의 즐거움을 이기는 음식"이라고 강변하는 것도 어색하다. 승가기, 승기악 등은 모두 스기야키를 나타내기 위한 차음일 뿐이다.

열구자탕, 열구지, 탕제자 등과 스기야키가 어우러져 일제강점기 한국식 '신선로'가 된다. 신선로는 우리 고유의 음식이라고 할 수 없다. 고기 먹는 문화, 탕으로 끓여서 먹는 음식이 뒤섞이면서 등장한 것이다. '신선로'는 한, 중, 일 삼국의 음식이 뒤섞인 것이다. 게다가 어떤 기록에도 궁중에서만 특별한 신선로를 먹었다는 내용은 없다.

18 ___ 곰탕과 대갱

대갱大羹은 고기 국물이고
소금과 채소를 더하면 화갱和羹이라

별것 아닌 듯하지만, 간단치 않다. 어머니 상을 당한 상주가 상중에 고기를 먹었다. 유교에서 엄히 금하는 것이다. 조선 중기 문신 정경세(1563~1633년)의 '죄목'이다.

선조 35년(1602년) 3월, 대사헌 정인홍이 상소를 올린다. "예조참의 정경세는 거상居喪을 삼가지 않았으니 파직하고 다시는 기용하지 마소서." 이유는 간단하다. 기생을 끼고 놀았다는 것과 "(정경세가) 거상居喪을 제대로 하지 않았다"는 것이다. '거상 잘못'이 훨씬 크다. 같은 해 4월 사헌부가 다시 임금에게 아뢴다. "정경세는 난리 초기, 상중에 있으면서 음식을 먹을 때 남의 비난을 면하지 못했습니다. 파직하고 다시는 벼슬을 하지 못하게 하소서."

탄핵 이유가 구체적으로 나타난다. 상중에 음식을 법도대로 먹지 않았다는 것이다. 정경세는 왜란 초기, 왜군의 칼에 어머니를 잃었다. 부모 잃은 상주는 3년 소식素食이 원칙이다. 맛있는 음식, 특히 고기는 엄히 금한다. 사건 발생, 무려 20년 후인 광해군 3년(1611년) 8월, 사간원에서 더 엄히 탄핵한다. "전라감사 정경세는 어미가 칼날에 죽었는데

곰탕의 시작은 대갱이다. 대갱은 육즙肉汁이라고 했으니 곧 고기 곤 국물이다. 고기 중에서도 내장이나 허드레 고기가 아니라 정육精肉을 곤 국물이다. 국물의 '으뜸'이자 '바탕'이기 때문에 제사상에는 반드시 대갱을 사용했다.
위 사진과 같은 음식은 일제강점기 이후 발달한 음식점의 상업적인 곰탕 해장국 버전이다.

상복을 입은 몸으로 관가를 드나들며 고기를 먹었습니다. 인간의 도리를 제대로 지키지 않은 정경세를 벼슬아치의 명부에서 제외해야 합니다."

 붕당, 당쟁이 심하던 시기다. 정경세는 20년 이상을 '상중에 고기 먹은 죄'로 고생한다. 숱하게 탄핵당한다. 자주 벼슬을 거두고 시골로 낙향하거나 외직으로 떠돌았다.

 정경세를 옹호하는 상소도 나타난다. 광해군 3년 11월, 상주의 진사 송광국 등이 연대 상소한다. "사간원은 정경세가 상중에 고기를 먹었다고 합니다. 그렇지 않습니다. 왜란 중 정경세는 상중이므로 지극히 조심했습니다. 관가에도 들르지 않았습니다. 관청 음식에 혹시 고기가 들어 있을까, 염려해서입니다. 불행히도 공주 인근을 지나던 중 천연두에 걸렸습니다. 위급한 상황에서 공주목사 나급과 지사 윤돈이 묽은 죽에 육즙肉汁을 조금 섞어 정경세를 살렸습니다. 정경세는 몰랐습니다. 병세가 호전되자 즉시 본진으로 돌아갔습니다."

 고기가 아니라 묽은 죽에 육즙을 섞었다고 했다. 육즙은 고기 국물이다. 《소학》에서도 북송 사마광(1019~1086년)의 말을 빌려, "부모의 상을 당한 자라도 오랜 기간 몸이 허약해져 병이 걸릴 정도면 육즙이나 약간의 고기 등을 먹어도 좋다"고 했다. 정경세는 무죄다. 더욱이 모르고 먹었다. 하지만, 정경세는 '육즙 먹은 죄'로 벼슬길 내내 고생한다.

 육즙은 '고기 곤 물'이니 오늘날의 곰탕이다. 고기 끓인 국물이니 곰국이라고도 하며, 자육즙煮肉汁이란 표현도 있다. 고기 끓인 국물이니 결국 곰탕이다. 조선시대에는 국(갱羹)을 크게 두 종류로 나누었다. 대갱大羹과 화갱和羹이다. 아무것도 넣지 않고 육즙을 끓이면 대갱 혹은 태갱

토렴을 준비 중인 국밥 그릇과 국솥의 모습이다. 해장국 등이 상업화하면서 나타난 모습이다.

太羹이다. 최고의 국물이다. 소금, 채소 등을 넣고 육즙을 끓이면 화갱이다. 화갱은 조미료, 채소 등으로 조화로운 맛을 낸 것이다. 형갱鉶羹이라고도 한다. 화갱은 여러 재료로 육수를 내고, 나물, 고기 등을 넣고 끓인 오늘날의 탕, 찌개, 국물이다. 맛있지만 대갱보다 아래 등급이다.

《예기禮記》에는 "대갱은 조미료를 섞지 않은 육즙이다. 제사에는 대갱을 올린다"고 했다. 유교적 율법 아래 최고의 음식은 돌아가신 조상을 모시는 제사 음식이다. 그중 왕실의 제사 음식은 으뜸 중 으뜸이다. 대갱은 최고의 음식이다.

한반도에서도 육즙, 대갱 등을 오래전부터 사용했다. 고려의 문인 이색(1328~1396년)은 사치가 심한 세태를 꾸짖으면서 "식례食禮의 시작은 대갱일 뿐인데, 여염집에 귀한 옷과 여자들 장신구가 그득하다"고 했다(목은시고). 음식 법도의 시작은 조미료, 소금, 채소 등을 넣지 않은, 맑고 소박한 국일 뿐인데 민간의 사치가 심하다는 뜻이다.

시를 평할 때도 대갱은 인용되었다. 조선시대 문신이자 시인으로 이름을 날렸던 박은(1479~1504년)은 갑오사화로 젊은 나이(26세)에 죽었다. 절친 이행(1478~1534년)이 그의 시를 모아《읍취헌유고》를 냈다. 서문에서 이행은 "(박은의 시는) 자연스럽게 흘러서 쉬지 않는 것이 조미하지 않은 대갱과 같다"고 했다.《예기》에서 "대갱을 조미하지 않는 것은 그 바탕을 귀히 여기기 때문"이며 "대갱은 그냥 육즙일 뿐, 소금이나 매실로 간을 맞추지 않는다"고 했다. 박은의 시가 대갱처럼 자연스럽고 질박하다는 뜻이다.

못다한 이야기

흔히 곰탕과 설렁탕의 차이가 무엇인지 묻는다. 곰탕은 고기 곤 국물이고 설렁탕은 뼈 곤 국물이라고 대답한다.

곰탕은 대갱大羹에서 시작된 것이다. 아무런 조미를 하지 않은 고기 곤 국물이 으뜸이고 바탕이다. 제사 등에는 대갱을 사용했다. 이행이 말한, "대갱을 조미하지 않는 것은 그 바탕을 귀히 여기기 때문"이라는 내용은 "식재료가 지닌 고유의 맛을 그대로 드러냈다"는 뜻이다.

오늘날 제사에 '탕'을 사용한다. 고기와 무, 다시마 채 썬 것을 조금 넣는다. 고기와 무를 넣고 푹 고면 탕이 된다. 어른들이 늘 "별다른 것을 넣지도 않는데 맛있다"라고 표현하는 그 탕 국물이다. 사실은 조선간장의 깊은 맛이 더해져야 한다.

설렁탕은 오래전부터 있었던 음식이다. 다만 이름이 정해지지 않았고 기록에 남아 있지 않다. 길거리나 주막의 음식이고 일상의 밥상에 오르지 않았기 때문일 것이다. 만약 설렁탕이 일정한 모양, 이름을 갖추었다면 조선 후기 실학자들이 편찬한《오주연문장전산고》등에 그 이름이 드러났을 것이다. 추두부탕 등은 있지만 설렁탕은 없다. 설렁탕은 일제강점기에 널리 유행한 음식일 가능성이 높다.

19 ___ 타락죽과 수유치

수유는 치즈다
수유치는 치즈 만드는 이다

조선시대에도 버터, 치즈가 있었다. 《조선왕조실록》 세종 3년의 기록에 '수유치酥油赤'가 등장한다. '수유'는 버터 혹은 치즈다. '치赤'는 몽골식 표현이다. 장사치, 벼슬아치의 '치'다. '수유치'는 버터, 치즈 등을 만드는 사람이다. 수유치가 등장하는 것은 엉뚱하게도 '병역문제' 때문이었다.

세종 3년에는 상왕上王 태종이 국방, 외교, 병권 등을 쥐고 있었다. 수유치는 '상왕 태종의 어전회의'에서 거론된다. 당시 평안도, 황해도 일대에 수유치 거주 마을이 있었다. 기록에는 "스스로 달단韃靼의 유종遺種이라 하면서 도재屠宰를 직업으로 삼고 있었다"라고 했다. '달단'은 '타르타르Tartar' 혹은 '타타르Tatar'로 몽골 혹은 몽골인이다. 북방 유목민족으로 고기, 우유를 다루는데 능했다. 변방에 머물면서 도축업에 종사하고 있었다. 이들은 시쳇말로 '공익요원'으로 군역 등 부역을 면제받고 있었다. 그러나 "수유는 실로 얻기 어려우므로, 혹은 한 호戶에서 몇 해를 지나도 한 정丁을 바치지 못한 사람이 있는가 하면, 혹은 몇 호에서 공동으로 한 정을 바치는 사람이 있게 되니" 문제가 되었다. 더하여 멀쩡한 조선의 장정들까지 이 부락에 숨어들어 병역을 면제받았다. "서홍군에는 한 집에 건장한 남자 21명이 있었다"는 걸 보면 예나 지금이나 병역문제는 늘 골칫거리다.

태종이 수유치 마을에 사는 '병역 이탈자'를 찾아내서 군역을 부과하라고 한다. 참의 윤회가 반대한다. "수유는 어용御用의 약藥에 소용되며, 또 때때로 늙어 병든 여러 신하에게 내리기도 하니, 이를 폐지하지는 못할 듯합니다." 수유는 국왕과 노신들의 보양식이었다. 태종은 한마디로 이 부분을 정리한다. "그대의 알 바가 아니다." 결국 수백 호의 수유치 집들이 폐지되었다.

고려시대 기록에도 수유는 나타난다. 《고려사》 충렬왕 27년(1301년)의 기록에 "병인 초하루에 사재 윤정량司宰 尹鄭良을 원에 보내서 수유를 바쳤다"는 내용이 있다. 원나라로 수유를 조공한 것이다.

삼국시대에도 우유, 유제품 등이 있었지만, 쇠고기, 우유, 유제품 등은 고려 후기 몽골의 한반도 침략을 통하여 전래, 확산되었다. 고려 왕실은 우유소牛乳所를 통하여 우유, 유제품 등을 관리했다. 우유소는 지금의 서울 대학로 부근 낙산에 목장을 만들고 소를 길렀다. 젖소가 없던 시절이니 새끼 딸린 암소를 데려다 우유를 얻었다. 낙산의 소목장은 조선시대에도 이어진다.

조선시대에는 우유 혹은 유제품을 유油 혹은 乳, 낙酪, 타락駝酪, 수유酥油, 유락乳酪 등으로 표기하였고 우유, 요구르트, 타락죽, 버터, 치즈 등을 포함하였다.

우유와 유제품은 고위층 반가에서도 사용했다. 명종 20년(1565년) 명종의 생모인 문정왕후가 죽었다. 문정왕후 윤 씨의 남동생인 영의정 윤원형도 실각했다. 평소 윤원형은 각종 비리, 악행으로 악명이 높았다.

타락죽을 두고 '궁중 보양식'이라고 표현한다. 반쯤 맞는 말이다. 궁중에서도 환자들의 보양식으로 먹었지만 민간에서도 먹었다. 16세기 초중반, 경북 예안의 유학자 탁청정 김유가 기록한 《수운잡방》에도 타락죽 만드는 법이 등장한다. 우유가 귀하던 시절이다. 타락죽을 끓일 우유가 귀하니 타락죽도 귀했다. 귀했지만 궁중에서만 먹고 민간은 몰랐던 음식은 아니다.

탄핵안이 바로 터져 나왔다. 탄핵 내용 중 음식에 관한 이야기가 있다. '타락죽 남용죄'다. 궁궐에서 타락죽을 만드는 이는 낙부酪夫다. 윤원형은 궁중 낙부와 타락죽 기구를 자기의 집에 배치하고 타락죽을 만들어 먹었다. 더하여 자기 집의 '자녀와 첩까지도 배불리' 먹였다. 엄중한 탄핵감이다.

타락죽은 쌀(찹쌀)을 불려서 곱게 갈고 우유를 더한 다음 뜨겁지 않

끓인 죽이다. 식성에 따라 꿀 등을 더하여 먹는다. '타락'이란 이름은 건조 우유를 뜻하는 몽골어 토락TORAK에서 시작되었다는 게 정설이다.

《조선왕조실록》인조 편을 보면 "대비전에 타락죽을 비롯하여 몇 가지 죽을 올렸으나 병환에 차도가 없다"는 내용도 나온다. 타락죽은 궁중에서 사용했지만 궁중음식은 아니다. 민간에서도 사용했다. 1540년경 유학자 김유가 기술한《수운잡방》의 정과, 다식 편에서도 타락을 언급한다.

귀한 음식이었으니 궁중, 반가 모두 귀한 약처럼 사용하였다. 정조 시절, 관리들이 "이제 10월(음력)이니 관례에 따라 타락죽을 올리게 하시라"고 권한다. 정조가 답한다. "아직 날이 차지 않으니 타락죽을 올릴 필요가 없다. 때가 되면 이야기하겠다." 역시 한식의 바탕은 절제다.

못다한 이야기

《조선왕조실록》세종 편에 나타나는 수유酥油는 어떤 것인지 정확치 않다. 멀리 운반한 걸 보면 '아마도' 딱딱한 '경硬치즈'가 아닐까, 짐작할 뿐이다. 식품제조기술이 발전한 지금도 딱딱하고 보관이 용이한 경치즈를 만들기는 쉽지 않다.

냉장, 냉동 시설이 없던 시절이다. 황해도 일대에서 한양 도성까지 옮긴 걸 보면 경치즈가 아닐까, 하고 짐작할 뿐이다. 만약 경치즈라면 퍽 놀랍다.

'수유치酥油赤'는 수유를 만드는 사람이다. 조선 초기에는 대부분 이민족이었을 것이다. 달단족, 북방의 유목민족이다. 이들이 한반도에 흘러들어와 육류 관련 일을 했다. 조선 초기에는 화척, 달단, 도적 등의 이름으로 나타나다가 조선 후기에는 백정으로 표현된다. 이민족이 한반도에 정착, 융합한 것이다. 이들이 우리의 고기 문화를 발전시킨다.

3장

생선 魚

연평바다 석수어(조기) 우는 소리가 한양까지 들리면,
모두 입맛을 다셨다.
_《경세유표》

20 ___ 회

서리 맞은 석 자 미만 농어에
잘게 썬 국화 꽃잎을 더했더라

손님이 오기로 했다. 평범한 손님이 아니다. 정조대왕의 사위이자 순조의 매제다. 고귀한 권문세가가 궁벽한 시골까지 오는 이유가 엉뚱하다. '농어鱸魚를 보기 위하여'다. 1830년 무렵의 일이다. 영명위 홍현주가 다산 정약용을 만나러 광주 마재馬峴까지 왔다. 다산은 18년간의 귀양살이를 끝내고 고향 마재로 돌아와서 여러 해를 보냈다. 고희의 나이. "농어가 잡힌다"고 하니 정조의 사위 홍현주가 왔다. 오늘 날이 장날이다. 하필이면 농어가 제대로 잡히지 않았다. 어렵게 농어 한 마리를 건졌다. 귀한 손님을 초대하고 농어를 제대로 구하지 못했던 이날의 광경을 다산은 《다산시문집》에 남겼다.

조선시대 내내 사대부들의 머릿속에는 늘 농어회가 살아 있었다. 그들은 '순갱노회蓴羹鱸膾'를 그리워했다. '순갱노회'의 주인공은 장한이다. 제齊나라에서 벼슬살이(동조연)를 하다가 가을바람이 불자 "고향의 순채국(순갱蓴羹)과 농어회鱸魚膾가 그립다"고 고향인 강동 오군吳郡으로 돌아갔다. 세속의 영화로움 대신 순채국과 농어회를 택했다. 조선의 사대부들은 끊임없이 '장한의 농어회'를 그리워한다. '농어회'는 그들에게 '핫 아이템'이자 '스테디셀러'였다.

조선 중기의 양명학자 계곡 장유는 "외로운 학 울음소리에 나그네 꿈 깨고 보니, 주방에서 큰 농어로 회를 뜬다네. 평생토록 장한의 흥취를 그리워했으니 지금 곧장 노 저어 동오東吳로 갈거나"라고 했다. '오군 출신 장한의 농어회'에 대한 그리움이었다. 현실적으로 이루지 못할 꿈을 시를 통해 펼쳤다.

회는 시에서만 나타난 것은 아니다. 상민부터 궁중까지 두루 회를 접했다. 먼바다의 큰 생선은 구하기 힘들었으니 민물고기나 근해의 바다 생선들이 횟감으로 널리 쓰였다. 오히려 구중궁궐에서 싱싱한 물고기를 만나는 것은 힘들었다. 궁중은 사옹원 관리 아래 위어소葦魚所, 소어소蘇魚所를 두었다. 소어는 밴댕이, 위어는 웅어熊漁라고도 불리는 생선이다. 예나 지금이나 밴댕이 소갈딱지다. 쉬 상한다. 결국 싱싱한 회는 위어다. 위어는 강화도, 고양, 행주산성 언저리 등 서해안 일대에서 많이 잡혔다. 한양 도성과 멀지 않으니 얼음을 이용하여 궁궐까지 직송했다. 《조선왕조실록》에는 위어소가 사용하는 얼음의 관리, 위어소 근무자들에 대한 급료, 병역, 세금 문제 등이 끊임없이 오르내린다.

중종 11년(1516년) 6월에는 '난지포의 위어 등 생선을 잡을 권리'를 두고 한바탕 소란이 일어난다. 상소를 올린 이는 중종 옹립 반정 공신 박원종의 처 윤 씨다. "난지포에서 위어를 잡을 권리를 가지고 있었는데 이유 없이 궁중 사옹원에서 그 권리를 빼앗아 갔다"는 것이다. 사옹원에서 반론한다. "난지포 일대 생선을 잡을 권리는 성종 당시 월산대군에게 주었다. 그 후 박원종에게 권리가 넘어갔으나 지금은 월산대군, 박원종 모두 세상을 떠났다. 궁중에서 돌려받는 것이 옳다"는 주장이었다. 중종은 윤 씨의 손을 들어준다. "궁중에서 필요한 위어는 김포, 통진, 교하, 양천 일대에서 구할 수 있는데 굳이 개인이 취하고 있는 권리를 빼앗을 필요가 없다"는 판결(?)이었다. 위어는 소중한 생선이었다.

나이든 사람들은 질긴 음식 대신 부드러운 생선회를 좋아했다. 상당수의 '효자'들이 잉어회, 붕어회 등을 마련하고 효자로 인정받았다.

단천 사는 김택기의 아버지가 중풍으로 쓰러졌다. 김택기는 낚시, 그물질을 통하여 하루도 빼놓지 않고 아버지에게 황어회를 올린다(일성록, 정조 13년). 강릉의 벼슬아치 이성무의 노모는 79세였다. 이성무의 형제들이 잉어회를 원하는 어머니를 위해 강가의 얼음을 깼더니 잉어 한 마리가 스스로 뛰어나왔다(세종실록 13년 6월).

조선시대에는 붕어, 피라미부터 고래까지 다양한 회를 먹었다. 고래는 국내에서도 먹었고 일본에 갔던 사신들도 현지에서 먹었다. 회는 민간부터 궁궐까지 모두 먹었다. 궁중 제사상에도 어회, 육회, 전복회 등이 등장한다.

문인들에게 회는 시의 좋은 재료였다. '금제작회金虀斫膾'는 로맨틱하

20세기 이전에는 그물이나 배가 모두 열악했다. 먼바다에 나가서 고기를 잡는 일은 쉽지 않았다. 붕어, 잉어 등 민물고기와 바닷가에서 쉽게 잡을 수 있는 고기를 주로 먹었던 이유였다. 냉장, 냉동 시설이 발달하지 않았으니 회의 종류도 다양하지 않았다. 건어물, 젓갈 등이 널리 사용된 이유다.

다. '금빛으로 버무린 회'다. 금빛은 귀한 귤이나 가을의 국화 꽃잎이다. 재료는 농어. 서리가 내린 후의 석 자 미만 농어에 꽃잎을 잘게 썰어 묻혀 먹었다. 계곡 장유는 "문득 생각나는 금강錦江의 별미, 붉은 싹이 고운 금제작회"라고 노래했다.

음식은 맛과 더불어 멋으로도 먹는다.

못다한 이야기

이 글을 발표하고 나서 '금제작회金虀斫膾'에 대한 문의를 많이 받았다. 진짜 금제작회가 있느냐는 질문부터, 어디서 먹을 수 있을까, 혹은 어딘지 이야기해주고 같이 먹으러 가자는 제안(?)까지. 여러 사람이 금제작회를 궁금하게 생각했다.

스스로도 궁금했다. 귤이나 귤껍질을 썰어서 넣은 회는 어떤 맛일까? 생선은 농어가 좋을까 혹은 다른 생선을 사용하는 것이 좋을까? 결국 친분이 있는 횟집에서 지인 몇몇과 실험(?)을 해봤다. 귤을 으깨서 혹은 귤껍질을 잘게 썰어서, 회와 섞기도 하고 소스로 찍어 먹어도 봤다. 좋은 귤 식초를 더했더니 제법 맛이 그럴듯했다. 싱거우면 간수 뺀 천일염을 잘게 부순 소금을 조금 더해도 좋다.

이 실험 후, 지인들을 만나면 당당하게 이야기했다. "그거, 해보니까 좋습디다"라고. 이 글을 읽는 분들도 한번 시도해보시길. 좋은 귤껍질을 구해서 썰어 넣고, 귤 식초를 조금 더하면 아주 좋은 회가 된다.

국화 꽃잎을 찍어 먹는 금제작회는 아직 시험해보지 못했다. 가을이 오면 국화 꽃잎 금제작회를 해볼 생각이다.

21 ___ 굴

무정한 물건이
마치 정이 있는 듯 꽃을 피웠구나

사단은 1499년 1월에 시작되었다. 사간원 정언 윤언보가 유자광을 탄핵한다. "유자광이 함경도에 갔을 때 무리하게 전복과 굴石花을 챙겼다. 불법으로 역마를 차출했다. 사적으로 임금에게 전복, 굴을 상납했다. 불법이다. 국문해야 한다"는 내용이다. 뇌물 받은 이는 연산군이다. 즉위 5년 차, '살아있는 권력'에 대한 비판이다. 다른 탄핵 건도 있지만 굴, 전복 불법 상납이 또렷이 나타난다.

연산군의 대답은 담담하다. "유자광이 어찌 다른 생각을 했겠느냐? 그저 좋은 걸 보고 나한테 가져다주고 싶었겠지" 정도다. 이날의 상소는 '시작'에 불과했다. 사간원, 사헌부 전체가 나선다. 이해 2월 23일 결국 연산군은 유자광을 도총관의 자리에서 파면한다.

2년 후인 1501년(연산군 7년) 11월에는 한치형이 '역 상소'를 올린다. 사간원 등의 "굴, 전복 관련 상소가 잘못되었다"는 내용이다. 한치형은 자기의 자리를 걸고 사직 의사를 밝히지만 연산군은 사직은 받아들이지 않는다. 그러나 '굴, 전복 사건'은 간단하게 끝나지 않는다.

6년 후인 1505년(연산군 11년) 2월, 연산군의 반격이 시작된다. 사간원,

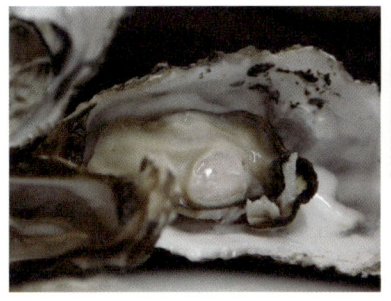 

굴은 흔했지만 큰 굴은 귀했다. 큰 굴이 뇌물용으로 사용된 이유다. 조선시대에는 대체로 큰 굴이 맛도 낫다고 믿었다.

사헌부의 "유자광의 굴, 전복 관련 탄핵이 잘못되었다"는 내용이다. 연산군은 "사간원 정언 윤은보와 사헌부 지평 권세형이 탄핵한 '유자광의 굴, 전복 상납'은 죄가 아니다. 그게 무슨 아첨이며 죄이겠는가? 이렇게 말할 때는 반드시 윤은보와 권세형에게 다른 뜻이 있을 것이다. 그 내용을 바른대로 말할 때까지 고문하라"고 지시한다. 연산군의 '주장'은 "유자광은 이미 나이가 많다. 나이든 유자광이 굴 따위를 진상하여 무슨 나의 은총을 기대하겠는가? 내가 보기엔 탄핵 상소를 올린 사람들은 권력자 집안 출신들이고 유자광은 천한 집안 출신이다. 그래서 업신여긴 것"이라는 뜻이다.

6년 전의 '굴 상납 관련 상소문'을 문제 삼은 것이다. 두 달 뒤, 의금부의 '판결'이 나온다. 탄핵에 앞장선 안윤덕은 곤장 80대, 처음 문제 삼았던 윤은보는 곤장 70대다.

'유자광의 굴 상납 사건'은 정권이 바뀌면서도 계속 이어진다. 1507년 4월, 중종 즉위 2년 차. 사간원에서 다시 '유자광의 굴, 전복 불법 상납'을 문제 삼는다. 탄핵 내용 중에 재미있는 표현이 나타난다. '호미狐媚', '여우 눈썹'이다. 사람을 홀린다, 아첨하여 혼을 빼놓는다는 뜻이다. 사간원에서 "생복과 굴을 드려 임금을 호미했다"고 탄핵한다.

중종은 "이미 유자광이 벌을 받았으니 더 이상 재론치 마라"는 입장이고, 신하들은 강경하다. "그가 받았던 각종 상을 모두 삭제하고 중형에 처해야 한다. 자손들 역시 멀리 귀양 보내야 한다"고 주장한다. 중종은 거부한다. 결국 8년 만에 '유자광의 굴, 전복 상납 사건'은 마무리된다.

조선시대에는 굴을 석화石花로 불렀다. 굴의 모습이 마치 돌에 꽃무늬를 새긴 것 같아서 붙인 이름이다. 더러는 '石華'로 표기하기도 했다. 역시 돌로 새긴 화려한 꽃무늬라는 뜻이다. 실학자 성호 이익도 굴을 꽃 같다고 했다. "무정한 물건이 정이 있는 꽃을 피웠다. 껍질의 빛깔이 피지 않은 꽃 같다"고 했다. 교산 허균은 《도문대작》에서 "굴은 고원(함남)과 문천(강원도)에서 나는 것이 크다. 맛은 서해에서 나는 작은 것이 낫다. '윤화輪花'는 동해에서 나는데 석화와 같다. 큰 것이 맛있다"라고 했다. 충청도 해미에서 귀양살이를 했던 다산 정약용도 굴을 소재로 시를 남겼다. "이제 신선한 석화가 성연(서산지방)에서 도착했다. 갯가 보리가 누를 때 그 맛이 뛰어나다."

굴은 식용 혹은 약용으로도 썼다. 인조는 석화탕石花湯으로 목의 통증을 가라앉혔고, 선조 때의 유희춘은 "석화는 해롭지 않으나 그 성질이 차갑고 미끄럽다. 삶은 것이라도 많이 먹는 것은 좋지 않다"라는 기록을 남겼다. 《산림경제》의 '굴김치'는 오늘날의 김치 못지않다. 굴에 소금을 치고, 무, 파 흰 줄기를 가늘게 썰어 넣는다. 합친 다음 간이 배면 국물을 쏟아내어 끓인다. 국물이 미지근해지면 건더기를 넣어서 따뜻한 곳에 둔 다음 하룻밤이 지나면 먹는다.

굴은 동양 삼국이 모두 좋아했던 식재료였다. 풍랑을 만나서 일본 쪽으로 표류했던 이들도 굴을 따먹고 생명을 유지했다. 중국 사신들도 한반도의 굴을 찾았다. 중종 32년(1537년) 3월 조선에 온 중국 사신은 "오는 길에 늘 (맛있는) 굴을 접대하기에 한양 도성에 오면 마음껏 먹을 수 있으리라 기대했는데 어찌 한양에서는 굴을 주지 않는가?"라고 묻는다.

못다한 이야기

다산 정약용이 시에서 밝힌 굴 이야기는 재미있다. 귀양살이를 두고 재미있다고 표현하면 어폐가 있지만, 귀양이 아니라 굴 이야기니 용서를.
"석화가 성연에서 오니/ 갯가 보리가 누울 때 그 맛이 뛰어난다." 다산은 스물아홉 살 되던 해(정조 14년, 1790년), 해미에서 '잠깐' 귀양살이를 한다. 열흘 정도의 가벼운 귀양살이였다. 그나마 현지에서 지인들을 만나기도 하고, 음식을 나눠 먹기도 한다.
이해 음력 2월 29일 예문관검열에 제수되고, 3월 8일 충청도 해미현으로 정배된다. 13일 유배지에 도착하고 19일 풀려난다. 5일 동안 유배지에 가고 6일간 머물렀으니 결국 유배 기간은 총 11일이다.
이 짧은 기간에 몇 편의 시를 남겼고 그중 하나가 바로 굴이 등장하는 "해미 귀양지에서 지은 잡시"다. 시기는 대략 음력 3월 중순, 양력으로는 4월 중순쯤이다.
서양에서는 'R'이 없는 달에는 굴을 먹지 않는다고 한다. 4월은 'APRIL'이다. 마지막으로 굴을 먹는 시기다. 다산의 '해미 귀양살이 중 굴을 만난' 시기는 4월 중순이다. 우리의 굴 먹는 시기도 서양과 같았을까. 다산의 굴 시를 보면서 괜한 생각을 해본다.

22 ___ 전복

백성들이 전복 때문에 고생하니
앞으로 3년 동안 입에도 대지 않겠다

'전복鰒魚 상납'에서 사건이 시작되었다. 현종 5년(1664년) 11월, 대사간 남구만이 탄핵 상소를 올린다. 대상은 당대 실권자 청풍부원군 김우명 金佑明(1615~1675년). 보통 권력자가 아니다. 현직 임금의 장인, 왕비의 친정아버지다. 나중 이야기지만 외손자가 숙종이다.

통제사 김시성이 김우명의 집에 전복을 보냈다. 김우명은 이 전복을 궁궐에 보낸다. 문제는 후임 통제사 정부현이 이 일을 그대로 답습했다는 것이다. 남구만이 탄핵한다. "이런 사사로운 진상이 한번 시작되면 뒤 폐단을 막기가 어렵습니다. 전복 상납은 국가 체모體貌 상 방치할 수 없습니다. 청풍부원군 김우명을 추고하소서." 임금 장인의 잘못을 잘 따져보라는 것이다. 현종은 탄핵을 받아들인다. 김시성은 파직된다(조선왕조실록).

전복은 충청, 호남, 제주, 경상, 전 해역에서 생산되었지만 전복을 구하는 것은 힘들었다. "하루 종일 물속에서 일해도 전복 한두 마리 구하는 게 고작"일 정도라는 기록도 있다. 전복 공물로 인한 폐해도 많았다. 중앙에서 전복 매입 대금을 지방으로 내려 보내면 중간에 공금이 사라지는 일도 있었다. 전복 값을 제대로 주지 않으니 결국 민간의 폐가 되었다. 큰 전복을 따러 외진 바다로 나갔다가 왜구를 만나 해를 입는 경우도 있었다.

귀하게 구한 것이니 귀하게 사용했다. 1452년 5월, 즉위 2년 차의 문종이 세상을 떠났다. 이날의 왕조실록은 문종을 애도하면서 아버지 세종에 대한 문종의 효성스러운 마음을 기록한다. "세종이 일찍이 몸이 편안하지 못하므로 (문종이) 친히 '복어鰒魚'를 베어서 올리니 세종이 맛보게 되었으므로 문종이 기뻐해서 눈물을 흘리기까지 하였다."

문종이 아버지 세종에게 올린 '복어'나 상납 사건의 '복어'는 모두 전복鰒이다. 생선 복어는 '하돈河豚'이고 복鰒 혹은 복어鰒魚는 전복이다.

전복은 탈도 많았다. 상한 전복을 공물로 진상했다가 해당 지역의 관

전복은 우리나라 바다에서 널리 잡혔지만, 공물로 올릴 만큼 큰 것은 상당히 귀했다. 다른 생선과는 달리 운반도 비교적 쉬웠다. 전복은 껍질이 있는 채로 혹은 말린 상태로 한양 도성에 보냈다.

한반도에는 참전복과 말 전복, 까만 전복 등 여러 종류의 전복이 있다. 제주도에서 많이 생산되는 오분자기도 전복의 일종이다. 서구인들도 전복을 먹지만 전복은 한·중·일 동북아시아 세 나라에서 특히 귀하게 여긴다. 중국인들은 말린 건전복을 주로 사용한다. 한국처럼 전복을 날로 먹는 나라는 드물다.
최근에는 양식전복이 널리 유통된다. 자연산과 양식의 가격 차이는 심하다.

리가 징계를 받고, 궁중에서 '전복 도난 사건'이 발생하기도 했다. 명종 1년(1546년) 5월, 참찬관 송세형이 '사옹원에서 전복 도둑맞은 일'과 그에 따른 군사들의 형벌에 대해서 의문을 표한다. 사옹원의 주요임무는 궁중의 식재료 관리다. 송세형은 사옹원 전복 도난 사건으로 5~6년간 근무했던 입직군사들이 세 번이나 형벌을 받았는데 그 과정이 뭔가 의심쩍다고 주장한다. '전복 도난 사건'에 대한 추가적인 기록이 없으니 상세한 내용은 알기 힘들다.

전복 종류도 다양했다. 껍질이 붙어 있는 '유갑생복有匣生鰒', 건조한 '건복', 반쯤 말린 '반건전복半乾全鰒', 살아 있는 '생복生鰒', 익힌 '숙복熟鰒' 그리고 염장한 전복도 있었다. 전복 조림인 전복초全鰒炒와 전복죽, 전복만두를 비롯한 요리법도 다양했다. 허균은 "제주에서 생산되는 '큰 전복大鰒魚'이 가장 크다. 맛은 작은 것보다는 못하지만 중국 사람들이 매우 귀히 여긴다. 경북 해안 사람들은 전복을 꽃 모양으로 썰어서 상을 장식하는데 이를 화복花鰒이라 한다. (전복) 큰 것은 얇게 썰어 만두를 만드는데, 역시 좋다"고 했다(성소부부고).

민간에서도 전복을 귀하게 사용했다. 조선 후기 유학자 갈암 이현일은 유학자 하홍도의 삶을 기록하면서 "(하홍도의 아버지께서) 병이 위중할 적에 복어鰒魚를 먹고 싶어 했는데, 미처 맛보기도 전에 돌아가셨다. (하홍도는) 이를 지극한 한으로 여겨 평생토록 이 음식을 입에 가까이하지 않았다"고 했다. 전복은 효도의 상징이기도 했다.

제주에서 관리를 지낸 기건奇虔은 "백성들이 전복鰒魚을 바치는 것을 괴롭게 여기니, 3년 동안 전복을 먹지 않았다"고 전해진다.

전복껍데기인 석결명石決明은 약재로도 사용했다(해동역사). '결명'은 두 종류다. 초결명草決明은 식물 결명자 씨앗이다. 안질 등에 효과가 있다고 설명한다. '돌 같이 생긴 결명'이 바로 석결명, 전복껍데기다. 눈을 밝게 하고 혈압을 낮춘다고 믿었다.

못다한 이야기

참 보기 드물게, 예나 지금이나 귀한 것이 전복이다.

나는, 전복과 복어를 혼동하여 망신을 당한 적이 있다. 《조선왕조실록》 문종 편에 실린 '복어鰒魚' 때문이었다. 이 복어는 전복이다.

문종의 재위 기간은 짧았다. 불과 2년 4개월. 문종의 삶은 특이하다. 7세에 세자로 책봉되었다. 아버지 세종은 할아버지 태종의 3남이었다. 아버지 세종의 즉위 과정은 결코 평범하지 않았다.

아마 이런 이유로 문종은 일찍 세자로 결정되었을 것이다. 세자로 지낸 세월이 30년이다. 몸이 아픈 세종을 대리하여 국왕 노릇을 한 것도 무려 5년이다. 정작 자신의 재임기간은 불과 2년 4개월. 돌아가실 때 겨우 39세였다.

문종의 효성을 보여주는 것이 바로 복어=전복이었다. 세종이 아플 때 세자였던 문종이 매일 아침 전복죽을 올렸다는 부분이다.

'복어 = 전복'임을 깜빡하고 '복어 죽'이라고 했다. 지금 생각해도 얼굴이 화끈거리고 부끄럽다.

23 ___ 청어

이름도 참 많구나
관목어貫目魚, 비유어肥儒魚, 비우어肥愚魚

역시 문제는 세금이다. 청어 이야기다.

19세기 중엽, '서해 바다 청어 밀무역' 사건이 적발된다. 서해상 '풍천, 장연 경계'에서 조선의 배들이 청나라 배에 청어를 판다. 불법이다. 청나라 문종淸文宗(1831~1861년) 무렵이다(임하필기). 풍천은 지금의 송화다. 옹진반도 위쯤의 바다다. 오늘날 중국 배들이 꽃게 불법 조업을 하는 지역이다.

청어는 조기, 명태와 더불어 고려, 조선시대를 통틀어 가장 흔했던 생선이다. 시대, 시기 별로 한반도 해안 여기저기에서 잡았지만 특히 함경도 앞바다에서 많이 잡았다. 옹진반도 부근의 청어는 이 시대에는 흔했지만 곧 사라졌다. 지금도 서해의 청어는 드물다.

조선 정부에서 '서해안 청어 밀무역'을 문제 삼았던 것은 세금 때문이다. 청어는 많이 잡히는 생선이다. 많이 잡히니 셈하는 단위도 크다. '청어 1동'은 2천 마리다. 조정에서는 '생청어生靑魚' 혹은 '건청어乾靑魚'를 세금으로 받았다. 많이 잡히는 생선은 세금 총액도 크다. 이런 생선이 밀무역 대상이 되면 정부로서는 눈감기 힘들다.

청어를 잡는 방식은 크게 세 가지다. 어장은 큰 그물을 친 다음 제법 시간이 지난 후 그물을 걷는 방식이다. 밀물과 썰물을 따라서 움직이던 청어가 걸려든다. 어장은 면적을 기준으로 세금을 매긴다. 어조漁條는, 배에서 그물을 던지고 바로 그물을 당겨서 고기를 건지는 방법이다. 어장이든 어조든 사용하는 배에 세금을 매긴다. 배의 크기 등을 보고 '20동 짜리 배' '10동 짜리 배'라는 식으로 셈하여 미리 세금을 정해둔다. 등록된 배는 청어가 잡히지 않더라도 세금을 내야 한다. 지방 관아에서 조정에 올린 보고서들을 보면 "생산량은 많이 줄었는데 세금은 그대로니 고통스럽다"는 내용이 많다. 잡다가 못 잡는데 세금은 여전히 내는 경우도 있다.

'방렴防簾'은 긴 나무 꼬챙이를 발처럼 바다에 꽂은 다음 물고기를 잡는 방식이다. 오늘날에도 남아 있는 멸치잡이 죽방竹防은 방렴 중 대나무 꼬챙이를 사용한 방식이다. 방렴 방식은 폐가 많았다. 함경도의 방렴은 1770년경 영남에서 전래하였다. 20년 후쯤, 원산 일대에만 방렴이

190곳으로 늘었다. 인근 지역도 마찬가지. 너도나도 방렴을 시작하니 청어어획량은 급격히 줄어든다. 세금은 그대로니 파산하는 경우도 잦다. 방렴에 물고기가 많이 들도록 굿을 벌이고 굿을 위해서 소를 불법 도살하는 엉뚱한 일도 벌어진다. 세금을 걷는 기관(균역청)과 지방 관청은 이해관계가 다르다. 북도 암행어사가, 균역청과 의논하여 방렴을 없애야 한다는 보고서를 올린다(일성록 정조).

청어는 널리 사용되었다. 구워 먹기도 하고 청어죽粥으로 먹기도 했다. 왕실의 제사에도 사용했다. 고려 말 목은 이색은 "쌀 한 말에 청어가 스무 마리 남짓으로 비싸다. 아침 밥상에서 청어를 먹는다. 청어가 인간의 장기에 기운을 가득 차게 한다"고 표현한다(목은시고).

조선 광해군 조의 교산 허균은 청어를 상세하게 설명한다. "청어는 네 종류가 있다. 북도(함경도)에서 나는 것은 크고 배가 희고, 경상도에서 잡히는 것은 등이 검고 배가 붉다. 호남에서 잡히는 것은 조금 작고 해주(황해도)에서는 2월에 잡히는데 매우 맛이 좋다. 명종 이전만 해도 쌀 한 말에 50마리였는데 지금은 전혀 잡히지 않으니 괴이하다(성소부부고 도문대작)."

청어는 쉬 상한다. 대부분 청어는 건청어, 즉 관목어貫目魚로 유통되었다. 오주 이규경은 "건청어(말린 청어)는 관목어"라고 못 박았다. "연기가 통하는 부엌의 창에 청어를 매달아 두면 연청어煙靑魚가 된다"고 했다. 훈제청어다(오주연문장전산고). 한편 빙허각 이 씨의 《규합총서》에서는 "청어의 두 눈이 말갛게 서로 비칠 정도가 되는 신선한 것을 관목이라고 한다. 청어 2,000마리에서 관목 한 마리를 얻을 정도로 귀하다"고 했다. 과메기가 '관목'에서 시작되었다는 것은 다수설이다. 그러나 '관목'

청어구이는 잔가시가 많지만 퍽 맛있는 생선 요리다.

이 과연 어떤 것인지는 불분명하다.

청어는 '비유어肥儒魚'라고도 불렀다. '(가난한) 선비를 살찌우는 물고기'라는 뜻이다. '비웃'은 '비유어'에서 시작된 것이 현재 다수설이다. 청어를 '비우어肥愚魚'라고 표기한 기록도 있다. "비우어는 구우면 흘러나온 기름이 불을 끌 정도이고 맛은 보통이 아니다"라고 했다(임하필기). '비웃'의 시작이 '비유어'인지 '비우어'인지도 불분명하다.

못다한 이야기

실제 청어구이를 먹어보면 기름이 많다. 잔가시도 퍽 많다. 특히 꼬리 부분으로 갈수록 가시는 더 많아진다. 먹기 번거로울 정도다. 하지만 기름지고 맛있다.
어머니가 청어구이를 좋아하시는데 늘 "어째 청어에서 옛 맛이 나지 않는다"고 하셨다. 무심코 흘렸다. 그저 입맛이 달라지셨겠지, 라고 생각했다.
한참 시간이 지나고 나서 "냉동 청어이기 때문"이라고 깨달았다. 생물 청어를 꾸들꾸들하게 말리거나 혹은 염장을 해서 운반하면 맛이 한결 낫다. 상하기 쉬우니 냉동을 한다. 특히 수입산은 더욱더 그렇다.
우리 배들이 청어가 잡아 오기 시작한다. 청어 과메기를 내놓는 곳도 있다. 생물 혹은 가벼운 염장 청어를 어머니와 구워 먹고 싶다. "이제 옛 맛이 나느냐?"고 여쭤보고 싶다.

24 ___ 복어

사람의 목숨과도
바꿀 만한 맛이라

복어는 에로틱하다. '서시유西施乳'라는 단어 속 서시는 월나라 미인이다. 복어가 서시의 젖가슴 같다고 했으니 에로틱하다. 와전이다. '서시유'는 두 가지다. 하나는 복어고 또 다른 하나는 문방사우 중 백자연적白磁硯滴이다. 백자연적의 둥글고 흰빛이 서시의 젖가슴 닮았다는 뜻이다. 빙허각 이 씨(1759~1824년)는 《규합총서》에서 "이리白卵는 옛날에 '서시유'라 했다. 이리를 생선 배에 넣고 실로 동여 뭉근한 불로 두어 시간 끓여 먹어라"고 했다. 복어 수컷의 정소(이리)가 터지면 국물이 뿌예진다. 그게 마치 서시유, '액체 젓' 같다는 뜻이다. '가슴'과는 관계가 없다.

조선시대 내내, 복어는 탈도 많고, 말도 많았다. 문제는 독毒이다.

성종 24년(1493년) 4월, 경상도 관찰사 이계남이 보고한다. 웅천(진해)

복어 독을 둘러싸고 여러 가지 확인되지 않은 이야기들이 떠돈다. 분명한 것은 알이나 내장에는 복어 독이 있다는 사실이다. 물론 치명적이다. 1960, 70년대 일본에서도 복어 독으로 인한 사망사고가 잦았다. 지금도 복어를 요리할 때는 별도의 자격증이 필요하다. 위험하기 때문이다.

사는 공약명 등 24명이 굴과 생미역을 먹고 죽었다. 관찰사는 해물 채취를 전면금지하겠다고 보고한다. 성종의 판단은 다르다. "굴과 생미역을 먹고 죽는 경우는 없다. 반드시 복어河豚를 먹었을 것이다. 해물 채취를 전면금지하면 당장 바닷가 백성들이 굶을 것이다." 우승지 한사문이 답한다. "복어가 굴에 알을 낳기 때문입니다. 이걸 먹었을 겁니다. 해물 채취를 금할 수는 없습니다."

세종 6년(1424년) 12월에는 복어 독을 이용한 살인 사건이 발생한다. 전라도 정읍에서 별장 벼슬을 했던 정을손이 딸 대장, 후처 소사, 사위 정도가 음란한 행실이 있다고 구타했다. 사위가 정을손의 국에 복어 독을 타서 죽였다. 딸과 후처는 이 상황을 알고도 말리지 않았다. 사위는 옥사했고 딸과 후처는 능치처사의 벌을 받았다.

복어가 정쟁의 중심에 서기도 한다. 숙종 조의 영의정 최석정(1646~1715년)은 소론 지도자로 8번이나 정승 자리를 오르락내리락할 만큼 당쟁의 중심에 섰던 인물이다. 그는 《예기유편禮記類編》(1693년)을 지었는데 '상례喪禮' 등으로 시끄러웠던 시절이니 이게 화근이 되었다. 노론들은 "엉터리 내용인 '예기유편'을 불태우고 판본을 부수자"고 나섰다. 이 와중에 최석정이 복어 독에 중독되었다. 《숙종실록》에는 같은 소론인 남구만(1629~1711년)의 안타까운 코멘트가 남아 있다. "세상에 쓸 책도 많은데 하필이면 '예기유편'이고, 세상에 먹을 것도 참 많은데 하필이면 복어인가?"

조선시대 기록에는 복어 독을 피하는 방법도 더러 나와 있지만, 과학적으로 복어 독에는 해독약이 없다. 조금씩 연습 삼아 먹으면 적응(?)이 된다는 말도 거짓이다. 아무리 연습해도 면역력은 나아지지 않는다.

교산 허균은 《도문대작》에서 "한강에서 나는 것이 맛이 좋은데 독이 있어 사람이 많이 죽는다. 영동嶺東 지방의 복어는 맛이 조금 떨어지지만 독은 없다"고 했다. 동해안 산은 독이 없다는 말도 믿기 어렵다. 이규경도 《오주연문장전산고》에서 복어, 복어 독에 대해서 장황하게 설명한다. "복어河豚는 강과 바다에서 사는 두 종류가 있다. 이름이 많다. '돈魨' '하돈河魨' '해돈海豚', 속어로는 '물가치勿家治' 혹은 '복復'이라 부른다. 눈이 가늘고 작다. 알에 독이 많은데 먹으면 죽는다. 예전부터 서시유에 비할 정도로 진미다." 정식 명칭은 하돈河豚이고 복, 복어는 속명이었다.

복어 맛을 가장 드라마틱하게 표현한 이는 북송의 문장가 소동파다. "사람이 한번 죽는 것과 맞먹는 맛"이라고 했다. 조선 후기 문신 서영보(1759~1816년)는 《죽석관유집》에서 "복사꽃이 무수한 계절에 미나리, 참깨 맛이 그리워라. 이제 복어 계절을 또 보낸다"고 아쉬워했다.

실학자 이덕무(1741~1793년)는 《청장관전서》 여러 곳에서 복어 식용을 말린다. 심지어 "어쩌자고 독물을 삼켜서, 가슴에다 창칼을 묻으려

개인적으로 '최고 사치스러운 라면'이라고 생각한다. 2017년 1월 강원도 강릉의 해물 전문점 '기사문'에서 먹었던 복어 라면이다. 복어 뼈, 머리뼈 등으로 국물을 내고, 복어 살을 적당히 얹었다. 회가 비싸다고 해서 반드시 최고의 음식은 아니다. 복어 라면도 고급스럽고 맛있다.

하는가"라고 했다. 이덕무의 할아버지 강계부사 이필익의 유훈도 재미있다. "백운대白雲臺에 오르지 말고, 하돈탕河豚湯을 먹지 마라." 위험한 곳, 음식을 피하라는 뜻이다.

먹을 것인가, 말 것인가? 해답은 《규합총서》에 있다. "비늘 없고, 배가 팽팽하며, 이를 갈고, 눈 감았으며, 소리를 내는 생선은 독이 있다. 복어는 이 다섯 가지를 모두 갖추었다. 진미이니 먹지 않을 수는 없다. 복어 뱃속에 가로, 세로 핏줄이 많다. 일일이 제거하고 몇 번을 빨아서 핏물을 없앤다. 기름을 많이 붓고 간장과 미나리를 넣어 끓인다. 곤쟁이젓 갈도 복어 독을 푼다."

못다한 이야기

성종 때 있었던 웅천(지금의 진해)의 복어 알 소동은 의미가 깊다.
지역주민이 해산물을 먹고 죽었다. 그것도 24명이나. 지방 수령이 '해산물 전면 금지' 명령을 내리겠다고 보고한다. 당연한 판단이다, 싶다.
그런데 조정의 판단은 엉뚱하다. "(복어가 아니라) 굴과 생미역을 먹고 죽는 경우는 없다. 해물 채취를 전면금지하면 당장 바닷가 백성들이 굶는다. 사람들이 죽은 것은 해산물이 아니라 복어 알 때문일 것이다. 멀쩡한 미역과 굴을 먹고 죽는 경우는 없다. 또, 사람들이 죽었다고 해물 채취를 금할 수는 없다."
지금 돌이켜 생각해도 퍽 현명하다. 죽은 사람은 애석하지만 그렇다고 전면적인 금지는 또 다른 피해를 불러온다. 먹을거리가 귀한 시절이었다. 먹을 게 없으면 굶고, 오래 굶으면 죽는다.
15세기 후반의 조선은 합리적인 나라였다. 정부의 시스템과 판단력은 오히려 지금보다 낫다는 생각도 든다.

25 ___ 명태

명태 하나에 젓갈만 넷이라
창난젓, 명란젓, 아가미젓
그리고 김치를 담그니

참 동화 같은 이야기인데, 믿지 않을 도리가 없다. 동아일보 1921년 8월 30일의 기사다. "북관명산北關名産의 명태는 명천의 어부 태太 씨의 어획이 그 시초 되었음으로, 그를 기념하기 위함"이라고 했다. '명천 사는 태 씨 어부의 명태'는 고종 시절 영의정을 지냈던 문신 이유원(1814~1888년)의 《임하필기》에서 시작되었을 것이다.

《임하필기》제27권 "춘명일사" 편에 명태가 소개된다. 명천(함경도)에 사는 태 씨 성을 가진 어부가 낚시로 물고기를 한 마리 낚았다. 고을 아전이 도백道伯에게 올렸는데 도백이 이 물고기를 맛있게 먹고 이름을 물었다. 아무도 대답하지 못하자 도백이 "명천 사는 태 어부가 잡은 물고기니 명태라 하면 좋겠다"고 하였다. '명태'라는 이름이 붙은 이유다.

이 이야기의 뒷부분에는 명태가 많이 잡혀서 팔도에 퍼졌고, 이름이 '북어'라는 것과 노봉 민정중의 예언(?)이 실려 있다. "300년 뒤에는 이 고기가 지금보다 귀해질 것"이라는 내용이다. 이유원은 "원산을 지나는데 명태가 마치 오강五江(한강 일대)에 쌓인 땔나무처럼 많아서 그 수효를 헤아릴 수 없었다"고 적었다.

민정중(1628~1692년)은 조선 중기의 문신이다. 인조–숙종 연간을 살았다. '명천에 온 도백'이 이름을 지었다는 '동화'는 가능성 있다. 관찰사는 '도백'이다. 민정중은 한때 함경도관찰사를 지냈다. 민정중이 처음 이름을 지었을 가능성도 있다.

명태라는 이름이 '공식적으로' 처음 나타나는 것은 효종 3년(1652년) 9월의《승정원》기록이다. "강원도에서 대구알젓 대신 '명태알젓'이 왔으니 해당 관리에게 책임을 물어야 한다"는 내용이다. 다음 달인 10월에도 과일과 생선이 상했고, 역시 대구알젓 대신 명란이 올라왔으니 담당관리의 책임을 물어야 한다고 사옹원 제조가 보고한다.

18세기에는 명태가 자주 등장한다. 시골에 사는 노인에게 구호물자로 곡식, 장과 더불어 '명태 한 마리'를 주었으니 인색한 지방 관리의 책임을 물어야 한다는 내용도 나타난다. 희한하게도 조선 초기의 기록에는 명태나 북어가 등장하지 않는다. 해류의 온도 때문에 우리나라에서 잡히지 않았거나, 흔하게 먹지 않았거나 혹은 먹으면서도 이름을 몰랐을 가능성이 있다. 효종과 민정중의 17세기를 지나면서 명태는 자주 등장한다.

민정중보다 160년 후의 사람인 오주 이규경(1788~1856년)은《오주연문장전산고》에서 '북어'를 상세하게 설명한다. "우리나라 동북해안에 있는 물고기다. 폭이 좁고 길이가 1척(30센티미터) 이상으로 길다. 머릿속에 오이 같은 타원형의 뼈가 있다. 알이 작고 끈적거린다. 이름은 북어인데 속칭 명태라고 부른다. 봄에 잡은 것은 춘태, 겨울에 잡으면 동태冬太다. 동지 무렵 시장에 나오는 것은 동명태凍明太다. 알을 소금에 절여 명란으로 만든다. 생물의 맛은 담백하다. 말려서 국으로 끓인다. 가격이 싸서 가난한 사람들도 즐겨 먹는다. 말려서 포로 만들어 제사에 사용하고 가난한 선비들도 즐겨 먹는다. 흔해서 천하지만 귀하게 먹는다. 늘 먹으면서도 그 이름을 모른다."

'북어北魚'라는 이름은 '북쪽 해안의 물고기'라는 뜻이다. 명천을 포함한 함경도 해안이다. 북어는 민정중의 예언대로 300년 후인 20세기 중반에는 귀해졌고 우리 시대에는 사라졌다. 이유원의 표현대로 '한강에 쌓아놓은 땔감처럼 많았던' 시절은 끝났다. 한때는 1인당 매년 20마리씩을 먹었던 생선이다.

일제강점기에도 가끔 명태 어획량이 줄어들기도 했다. 동아일보 1926년 6월 1일의 기사에는 "조선 명태가 일본으로 이사를 갔다는 것은 이미 보도한 바와 같거니와, 그 대신 멸치가 많이 잡힌다. 명태의 주

이제 보기 어려워진 명태순대다. 생태나 동태를 녹인 다음, 내장을 다 긁어내고 각종 나물, 곡물 등을 다져서 넣는다. 적절한 장과 더불어 쪄낸 것이 명태 순대. 손이 많이 가는 음식이라 식당에서는 보기 힘들다.
지금은 없어진 서울 역삼동의 '아범순대'에서 내놓았던 함경도 고유의 음식이다. 동해안 북부, 중부지역에서는 겨울철에 즐겨 먹었다고 전해진다.

요산지는 함북 청진, 경성군, 명천군 양화 등"이라는 내용이 있다. 역시 동북해안이다.

언론인 고 홍승면 씨가 공개한 '북어 대가리 사용법'을 전한다. "북어 대가리를 의뭉한 불에 바싹 굽는다. 태우지 말아야 한다. 이걸 유리잔에 넣고 뜨겁게 덥힌 청주를 붓는다. 접시로 잠시 덮어두었다가 불을 붙인다. 푸른색 불이 잠깐 나타났다가 사라진다." 일식집에서 흔히 보는 복어 지느러미 대용품임을 알 수 있다. 이름이 낭만적이다. 이른바 '북어두주北魚頭酒'다.

참 흔한 물고기지만 귀하게 썼다. 살은 탕으로 끓였다. 얇게 썰어 전으로, 말린 다음 제사에 혹은 탕으로 먹었다. 아가미와 알, 내장으로 젓갈을 담았다. 이제는 보기 힘들어진 '명태순대'는 함경도의 별미다. 명태 속에 나물과 곡물을 넣고 익힌 것이다.

못다한 이야기

이 글을 쓰고 나서 여러 가지 내용을 새롭게 알게 되었다.
이 글 내용 중, '명태라는 이름의 근원'은 잘못되었다. 《임하필기》의 내용은 잘못된 것이다. '명천 사는 태 씨 어부' 이야기는 엉터리다.
명태라는 이름은 조선 초기부터 있었다. 그런데 왜 기록에는 명태가 나타나지 않는 것일까? 해답은 엉뚱한 데 있다.
명나라 태조 주원장 때문이다. '명나라明 태조太祖'는 '명태明太'다. 생선 이름과 같다. 조상 이름의 글자도 함부로 사용하지 않았다. 이른바 '휘諱'다. 중국 황제의 이름을 생선 이름에 사용할 수는 없다. 명나라는 1368년부터 1644년까지 존재했다. 명나라가 청나라에 망한 후, 조선 사회도 '명태'라는 이름을 편하게 사용한 것이다. 조선 후기에야 '명태'라는 이름이 등장하는 이유다.

26 ___ 미꾸라지

오래전부터 흔하게 먹었으나
천한 음식이니 기록이 없다

미꾸라지는 미끄럽다. 다산 정약용은 아들들에게 주는 글에서 "재물財物은 더욱 단단히 잡으려 하면 더욱 미끄럽게 빠져나가는 것이니 재화야말로 미꾸라지 같은 것"이라고 했다(다산시문집).

미꾸라지는 천하다. 영조 때 형조참의 벼슬을 했던 문신 유관현(1692~1764년)은 높은 관직에 있을 때 대단한 음식상을 받고, "시골의 미꾸라지 찜만 못하다"고 했다(목민심서). 조선시대 여러 기록에서도 미꾸라지를 부정적으로 이야기한다. 미꾸라지는 천하고 추하다. 혼탁한 시대를 두고 "깊은 산 호랑이가 떠나면 여우가 활개를 치고, 깊은 연못의 용이 떠나면 미꾸라지가 판을 친다"고 했다. 여우와 미꾸라지가 날치는 시대는 천박하다.

미꾸라지를 먹던 이들도 가난한 서민, 하층민들이었다. 고려시대에는 미꾸라지를 먹는 이들을 '세민細民'이라고 했다. 가난한 빈민이다. 송나라 사신 서긍이 기록한 《선화봉사고려도경》에는 "양과 돼지고기는 왕공이나 귀인이 먹고, 가난한 백성은 미꾸라지, 전복, 조개, 다시마 등을 먹는다"고 했다. 모두 11종류의 해산물을 기록했는데 그 첫머리에 미꾸라지가 등장한다. 10종류는 바다에서 나오는 것들이고 미꾸라지만 민물에서 잡는 것이었다.

미꾸라지는 추어鰍魚, 추어鰌魚 혹은 이추泥鰍라고 불렀다. '이泥'는 진흙이다. 진흙에 사는 미꾸라지는 천하다. 《조선왕조실록》에 나오는 미꾸라지의 모습은 늘 천하다. 영조 즉위 원년(1724년) 12월의 정국은 어수선했다. 노론과 소론이 뒤섞여 싸웠다. 소론의 거두 이광좌의 말 중에 "속담에 '미꾸라지 한 마리가 온 시냇물을 흐리게 한다'라고 하였는데…"라는 부분이 있다(승정원일기). 이런 미꾸라지를 왕실이나 왕실의 제사 등에 사용했을 리는 없다.

고려시대부터 우리는 꾸준히 미꾸라지를 먹었다. 다만 미꾸라지로 만든 공식적인 '음식'이 없었을 뿐이다. 19세기부터 미꾸라지는 음식으로 나타난다. 오늘날 추어탕의 '원형'이라고 볼 수 있는 '밋구리 탕'과 '추두부탕鰍豆腐湯'이다. '밋구리 탕'은 서유구(1764~1845년)의 《난호어목지》에, '추두부탕'은 오주 이규경의 《오주연문장전산고》에 나타난다.

미꾸라지탕을 퍽 상세하게 기록한 《오주연문장전산고》의 '추두부탕' 내용이다.

"진흙, 모래가 있는 곳에서 미꾸라지를 잡아 독에 넣는다. 하루 3회 물을 갈아주면서 5~6일을 두면 진흙을 다 내뿜는다. 두부를 크게 잘라 솥에 넣고 미꾸라지 5, 60마리를 넣은 다음 불을 지핀다. 뜨거운 열기를 피해서 미꾸라지는 두부 속으로 들어간다. 다 익은 다음, 두부를 썰면 미꾸라지가 두부 속에 박혀 있다. 이것을 기름으로 지져서 솥에 넣고 메밀가루, 달걀 부침개를 넣고 끓인다." 이글의 끝 부분에는 "그 맛이 매우 뛰어나고 이 탕을 도성의 반인泮人들이 즐겨 먹는다"고 했다.

추어탕은 크게 한양 혹은 중부지방 식과 농경 지역의 것으로 나뉜다. 통 미꾸라지를 사용하는 것은 한양을 비롯한 중부지방 식이고 미꾸라지를 곱게 갈아서 사용하는 것은 농경 지역인 남부지방 식이다.
지금은 지역 구분 없이 이른바 '통추'와 '갈추'를 모두 내놓는 집이 많다.

'반인'은 성균관에서 일하던 노비를 이르는 말이다. 이들은 청소, 식사 준비 등 성균관 유생들의 일상생활을 도우면서 조선 후기, 소의 도축, 쇠고기 유통 등도 맡았다. 비교적 넉넉한 살림이었지만 계급은 하층민이었다. 미꾸라지는 하층민, 세민 등이 먹었던 식재료였다.

《난호어목지》에는 미꾸라지, '밋구리'를 설명하면서 "시골 사람들이 국을 끓여 먹는데 특이한 맛"이라고 했다. 여기서의 '시골'은 농촌이다. '밋구리 탕'은 미꾸라지 살을 곱게 만든 다음, 된장 푼 물에 넣고 끓이는 농촌 지역 추어탕의 원형으로 추정한다.

일제강점기의 기록에는 미꾸라지 탕, 추탕이 정식 음식으로 등장한다. 소설가 김상용의 연재소설《무하선생방랑기》에는 '동대문 밖 추탕'이 등장한다(동아일보, 1934년 11월 16일). 지금도 남아 있는 서울의 추어탕 전문점들도 이 무렵 문을 열었다.

가정에서 추탕을 끓이는 법도 소개된다. 한식연구가 조자호(1912~1976년) 씨의 칼럼이다(동아일보, 1938년 7월 22일). 칼럼은, "주부의 자랑이

되는 여름철 조선요리, 경제적이고 만드는 법도 간단하다"고 소개한다. 재료는 미꾸라지, 달걀, 두부, 통고추, 파, 마늘, 생강, 표고버섯, 석이버섯, 깨소금, 간장, 참기름 등이다. 지금의 이른바 '서울식 추탕' 재료와 흡사하다. "미꾸라지를 푹 곤다. 뼈를 추려낸 뒤, 살을 국물에 넣고 두부를 부쳐서 채 썰어 사용한다. 여름철에 좋고 특히 허약한 사람들에게 좋을 듯하다"고 했다. 일제강점기에 이미 여름철 보양식으로 추탕을 추천했음을 알 수 있다.

못다한 이야기

흔히 《오주연문장전산고》의 추두부탕을 미꾸라지탕, 추어탕의 시작이라고 받아들인다. 그렇지는 않다.

먹을거리가 귀한 시절이었다. 바다 생선은 잡기가 힘들다. 멀리 나갈 배도 없었고 그물도 시원치 않았다. 만약 바다 생선을 구한다 해도 내륙으로 운반하는 것도 힘들었다. 생선이 먹고 싶으면 결국 민물 생선이다. 붕어, 잉어, 메기, 피라미, 미꾸라지 등 어떤 민물 생선이라도 가리지 않고 먹었을 것이다.

비교적 흔하게 구할 수 있는 미꾸라지를 지나쳤을 리 없다. 고려 초기 이미 미꾸라지를 먹었을 것이라 짐작할 수 있다.

《오주연문장전산고》의 추두부탕은 추어탕이라기보다 당시 유행한 '미꾸라지+두부+메밀가루'의 '미꾸라지탕 중 하나'로 판단하는 것이 마땅할 것이다. 오히려 《난호어목지》의 '밋구리 탕'은 갈아서 추어탕을 내놓는 농경 지역인 남부지방 추어탕과 상당히 닮아있다.

27 ___ 위어

행주산성 아래 위어,
서빙고의 얼음 채워
한양 도성으로 옮기다

"사옹원司饔院이 위어葦魚를 잡아 궁중으로 올리는데, 승정원 승지들이 자기들이 먹으려, 졸곡제卒哭祭 전에 위어로 젓갈을 담았습니다. 승지들이 이런 일을 했다니 그대로 둘 수 없습니다. 승지들을 모두 갈아치우소서."

중종 10년(1515년) 윤사월 17일의 기록이다(조선왕조실록). 얼핏 보기엔 사소한 일이다. 승지들이 사옹원이 관리하는 위어를 졸곡제 전에 구해서 썼다는 것이다. 중종의 계비 장경왕후 윤 씨는 이해 3월 2일, 스물다섯 살의 안타까운 나이로 죽었다. '졸곡제'는, 항시 곡哭을 하는 일을 멈추는 시점의 제사다. 왕후의 졸곡제 이전에 승지들이 자신들의 먹을거리를 준비했음은 엄중한 잘못이다. 기사에는 "일곱 번 탄핵했으나 (중종은 승지들을) 갈아치우지 않았다"고 했다. 장경왕후는 중종반정 공신 박원종의 조카다. 계비로 중전이 된 것은 궁궐 내 권력투쟁의 결과였다. 장경왕후 사망 후, 폐비 신 씨(단경왕후)의 복위 문제, 문정왕후 윤 씨의 등장 등으로 조정은 한바탕 혼란을 겪는다. '승정원 위어 새치기'와 탄핵 상소는 그런 사건 중의 하나였다.

이날 기록에는, 도승지 손중돈을 비롯하여 승정원 승지 6명 전원이 죄를 인정하고 스스로 '업무 정지'를 청하는 내용도 있다. 관례를 따랐지만, 졸곡제 전에, 면포로 위어를 산 것은 잘못이니 사실 관계가 밝혀질 때까지 업무를 보지 않겠다는 '일시 사임'의 의사표시였다. 중종은 '일시 사임'도 받아들이지 않는다.

"위어는 임금님 진상품"이라고 이야기한다. 정확한 표현은 아니다. 위어뿐만 아니라 조기(석수어), 멸치(멸어), 북어, 청어, 밴댕이 등도 세금으로 바치는 물고기고, 임금님 진상품이었다. 굳이 위어만 '임금님 진상품'이라고 부를 이유는 없다. 고종 5년(1868년) 5월의 기록에는 "연이은 장마로 위어잡이 계절을 놓쳤다. 원래 바치기로 한 위어 1,358마리 대신 소금에 절인 밴댕이 1,358마리를 바치기로 한다"는 사옹원의 보고에 고종이 허락하는 내용도 있다.

조정에서는 다른 생선과는 달리 위어와 소어蘇魚(밴댕이)의 공급을 위하여 사옹원 아래 '위어소葦魚所'와 '소어소蘇魚所'를 경기 서해안 일대에 두었다. 위어소는 행주산성 부근의 것이 가장 번창했다.

위어의 '위葦'는 갈대다. 위어는 갈대를 닮은 물고기 혹은 강의 갈대숲 아래 노는 물고기다. 다산 정약용은 《아언각비》에서 "제어鱭魚가 곧 위

위어가 지금 널리 선택되지 않는 이유는 간단하다. 대단히 맛있는 물고기가 아니기 때문이다. 가격이 싸고 쉽게 상하니 여전히 유통은 힘들다. 조선시대에는 한양도성 가까운 지역에서 비교적 쉽게, 대량으로 잡을 수 있는 생선이었기에 널리 사용했다. 궁궐에서 각별히 위어 잡는 위어소葦魚所를 두었던 까닭이다.

행주산성 부근, 교하 일대에서 서해안 부여, 웅천, 익산 함열까지 군데군데 위어를 파는 곳이 있다. 위어의 또 다른 이름은 웅어다. 사투리로는 '웅에'라고도 한다. 회, 무침 혹은 구이로 먹는다. 구웠을 때 기름기가 많고 맛이 강해진다.

어"라고 했다. 위어는 '웅어', '웅에' 등으로도 부른다. 위어는 바다에서 살다가 양력 5월경부터 알을 낳기 위해 행주산성, 교하, 양천 부근으로 몰려온다. 한양 도성 가까운 곳이니 궁중에서는 위어를 구해서 횟감 혹은 젓갈용으로 사용했다. 위어잡이는 쉽지 않았다. 위어를 잡는 일은 위어소 소속의 어민들이 맡았다. 이들에게는 병역과 각종 부역을 면제해 주고 토지를 지급했다. 광해군 10년(1618년) 4월의 《광해군일기》에는 임진왜란 후 위어소 어부들의 곤궁한 삶이 드러난다. "임진왜란 전에는 위어잡이 어부가 300호 정도 되었다. 이들은 위어를 잡는 대신 토지 8결結씩을 받고 다른 부역에는 동원되지 않았다. 임란 후, 위어잡이 가구는 1백 호 밖에 되지 않으며 이들이 받는 토지는 2결 정도다. 위어잡이 외에 땔감이나 집 짓는 재목감 부역에도 동원되니 힘들다. 다른 부역에는 동원하지 말아야 한다"는 내용이다. 광해군은 이 내용을 받아들인다.

궁중에서만 위어를 먹었던 것은 아니다. 전원생활을 한 옥담 이응희(1579~1651년)는 위어를 두고 "가는 꼬리는 은장도를 뽑은 듯하고/ 긴 허리는 옥척처럼 번득인다/ 칼로 저며 흰 서리 같은 회로 만들어도 좋고/ 석쇠에 놓고 구워도 좋다"고 했다(옥담사집). 위어는 민간에서도 널리 먹었다.

겸재 정선(1676~1759년)은 1740년부터 5년간 양천현령을 지내며 한양 인근의 경치를 담은 〈경교명승첩京郊名勝帖〉을 남겼다. 그 중에 행주산성 부근 행호幸湖의 풍경과 위어잡이 배를 그린 〈행호관어杏湖觀漁〉가 있다. "행호관어"에는 겸재의 오랜 벗 사천 이병연(1671~1751년)의 시가 붙어 있다. "늦봄의 복어 국이요/ 초여름의 위어 회라/ 복사꽃 넘실넘실 떠내려오니/ 그물을 행호 밖으로 던진다." 지금도 5, 6월에는 김포, 강화 일대에서 위어를 만날 수 있다.

못다한 이야기

위어가 조선시대 궁중에서 횟감으로 사용했다는 사실은 널리 알려지지 않았다. 위어를 모르는 이들도 많다. 서해안 부여, 군산 언저리의 주민들은 웅어라고 부른다. 위어라고 하면 어색하게 여긴다. 이 지역에서는 '웅에', '웅어'라고 부른다. 지금도 웅어회, 웅어구이를 파는 집은 더러 있다.

'임금님 진상품일 정도로 귀한 생선'이라는 표현은 틀렸다. 위어가 대단한 맛을 자랑하는 것도 아니다. 바다 생선 중에는 별맛이 없는 축에 속한다. 그나마 불에 구우면 고소한 기름기 덕분에 맛이 좀 나아진다.

위어를 궁중에서 횟감으로 사용한 이유는 간단하다. 구하기 쉽고 궁궐까지 운반하기가 그나마 쉬웠기 때문이다. 조선시대에는 양천(행주대교 언저리), 교하 등에서 위어를 잡을 수 있었다. 수심이 얕은 곳에서 쉽게 잡을 수 있는 생선이 위어나 밴댕이(소어蘇魚)였다. 밴댕이는 위어보다 더 빨리 상한다. 결국 횟감용 생선은 위어다.

서빙고의 얼음을 양천 등으로 옮긴다. 잡은 위어를 얼음에 재워 궁궐로 운반한다. 운반은 말로 했을 것이다. 양천은 도성에서 먼 곳이다. 횟감용 생선을 위한 절차가 참 복잡했다.

28 ____ 밴댕이

한낱 생선이 무슨 속이 좁으랴?
그저 내장이 약하니 잘 터질 뿐!

나는 밴댕이다. 사람들은 '밴댕이 소갈딱지'라고 한다. 억울하다. 내가 속이 좁아서 잡으면 곧 죽는다고 말한다. 밴댕이를 잡는 사람도 산 밴댕이를 보지 못한다고 한다. 내가 속이 좁다고? 그렇지 않다. 한낱 작은 생선이 무슨 속이 좁고 넓고 하겠는가? 내 속은 유달리 압력의 차이를 이기지 못한다. 물 밖으로 나오면 내 속은 바로 터지고 고장이 난다. 속이 좁은 것이 아니라 속이 약한 것이다. 더 억울한 일도 있다. 나는 빠르게 상한다. 내장이 상하는데 버티는 생선은 없다. 잘 상하니 운반도 힘들다. 고급 음식인 횟감이 되지 못하니 사람들은 지금도 나를 우습게 본다.

조선시대에는 나를 '소어蘇魚'라고 불렀다. '소어소蘇魚所'는 궁중에 소어를 공급하는 기관이다. 임금님과 궁중의 먹을거리를 책임지는 사옹원 소속의 기구였다. 궁중에서는 경기도 안산에 소어소를 두었다. 나와 동족들은 경상도 동래부 앞바다에도 살고, 서, 남해안 일대에서 주로 잡혔다. 남해안에서는 나를 '디포리'라 부른다.

이익은 《성호사설》에서 '소所'가 붙은 관청은 상당수 고려시대부터 시작된 것이라고 했다. 금, 은을 채취, 공급하는 기관은 '금소金所', '은소銀所'였고 옹기를 공급하는 곳은 옹기소였다. 소어 공급 기관은 당연히 소어소였다. 고려시대에도 나를 잡아 바치는 기관이 있었다니 이 땅의 사람들은 오래전부터 밴댕이를 먹었던 모양이다.

박지원의 《열하일기》에는 나를 부르는 다른 이름이 나타난다. 바로 '반당盤當'이다. 박지원이 중국 사신단 일행으로 갔을 때 별다른 임무가 없이 건들건들 따라가니 이른바 반당伴當이었다. 반당은 '밴댕이 = 반당盤當'과 음이 같다. 마치 건달(반당)같이 따라가니 '반당 = 밴댕이' 같다고 스스로를 꼬집었다.

속이 좁아 곧 죽어버리는 생선을 가장 잘 이용하는 방법은 젓갈로 담는 것이었다. 조선시대 기록에는 내 이름 '소어'와 더불어 '염鹽(소금)' 혹은 '소어해蘇魚醢(밴댕이젓갈)'라는 단어가 더불어 나타난다.

지금도 밴댕이는 주로 젓갈로 만든다. 크기가 작고 쉬 상하니 대도시로 옮겨도 횟감으로 사용하기는 힘들다. 밴댕이가 많이 잡히는 강화도 일대에서는 밴댕이회도 먹을 수 있다.
사진은 강화도 풍물시장의 밴댕이 젓갈이다. 풍물시장에는 사시사철 밴댕이 젓갈이 있다.

지금은 밴댕이를 주로 젓갈로 소비하지만 조선시대에는 말린 밴댕이도 널리 사용되었다. 마치 북어, 조기 등과 마찬가지로 밴댕이도 소중한 생선으로 취급, 말려서 1년 내내 먹었을 것이다.

《만기요람》에는 새우젓 한 통 값이 7냥 5전, 밴댕이젓은 8냥 4전이며 왕대비전의 연간 소비량이 새우젓은 69통 남짓, 밴댕이젓은 33통 남짓이라고 했다. 가격은 비슷하나 사용량은 새우젓의 반 정도다. 나와 동족들은 젓갈로 널리 사용되었지만 말려서도 사용되었다.

정조 16년(1792년) 2월, 청나라 상주부常州府 사람들 아홉이 서해 하의도에 표류했다. 나주목사가 올린 장계狀啓에 내 이름이 등장한다. "별다른 혐의점은 없고 단순 표류자로 보인다. 조사 후, 쌀, 미역, 조기, 참기름, 소금, 장, 땔나무와 더불어 밴댕이 열다섯 두릅을 주어 보낸다."

왕족이면서 안산 바닷가 가까운 수리산 기슭에서 전원생활을 했던 옥담 이응희는 "(단오가 가까워지면) 밴댕이가 어시장에 가득 나와/ 은빛 눈이 마을 여기저기 깔리는 듯/ 상추쌈으로 먹으면 그 맛이 으뜸이고/ 보리밥에 먹어도 맛이 대단하네/ 시골에 밴댕이마저 없으면/ 생선 맛을 알 사람이 드물리라"고 했다(옥담사집). 시골에서는 굽거나 회로 만들어 상추쌈에 먹었을 것이다.

1637년(인조 15년) 1월, 인조는 남한산성에 피신해 있었다. 궁핍 정도가 아니라 그야말로 먹을 것이 없었다. 1월 21일의 기록이다. 신하가 "밴댕이가 남아 있지만 그 숫자가 적다. 한 마리씩 밖에는 나눌 수 없다. 그거라도 우선 나눌까요?" 하자, 인조가 답한다. "우선 두었다가 나눠주는 쌀을 줄일 때 주도록 하자(승정원일기)." 이때는 아마도 말린 밴댕이였을 것이다.

오산 차천로(1556~1615년)는 《오산설림초고》에서 "화담 서경덕은 늘 담백한 식사를 했고 다른 사람이 주는 고기나 생선도 먹지 않았다. 화담은 말린 밴댕이를 즐겨 먹었다"고 했다. 나와 동족들은 귀한 제사상에도 올라갔다. 미암 유희춘(1513~1577년)은 《미암일기》에서 "모재 김안국(1478~1543년) 선생의 사당에 제물로 생 꿩, 말린 민어, 게 등과 더불어 밴댕이 한 두름을 올렸다"고 했다.

왜 사람들은 나를 '밴댕이 소갈딱지'라고 부르고 천시했을까? 그 답은 허균의 《도문대작》에 있다. "물고기 중 흔한 것은 민어, 조기, 밴댕이, 낙지, 준치 등으로 서해 곳곳에서 나는데 모두 맛이 좋아 다 기재하지 않았다." 흔하고 잘 상하니 천시한 것이다. 억울하다.

못다한 이야기

밴댕이는 참 억울하겠다는 생각이 든다. 밴댕이젓갈은 흔한데 밴댕이회는 드물다. 생선의 운반, 보관이 힘든 시절, 밴댕이는 주로 젓갈로 먹었다. 지금은 생선의 보관, 유통이 쉬운 시절이다. 밴댕이회도 충분히 가능하다. 그래도 도심에서 밴댕이회를 만나기는 쉽지 않다.

강화도 등 바닷가에 가면 제철 밴댕이회를 맛볼 수 있다. 내륙에서는 여전히 밴댕이회는 보기 드물다. 오랫동안 회로 먹지 않았던 습관 때문일 것이다. 더하여 밴댕이회가 각별한 맛도 없으니 이래저래 내륙의 횟집에서는 밴댕이회가 드물다. 밴댕이보다 크고 모양이 좋으며 맛이 뛰어난 생선이 많은 것도 한 가지 이유가 되겠다. 팔아봐야 큰 이익이 되지 않고, 모양도 빠지니 결국 밴댕이회는 사라진 셈이다.

한때 많이 잡아, 많이 먹었던 밴댕이의 씁쓸한 몰락이다. 바닷가 현지에서 밴댕이회, 밴댕이구이를 먹어보면 그런대로 맛이 있다. 하지만, 밴댕이가 천시받는 걸 생각하면 늘 뒷맛이 씁쓸하다. 밴댕이 소갈딱지는 밴댕이 이야기가 아니다. 속 좁은 인간 이야기다. 불쌍한 밴댕이라니.

29 ___ 조기

너무 흔하고 많이 잡히니
따로 설명할 필요도 없다네

1794년(정조 18년) 3월, 황해도 강령에서 살인 사건이 일어났다. 증인은 현장에 있었던 함조이.

"임성채의 처와 제가 앉아서 물고기를 썰고 있는데 객상 오흥부가 들어와서, 임성채의 아이 머리를 쓰다듬으며 '내 아들'이라고 했습니다. 화가 난 임성채의 처가 '석어石魚'를 던지며 '어찌 이 아이가 네 아이인가?'라고 다투는데 임성채가 들어와서 오흥부와 몸싸움을 했습니다(일성록)." 이 글의 '석어石魚'는 '석수어石首魚', 곧 조기다. 강령은 해주 인근 바닷가 마을이다. 지금도 인근 연평도에서 조기가 곧잘 잡힌다. 내용을 살펴보면 등장인물들이 모두 가난한 사람들이다. 조기는, 지금과 달리, 흔하디흔한 생선이었다.

다산 정약용은 《경세유표》에서 "연평延平 바다에 석수어 우는 소리가 우레처럼 은은하게 한양까지 들리면, 모든 이들이 입맛을 다시며 석어를 생각한다"고 했다. 조기가 많이 잡혔고, 누구나 좋아했으며 또 널리 먹었음을 알 수 있다. 조선 말기의 문신 이유원도 "법성진(법성포) 동대東臺 위에서 멀리 칠산도를 바라본다. 매번 석수어가 올라올 때가 되면

이를 잡으려는 배들이 바다 위에 늘어선다. 마치 파리 떼가 벽에 달라붙은 것과 같아서 그 수효를 헤아릴 수 없을 정도"라고 했다. 이유원은 분명히 잡아 올리는 조기는 많은데 조정에 올라오는 보고는 늘 '조기가 흉작'이라고 하고, 걷히는 세금도 적으니 알 수 없는 노릇이라고 한탄한다(임하필기). 흔하게, 많이 잡는 생선이니 동해의 명태와 서해의 조기는 조선 조정의 주요한 세금이자 수입원이었다.

조기는 고려시대에도 이미 흔한 생선이었다. 목은 이색은 고려 말의 관리 민안인(1343~1398년)이 보낸 술과 말린 조기를 선물로 받고 "잔 비늘의 물고기, 석수(조기)라 하는데, 말린 고기의 맛이 저절로 깊다"고 했다(목은시고). 조선 초기의 문신 김종직(1431~1492년)은 "봄꽃 비단같이 아름다울 때 돌아와, 반드시 몽산蒙山의 석수어를 보리라"고 했다. 조선 초기에 이미 "매년 3, 4월(음력)이면 전국에서 상선이 몰려와 몽산포 부근에서 석수어를 잡아 말리는데 서봉 밑에서부터 꼭대기까지 발 디딜 틈이 없을 정도"라고 했다.

중국인들은 우리와 달리 조기를 널리 먹지 않았다. 고종 10년(1873년) 5월, '중국 배들의 서해 불법어로작업'이 문제가 된다. 고종이 신하들에게 묻는다. "물고기는 어디서 잡히며 중국 배(당선唐船)들은 어디서 작업을 하는가?" 신하들이 답한다. "청어는 장연, 풍천, 옹진 등 5곳에서 많이 나고 석어(조기)는 해주와 연평 바다에서 나는데 당선은 오로지 장연 등 5곳에서 물고기를 잡습니다. 석어를 잡으러 연평에 오는 일은 없습니다(승정원일기)."

조기는 많이 잡혀 흔하니 가난한 선비들도 널리 사용했다. 실학자로 호남 장흥에서 일생을 보낸 위백규는 1791년(정조 15년) 늦봄, 벗 12명

조기 말린 것을 흔히 굴비라고 한다. 일부만 맞는 표현이다. 굴비는 조기를 말리면서 일정 부분 발효·숙성시킨 것이다. 요즘 조기, 굴비가 맛이 없는 이유는 단순히 말리기만 하기 때문이다. 작은 것들은 흔히 얼마간의 소금을 얹어서 냉동상태로 말린다. 가격도 퍽 싸다. 바람에 말리는 경우 당연히 가격이 비싸진다.
일일이 아가미에 소금을 넣고 제대로 자리 잡아서 정성스럽게 말린 '섭간한 굴비'는 가격이 지나치게 비싸다.

조기, 굴비, 부세, 백조기, 황석어, 참조기, 민어 등은 모두 비슷한 혹은 같은 생선이다. 민어는 크기가 큰 것으로 원래 이름이 면어鮸魚였다. 황석어는 '황새기'라고 부르는 것으로 작은 조기를 말한다. '황석수어'로 조기 새끼인 셈이다. 황석어 젓갈은 작은 조기로 담근 젓갈이다. '석수어石首魚'는 조기의 다른 이름으로 머리에 돌이 있다고 붙인 이름이다.

과 전남 장흥 사자산으로 나들이를 떠난다. 이때 마련한 음식이《존재집》에 상세하게 나와 있다. "술(삼해주)과 안줏거리로 석수어石首魚를 구웠으며, 쌀밥과 청태靑苔(김)를 싸 들고 나란히 함께 산에 올랐다."

조선 초기의 문신 남효온도《추강집》에서 "(박연폭포를 보러 갔다가) 길을 잃고 배가 고파 '석수어'를 먹고, 적멸암에 올라 무 뿌리를 먹었다"고 했다.

조기와 민어는 사촌쯤 되는 물고기로 둘 다 민어과의 생선이다.《정자통》《해동역사》《오주연문장전산고》등에서 밝히는 민어, 조기 이름에 대한 유래는 비슷하다. 석수어石首魚는 '면어鮸魚'다. '면鮸'과 '민民'의 중국 발음이 비슷하니 민어라고 불렀다. 큰 것과 작은 것이 있는데 큰 것은 민어라 하고 작은 것은 조기라 한다고 했다. '민어民魚'의 '백성 민民'을 두고 "온 백성이 널리 먹었던 생선이어서 민어"라고 말하는 것도 우습고, 조기를 '助氣'라고 쓰고 "기운을 북돋워 주는 생선"이라고 말하는 것도 엉터리다. 조기를 '朝紀' 혹은 '曹機'로 표기한 경우도 있다. 음을 빌린 것이다. 물론 "양반들이 민어탕을 보양식으로 먹었다"는 말도 거짓이다.

《산림경제》에서는 "조기는 서해에서 나는데 입맛을 돋워주고 기운을 높인다. 말린 것은 몸속의 묵은 음식물을 내보낸다. 순채와 더불어 국을 끓이면 좋다"고 했다. 음식은 약이 아니다. 조기가 기운을 높여주듯이 다른 생선, 먹을거리도 마찬가지로 몸의 기운을 북돋운다. 잘 지은 밥이 몸의 기운을 북돋우지만 약은 아니다.

못다한 이야기

조기, 굴비 칼럼 끝에 생선이 아니라 호남의 실학자 존재 위백규 선생(1727~1798년) 이야기를 전한다. 존재는 전남 장흥 사람이다. 흔히 조선 후기 호남이 낳은 3명의 천재를 이야기할 때 순창의 여암 신경준(1712~1781년), 고창의 이재 황윤석(1729~1791년) 그리고 장흥의 존재 위백규를 손꼽는다.

존재는 평생을 장흥의 방촌마을에서 살면서 학문을 연마한 실학자였다. 정조에 의해서 발탁, 잠깐 옥과 현감을 지낼 때 고향을 떠났다.

"귀신이 곡을 할 노릇"이라는 표현이 있다. 평생을 장흥에서 보낸 존재를 두고 "여생을 순천에서 보낸"이라고 표기한 것이다. 존재의 학문을 깊이 알지는 못했지만, 존재가 일생을 장흥에서 보냈다는 사실은 알고 있었다.

존재 선생 집안의 어느 후손이 이메일로 지적할 때까지 모르고 있었으니 얼굴이 화끈거리고 부끄럽다. 쏟아진 물이니 다시 담기도 힘들었다.

이 자리를 빌려 다시 사과드리고 정정한다.

존재 위백규는 장흥 사람이고 일생을 장흥에서 보낸 조선 후기 실학자다. 존재의 〈만언봉사〉는 정조가 읽고 극찬한 내용이었다. 향촌에서 살면서 일생을 백성들의 삶에 깊은 관심을 기울인 실학자였다.

30 ＿ 뱀장어

깊은 바다에서 알을 낳으니
도무지 그 정체를 알기 힘들다

 장어는 '만리鰻鱺' 혹은 '만리어'다. 속명이 장어長魚다. 몸이 길다. 그래서 장어다. 다산 정약용은 《아언각비》에서 "만리는 장어다. 생긴 것은 뱀과 같다"고 했다. '해만리海鰻鱺'는 바다의 장어, 바닷장어 즉, 뱀장어다.

 "큰놈은 길이가 1장丈에 이르며, 모양은 뱀을 닮았다. 덩치는 크지만 몸이 작달막한 편이고 빛깔은 거무스름하다. 대체로 물고기는 물에서 나오면 달리지 못하지만, 해만리만은 유독 뱀과 같이 잘 달린다. 머리를 자르지 않으면 제대로 다룰 수가 없다. 맛이 달콤하고 짙으며 사람에게 이롭다. 오랫동안 설사를 하는 사람은 이 물고기로 죽을 끓여 먹으면 낫는다." 조선 후기 실학자 정약전(1758~1816년)의 《자산(현산)어보》에 나오는 '뱀장어' '바닷장어'에 대한 설명이다.

 뱀장어는 미끈미끈하다. 조선시대 선조들은 뱀장어, 장어에 대해서 끊임없이 의문을 가졌다. 장어, 뱀장어는 아무리 살펴보고 되짚어 봐도, 자꾸 손아귀에서 빠져나가는 알 수 없는 존재였다.

 모습은 뱀같이 길었다. 뱀같이 긴 모습이니 '배암장어' 곧 뱀장어다.

바다에서 발견했으니 바닷장어였다. 민물장어가 바다에서도 나타나니 혼란스러웠다. 정약전은 《자산어보》에서 민물장어인 뱀장어와 갯장어 그리고 붕장어를 분명하게 구분했다. 갯장어는 '견아리犬牙鱺' 혹은 '개장어介長魚'다. 이빨이 마치 개의 이빨같이 날카롭고, 무는 힘이 강하다. 여수에서 '하모' '참장어'로 부르는 것이다. 모양에 대해서도 구체적으로 설명한다. "입이 툭 튀어나온 것이 돼지와 같다. 또 이는 개와 같아서 고르지 못하다. 가시가 매우 단단하여 사람을 잘 문다." '개 이빨을 가진 장어'가 '개장어'가 되고 한자 표기로 '介長魚(개장어)' 그리고 오늘날의 갯장어가 된 것이다.

붕장어鵬長魚는 '해대리海大鱺'다. '바다의 큰 장어'라는 뜻이다. 《자산어보》에서는 "눈이 크고 배 안이 먹빛이다. 맛이 매우 좋다"고 했다. 뱀장어, 갯장어, 붕장어를 정확히 구분하면서 장어를 혼란스럽게 여겼던 것은 바로 '장어 출생의 비밀' 때문이었다.

뱀장어는 바다에서 태어나서 민물에서 살다가 산란기에는 다시 깊은 바다로 돌아간다. 다른 회귀성 어류와는 정반대다. 뱀장어는 사람들이 관찰하기 힘든 해저 2,000~3,000미터 깊은 바다에서 알을 낳고 죽는다.

장어는 모두 4종류다. 그중 먹장어는 '곰장어' 혹은 '꼼장어'로 부르는 것으로 장어와는 다르다. 먹장어는 꾀장어과에 속하며 이름은 장어이지만, 입이 둥근 원구류圓口類에 속한다. 먹장어는 다른 생선의 몸에 입을 대고 영양을 빨아 먹고 사는 기생 어류다. 장어는 뱀장어, 갯장어, 붕장어 등 3종류인 셈이다.
뱀장어는 민물장어로 부르고 가장 비싼 어종 중 하나다.

뱀장어, 민물장어는 흔히 여름철 보양식으로 여긴다. 영양은 충분하지만 굳이 뱀장어만 보양식으로 부를 이유는 없다. 조선시대 일본에 갔던 통신사들은 "일본인들이 장어를 좋아한다"고 밝혔다. 뱀장어는 일본인들이 '우나기|UNAGI'로 부르는 것이다. 우리의 '장어 여름철 보양식' 문화는 일제강점기를 지나면서 시작되었을 가능성이 높다.

뱀장어는 산란장으로 돌아가기 전까지는 맨눈으로 암수의 구별이 불가능하다. 암컷의 뱃속에도 알은 없다. 뱀장어는 산란장에 도착했을 때 비로소 알을 제대로 가진다. "뱀장어는 그믐밤에 자신의 그림자를 가물치의 지느러미에 비추고 그곳에 알을 낳는다. 그믐밤에 뱀장어는 가물치와 교미하여 알을 낳고 수정한다. 뱀과 가물치가 교미하여 새끼를 낳는다"는 식의 허무맹랑한 이야기가 떠돌았다. 조선시대 사람들은 '알 가진 뱀장어'를 본 적이 없었다. 깊은 바다에 산란한 알들은 '댓잎장어'의 형태를 거쳐 '실치'가 된다. 장어 양식은 실치 상태의 작고 가는 뱀장어 새끼를 채집하여 양식장에서 기르는 것이다.

일본인들은 일찍부터 뱀장어를 귀히 여겼다. 조선 중기 문신 남용익은 조선통신사 종사관으로 일본에 갔다. 그는 "(일본인들은) 구이炙는 생선이나 새鳥로 하는데 뱀장어를 제일로 친다"고 했다(문견별록). 우리도 뱀장어를 먹었다. 매천 황현(1855~1910년)의 《매천속집》에는 '밀양 효자 박기재'와 뱀장어에 얽힌 이야기가 실려 있다. 박기재의 할머니가 풍진을 앓았는데 의원이 뱀장어가 좋다고 했다. 한겨울에 뱀장어를 구할 도리가 없어 박기재가 얼음을 손으로 긁고 있는데 갑자기 얼음이 갈라져 뱀장어가 나타났다. 그 뱀장어를 올리니 할머니의 병이 나았다는 동화 같은 이야기다.

장어가 긍정적인 이미지만 가진 것은 아니었다. 송암 이로(1544~1598년)는 오리 이원익에게 올리는 편지에서 "용이 없으면 미꾸라지와 뱀장어가 춤을 추고, 호랑이가 떠나면 여우와 살쾡이가 날뛴다"고 했다(송암집). 조선시대 기록 중에는 '용 대신 뱀장어'로, 뱀장어를 비하한 표현들이 많다.

뱀장어를 귀한 음식으로 여기는 것은 일본 풍습을 따른 것이다. 조선 8대 국왕 예종이 족질足疾, 발병 치료 차 뱀장어를 먹었다는 이야기는 근거가 없다. 뱀장어를 보양식 혹은 '궁중 보양식'으로 부르는 것도 물론 엉터리다.

못다한 이야기

뱀장어에 대해서는 우리만 몰랐던 것이 아니었다. 뱀장어의 일생은 20세기를 넘어서면서 조금씩 알려지기 시작한다. 덴마크와 더불어 일본이 뱀장어에 대해서 많은 학술적 성과를 쌓았다.

뱀장어를 널리 먹고 귀하게 생각한 것은 일본의 영향을 받은 것으로 생각한다. 일본인들의 장어 사랑은 유별나다. 여름에는 누구나 민물장어(UNAGI)를 먹는다. 민물장어 덮밥인 '우나기동'을 먹으면서 여름을 맞는다. 장어는 일본인들의 국민 생선이다.

장어의 최대 생산국은 중국이다. 최대 소비국은 일본. 중국과 일본에서 생산한 것을 일본인들이 먹는다. 한국은 자체 생산, 자체 소비하고 남는 장어는 일본으로 수출하는 식이다. 한때는 중국산 장어가 더 흔했다.

1980년대 후반, 풍천장어의 본고장 풍천에 간 적이 있다. 호박돌을 강바닥에 던져두었다가 물이 빠지면 그 돌을 다시 들어 올린다. 돌 아래에 숨어 있는 장어를 건졌다. 힘들게 잡은 장어는 전량 일본에 수출한다고 들었다. 미처 수출하지 않는 풍천장어를 한, 두 마리 얻어먹었다. 복분자 술과 함께. 그래도 화장실에서 요강이 뒤집어지지는 않았다.

31 ___ 홍어

부드러운 뼈는 씹기 좋고
넉넉한 살은 국 끓이기 좋아라

"곽박이 강부江賦에서, '분어鱝魚는 꼬리는 돼지 꼬리처럼 생겼으며 몸통은 부채와 같이 둥글다'고 했으니 이는 우리나라 홍어鯕魚다. 두 마리가 쌍을 지어 다니며, 두 눈은 위쪽에 있고 입은 아래에 있다. '생김새가 둥근 소반과 같고 입은 배 밑에 있으며 꼬리 끝에는 독이 있다'고 했으니 바로 우리나라의 가올어嘉兀魚다(성호사설)."

곽박郭璞(276~324년)은 중국 동진 사람이다. 박학다식하여 많은 자료를 남겼다. 그가 남긴 자료 중에 '홍어鯕魚(공어)'는 '분어'라는 이름으로 나타난다. 1,400년 후 조선의 선비 성호 이익(1682~1763년)은 '분어 = 홍어 = 속칭 가올어 = 가오리'라고 설명한다.

성호 이익도 홍어와 가올어는 다르다는 것을 알고 있었다. 뒤에 바로 '가올어'에 대한 설명이 이어진다. "가올어는 생김새가 홍어와 비슷하나 맛은 훨씬 못하다. 꼬리 끝에 침이 있어 사람을 잘 쏘는데 독이 아주 심하다. 꼬리를 잘라서 나무뿌리에 꽂아 두면 나무가 저절로 말라 죽는다. 본초本草에는 꼬리로 독을 뿌리는 것은 홍어라고 하였으나, 가올어다. 세속에서 부르는 이름이 다를 뿐이다."

지금도 홍어와 가오리는 혼란스럽다. 홍어와 가오리를 섞어 놓았을 때 쉽게 구분하는 사람은 많지 않다. 조선시대에도 마찬가지. 이름을 두고 설왕설래 말들이 많았다. 조선시대에도 지금과 마찬가지로 홍어로 국을 끓이거나 삭혀서 먹었다. 가오리에 대해서는 독이 있다는 표현이 자주 나타난다.

'본초'는 명나라 이시진(1518~1593년)의 《본초강목》이다. 이익은 이시진보다 약 170년 후의 사람이다. 이익의 "홍어는 가오리와 다르다. 이름을 다르게 부르지만, '본초강목'의 홍어는 가오리다"는 기술이 정확하다. 다산 정약용은 《아언각비》에서 "분어는 곧 홍어다. 이시진이 (홍어의 모습이) 마치 연잎같이 생겼다고 했다"고 밝혔다.

홍어와 가오리는 여전히 혼란스럽다. 조선 후기 실학자 이덕무(1741~1793년)는 《청장관전서》에서 중국 양나라의 고전 《문선文選》을 들어 홍어를 설명한다. "장거홍어章巨魟魚란 것은 생김새가 둥그런 부채 같으면서 비늘이 없고 빛깔이 검붉으며 입은 배 아래에 있고 꼬리는 몸보다 길다. 홍魟은 혹 홍鯸(공)자로도 쓰이며, 《문선》에서 이야기하는 분어鱝魚다. 상고하건대, (중략) 홍어는 곧 가오리加五里다."

홍어는 '洪魚'로 표기하지만 예전에는 '魟魚(홍어)' '鯸魚(공어)'로도 표기했다. 홍어는 둥글고 큰 물고기다. 인평대군 이요(1622~1658년)는 청나라에 사신으로 가서 코끼리를 보고 "다리는 큰 기둥만 하고 귀는 홍어洪魚와 같다"고 표현했다. 홍어洪魚는 '홍어紅魚'와는 다르다. 홍어를

'紅魚'라고 표기하는 것은 틀렸다.

조선 후기까지도 홍어와 가오리를 혼동하는 일이 잦았다. 연암 박지원(1737~1805년)은 정조 5년(1780년) 사절단 일행으로 중국을 다녀온 후 《열하일기》를 남겼다. 그는 중국 어린아이들이 조선사절단을 보고 '가오리高麗'라고 부르자 농으로 "우리를 보고 '가오리哥吾里'라고 부르니 우리가 곧 홍어"라는 글을 남겼다.

조선 후기 문인 김려(1766~1822년)는 "귀홍鬼鮇(귀신 홍어, 귀공)은 일명 가짜 홍어鮇魚다. 모습이 홍어와 아주 닮았다. 색깔은 누렇고 큰놈은 수레에 가득 실을 만큼 크다. 비린내가 심하고 독이 있어서 먹지는 못한다"고 했다. 독을 강조하니, 가오리로 추론할 수 있다.

우리 조상들은 홍어를 즐겨 먹었다. 경기도 안산에서 전원생활을 했던 옥담 이응희는 《옥담사집》에서 "몸이 넙적하니 움직이기 어렵고/ 몸체가 무거우니 잘 다니지 못하네/ 부드러운 뼈는 씹기 좋고/ 넉넉한 살은 국 끓이기 좋아라"라고 노래했다.

전라도 화순, 경상도 김해 등에서 유배 생활을 했던 이학규(1770~1835년)는 "홍어를 잘라놓으니 그 모습이 마치 꽃뱀을 잘라놓은 듯하다"고 했다(낙하생집). 홍어의 붉은 빛이 꽃뱀처럼 아름답다는 뜻이다.

홍어 소비는 늘어나고 생산량은 많지 않은 상황이다. 한때 칠레 등에서 수입하다 물량이 부족해지자 아르헨티나, 오세아니아 등으로 수입 선을 늘리기도 했다. 영어로 홍어는 'Skate', 가오리는 'Ray'다. 서구인들은 홍어와 가오리를 우리처럼 삭혀서 먹지는 않는다. 삭힌 홍어, 묵은지, 막걸리를 더한 '홍탁삼합'은 우리의 독특한 식문화다.

전라도 고부에서 태어나 잠깐의 벼슬살이 후 낙향, 여생을 향리에서 보냈던 권극중(1585~1659년)도 홍어에 대한 시를 남겼다. "남국의 아름다운 모습/ 광주리에 담긴 최고의 맛/ 홍어는 바다의 신선한 맛이고/ 시골의 술은 더할 나위 없이 좋다네/ 대나무 숲에서 따뜻한 겨울을 보내니/ 어제 내린 눈이 갠 후 매화가 아름답다(청하집)."

철종 3년(1852년) 9월, 중국 상선이 표류, 조선의 관리들이 배를 수색하던 중 홍어를 발견한다. 중국 상인들은 "중국 동북지역關東에서 홍어, 대구 등을 싣고 여기저기서 판매한 후, 금주(대련 부근)로 향하던 중 표류하게 되었다"고 기술한다(각사등록). 중국인들도 홍어를 먹었다.

못다한 이야기

홍어는 보기 드문 알칼리 발효식품이다. 대부분의 발효는 산성 발효지만 홍어는 알칼리 발효를 한다. 심하게 발효하면 오히려 잡균들이 덤비지 못하니 식품으로도 안전하다. 홍어에서 두엄 냄새가 난다는 사람들은 홍어 먹는 데 애를 먹는다.
늘 하는 이야기지만 세상에는 배워야 먹을 수 있는 음식이 있다. 홍어가 바로 그러하다. 좋은 선생을 만나서 하나씩 자세히 설명 듣고, 서서히 레벨을 높여야 한다. 처음부터 두엄 냄새를 맡고 '좋지 않은 체험'을 하면 홍어는 접하기 힘들다.
홍어를 우리만 먹는다는 생각도 틀렸다. 홍어, 가오리는 영국인들도 먹는다. 다만 삭힌 것을 먹지 않는다. 싱싱한 날 것은 외국인들도 흔히 먹는다.
홍어를 삭힐 때, 짚, 솔가지, 두엄더미 등이 등장하는 것도 다 이유가 있다. 삭힌 홍어는 한민족의 오랜 지혜다. 국산 흑산도 홍어든, 칠레, 아르헨티나 홍어든 제대로 삭힌 것을 만나고 싶다. 수입산으로 홍어찜을 내던 신당동 할머니 집이 오래전 문을 닫았다. 아쉽다.

32 __ 문어

대팔초어는 문어요
소팔초어는 낙지라

문제는 '문어 2마리'였다. 세종 14년(1432년) 6월, 강원도 고성수령 최치의 미곡 횡령 사건으로 조정이 시끄럽다. 횡령과 뇌물상납은 세트메뉴다. 최치도 권문세가에 뇌물을 주었다. 여러 차례 조사를 거쳐 진상이 드러났다. 죄인들에 대한 처분만 남았다. 최치는 절차에 따라 처벌을 받는다. 와중에 불똥이 엉뚱한 곳으로 튄다. 최치의 자백 중에 "문어 두 마리를 대사헌 신개에게 주었다"는 내용이 나온 것이다. 신개는 "받지 않았다"고 주장.

문어 두 마리가 대단한 뇌물은 아니다. 더 많이 받은 사람도 있었다.

한반도 주변 바다에서 잡히는 문어는 크게 두 종류다. 참문어와 돌문어다. 참문어는 '피문어'라고도 부른다. 말린 문어를 피문어라고 부르기도 하지만 피문어는 참문어와 동의어로 쓰인다. 참문어는 동해안에서 생산되고 돌문어는 남해안, 서해안에서 주로 생산된다.

서구인들은 문어를 흉측한 괴물 혹은 외계에서 온 생명체 정도로 여겼다. 문어의 영어 이름은 'Octopus'이지만 때로는 'Devil fish'로 부르기도 한다. 그야말로 악마의 물고기 혹은 외계에서 온 괴물 정도로 여기는 것이다. 서구인들과 식사를 할 때 문어를 날것으로 먹는 것은 피하는 것이 좋을 듯하다.

문제는 받은 사람의 직책이다. 신개는 대사헌(종2품)이다. 지금의 감사원장쯤 된다. 국가 정책, 관리들의 행실을 살펴 잘못되었으면 탄핵하는 것이 주요 업무다. 하필이면 그 사이에 사면령도 있었다. 문어 2마리보다 더한 죄도 사면받았다. '신개의 문어 2마리' 쯤이야 슬쩍 지나가도 될 일이다.

간단치 않았다. 세종은 "최치에게 뇌물 받은 자의 죄는 다 용서하겠다"고 하면서도 "신개의 일은 의심할 만하다. 보통 관원이라면 문제 삼을 것이 없겠지만 신개는 풍헌관風憲官(대사헌)이다. 세상 여론이 어떻겠는가? 대사헌 직을 그만두게 할 것인가?"라고 묻는다. 조정의 의견은 나뉜다. 일부는 "명확한 증거는 없으나 신개가 남을 규찰하는 업무를 보고 있으니 업무를 바꾸는 것이 옳다"고 주장한다. 반대파도 있다. 이미 대사헌, 홍문관 대제학을 거친 맹사성(1360~1438년) 등이다. "증거도 확실치 않고, 본인이 극구 부인하고 있다. 요즘 고관집 하인들이 주인 몰래 뇌물을 받는 경우가 잦다. 만약 사실이 아닌데 벼슬을 바꾼다면 지나치게 무거운 처분이 될 것"이라고 주장한다.

이때도 '배달 사고'는 있었다. 세종은 맹사성 등의 의견을 따라 신개를 처벌하지 않는다(조선왕조실록). 신개(1374~1446년)는 이조판서를 거쳐, 1445년 좌의정이 되었다. 신개가 죽었을 때 세종은 3일간 조회를 하지 않았을 정도로 그를 아꼈다. 신개는 조선시대 명예직인 기로소耆老所에도 들었다(1444년). 문어 2마리로 낙마했다면 불가능한 일이었을 것이다.

문어가 대단한 식재료는 아니다. 우리나라 전 해안에서 잡았다. 동해안 북부에서 나오는 것을 상품으로 쳤다. 세조 4년(1458년) 10월, 명나라에 보낸 신정하례 예물은 '문어 4백 마리, 대구 6백 마리, 사슴 육포 5백 60장 등'이다(조선왕조실록). 문어나 대구 모두 한반도에서 흔한 물건들이었다. 크기 때문에 가격은 제법 비쌌다. 정조 20년(1796년) 정리소가 보고한 내용을 보면 1마리당, 큰 문어가 1냥 6전, 광어가 6전, 말린 대구가 3전 5푼이다. 광어의 3배, 대구의 5배쯤 비싸다.

우리는 일찍부터 문어를 먹었다. 고려시대 목은 이색(1328~1396년)은 경주의 반란을 수습한 장수가 현지에서 문어를 보내오자, "전쟁이 끝나고 생선을 보내오니, 이름도 '문文'"이라고 화답한다(목은시고). 문어文魚의 '문文'과 '무武'를 대비시킨 것이다.

옥담 이응희는 《옥담사집》에서 문어는, "머리를 칼로 쪼개면 누런 액체가 나오고/ 불에 구우면 옥 같은 기름이 지글지글하다"고 노래했다.

문어는 '팔초어八稍魚'라고 불렸다. 다리가 8개이기 때문이다. 생물학적으로는 다리 8개에는 다리와 팔이 섞여 있다고 하지만, 예나 지금이나 '다리'라고 이른다. 문어는 크니 대팔초어, 낙지는 작으니 소팔초어다.

우리와 달리 중국인들은 문어, 낙지, 꼴뚜기 등을 혼란스럽게 생각했다. 혼란의 이유는, 중국 남과 북의 식재료가 딴판이기 때문이다. 북쪽 사람들은 다양한 생선을 먹지 않는다. 허균은 "문어는 동해에서 난다. 중국인들이 좋아한다"고 했다(성소부부고). 이익은 《성호사설》에서 엉뚱한 이야기를 한다. 임진왜란 당시 구원병을 이끌고 왔던 이여송 등이 문어국文魚羹을 보더니 얼굴에 난처한 빛을 띠고 먹지 않더라는 것이다. 이여송(1549~1598년)은 요동성 철령위 출신이다. 자라면서 문어를 보지도 못했을 가능성이 있다. '허균의 중국인'은 남쪽 지방 출신이다. 이여송과는 식성이 전혀 달랐을 것이다. 성호 이익은 중국 문헌을 인용, '문어는 절강성의 망조어'라고 했다. 이글도 부분적으로 틀렸다. 이규경은 《오주연문장전산고》에서 "팔초어는 속명 문어이며, 소팔초어는 낙지絡只, 망조어望潮魚는 골독이骨篤伊"라고 못 박았다.

> **못다한 이야기**
>
> 영화 '올드보이'를 본 서구인들은 주인공 최민식 씨가 산 낙지를 씹어 먹는 장면을 보고 기겁을 했다. 서구인들에게 낙지는 마치 외계의 동물 같다. 다리가 여러 개라는 점도 끔찍(?)하지만, 살아있는 생물 낙지를 씹는다는 설정은 더 기괴했을 것이다.
> 서구인들에게 문어, 낙지는 외계의 동물과 마찬가지다. 실제 미국 영화의 외계인들은 주로 다리가 여럿 달린 문어나 낙지 등으로 묘사된다. 머리(실제로는 몸통)에는 기괴한 내장과 검은 피(?)가 잔뜩 들어 있다. 우리가 '쌀밥'이라고 부르며 좋아하는 내장 부분과 검은색의 맛있는 '먹물'도 기괴하게 보였을 것이다.
> 임진왜란 당시 중국 요동성 사람들은 문어, 낙지를 보지 못했을 가능성이 있다. 요동성 출신 이여송에게 문어국은 당황스러운 음식이다. 문어국을 먹는 조선 사람들이 마치 서구인들이 보는 '올드보이'의 영화배우 최민식 씨 같았을 것이다. 문어국을 받아든 이여송의 얼굴이 어떠했을지, 늘 궁금하다.

4장

괴채 菜菜

입금에게 잡채를 올리고 높은 벼슬을 얻는 일을
'잡채상서'라 했다.
_《연려실기술》

33 ___ 김치

김치, 중국에서 시작되었으나
화려하게 꽃피운 것은 한반도라네

김치가 우리의 '전통적인 음식'이라는 표현은 맞다. 우리 '고유固有'의 음식은 아니다. 우리만 먹었던 것은 아니다. 김치 혹은 김치 유의 음식은 중국과 일본에도 있었고 또 지금도 남아 있다.

'김치'가 가장 먼저 나타나는 것은 2,600년 전의 기록인 《시경》이

지금도 중국인들은 '자차이'를 먹는다. 중국식으로 무 혹은 순무 등을 삭힌 것이다. 김치를 우리만 먹는 것은 아니다. 김치 혹은 김치와 닮은 음식은 중국, 일본에도 있다. 다만 한반도의 김치는 종류가 다양하고 끊임없이 변화, 발전한다는 점이 다른 나라와 다르다.

다. "밭둑에 오이가 열렸다. 오이를 깎아 저菹를 담그자"라는 내용이다. '저'는 김치다. 오이김치다. 《여씨춘추呂氏春秋》에는 "공자가 '저'를 먹느라 콧등을 찌푸렸다. 3년을 먹고 나니 적응이 되어서 수월했다"는 기록도 있다. 공자의 멘토는 주나라 문공文公이다. 주나라 문공이 '저'를 먹었으니 공자도 따라 했다. 주나라 문공은 지금으로부터 2,700년 전 사람이다.

다산 정약용의 벼슬살이는 짧았다. 불과 10년 남짓, 1789~1800년 사이다. 다산은 황해도 해주에서 과거 고시관 노릇을 했다. 이때 남긴 시가 《다산시문집》(3권)에 남아 있다. "장난삼아 서흥도호부사 임성운에게 주는 시"에 "납조냉면에 숭저가 푸르다拉條冷麵菘菹碧"는 구절이 있다. '숭菘'은 배추, '저菹'는 김치다. '숭저'는 배추김치다. 다산의 시대에는 오늘날의 봄동 혹은 얼갈이배추 같은 품종이 보편적이었을 것이다. 잎이 푸르니 "배추김치가 푸르다"고 표현했다. 《시경》과 공자의 '저'와 《다산시문집》의 '저'는 같다.

우리 기록에는 김치를 '지漬' 혹은 '저菹'로 표현했다. 고려시대의 기록에는 '지'로 표현하다가 조선시대에는 대부분 '저'라고 표현한다. 고려시대 문인 이규보는 《동국이상국집》에서 김치 담그는 것을 '염지鹽漬'라고 했다. (채소 등을) 소금물에 담근다는 뜻이다. 엄격하게 나누자면 '지'와 '저'는 다르다. '지'는 채소 등을 소금, 물, 향신료를 넣어서 삭힌 것이다. 우리가 생각하는 바로 그 김치다. '저'는 시간을 두고 삭힌 것이 아니라 식초 등을 넣고 비교적 빨리 삭힌 것이다. 서양의 피클과 비슷하다. 사용하는 식초는 초산이다. '원형 한반도형 김치'는 '지'다. '저'와 다르다.

'지' 대신 '저'로 표기한 것은 조선시대 유교의 영향이리라 짐작한다. 유교를 숭상했던 조선시대의 관리, 학자들이 우리 고유의 '지' 대신 중국식 표기인 '저'로 표현했다는 이야기다. 우리가 흔히 '겉절이' 혹은 '겉절이 김치'라고 표현하는 음식부터 서양식 피클, 식초 절임 음식들이 '저'다. 우리의 '지'와는 다르다.

조선 중기 문인 김장생의 《사계전서》(제41권 시제時祭)에는 "이른바 세 가지 소채蔬菜(채소)라는 것은 침채沈菜와 숙채熟菜와 초채醋菜 따위가 그 속에 포함되는 것이니"라고 했다. '초채'는 '초 + 채소'로 식초 절임 음식이다. '침채 = 김치'가 '지'라면 초채는 '저'다. 16세기 무렵에 '식초 절임 채소 = 저'와 '김치 = 지'를 다르게 표현했다.

김치의 주요 요소인 배추, 무, 고추는 모두 외부에서 전래한 것이다. 다산은 《죽란물명고竹欄物名考》에서 "숭채菘菜는 방언으로 배초拜草라고 하는데 이는 중국 백채白菜의 와전이며, 내복萊菔은 방언으로 무우채蕪尤菜라고 하는데, 이것은 무후채武侯菜의 와전"이라고 했다. '무후채'는 '촉의 무후' 제갈공명이 즐겨 먹었다고 붙인 이름이다.

중국에는 '중국 김치'라고 부르는 '자차이榨菜'가 있다. 일본인들은 지금도 여러 종류의 '츠케모노漬物'를 먹는다. 모두 채소 발효식품으로 김치와 비슷하다. 일본 《쇼소인正倉院 문서》에 "한반도에서 김치가 전해 내려왔다"고 했다거나 중국에서 배추, 결구배추, 무가 한반도로 전래하였다는 내용은 의미가 없다. 한반도의 김치는 지속적으로, 다양하게 발전했고 우리 민족을 대표하는 음식이 되었다. 김치의 '힘'은 끊임없는 변화, 발전에 있다.

채소에 젓갈을 더하기도 하고 더러는 고기 삶은 국물을 더하기도 한

많은 김치가 나타났다 사라진다. 부추김치, 파김치의 경우 예전에는 널리 먹었으나 서서히 사라지고 있다. 두부장아찌, 꿩고기짠지(생치짠지)도 거의 사라졌다. 짠 김치들은 대부분 맛보기 힘들어졌다. 김치는 채소를 중심으로 곡물, 고기, 생선 등을 더하여 삭힌 것이다. 뿌리채소나 줄기, 잎, 열매 등을 모두 사용했다. 김치의 장점은 쉽게 구할 수 있는 식재료를 널리 사용한다는 점이다.

다. 생선을 통째로 넣기도 하고 곡물을 갈아 넣고 날고기를 썰어 넣기도 한다. 조선 후기에 이미 헤아릴 수 없을 정도로 다양한 김치를 만들어 먹었다. 1670년경의 《음식디미방》에는 오늘날에도 만나기 힘든 '꿩고기짠지(생치生雉짠지)'가 나타난다.

실학자 이덕무(1741~1793년)는 《청장관전서》에서 "감기에다 기침, 콧물까지 겹치어 견딜 수가 없으며, 게다가 다리에 힘이 없어 마치 파김치처럼 늘어지는구려"라고 했다. 예나 지금이나 축 처지면 '파김치'라고 했던 것도 재미있다. 김치는 늘 우리 곁에 있었다.

못다한 이야기

김장을 할 때 갈치를 사용하는 경우가 있다. 갈치 대신 명태 살을 넣는 경우도 있다. 생태가 너무 비싸니 생태 넣은 김치는 드물다. 갈치도 가격이 비싸. 갈치김치도 만만치 않게 비싸다. 가끔은 생선을 넣은 김치가 김치인지, 젓갈인지 궁금할 때가 있다. 김치나 젓갈이나 모두 발효식품이다. 서양의 피클은 식초에 채소를 넣어서 발효, 숙성시킨 것이다. 우리 음식에도 초절임이 있다. 바로 초채醋菜다. 여름철 오이소박이 등도 사실은 짧은 시간 삭힌 초절임, 피클인 셈이다.

한반도 김치의 특징은, 여러 가지 요소들을 섞어 넣고 잘 삭혀서 먹는 것이다. 생선을 넣고, 더러는 고기를 넣기도 한다. 어느 김치나 여러 종류의 채소를 넣는다. 이렇게 다양하게 재료를 사용한 김치는 전 세계적으로 드물다. 서양의 피클, 일본의 오신코(츠케모노), 중국의 자차이 등 여러 삭힌 음식들은 그 깊이와 넓이에서 한반도의 김치를 따라오지 못한다.

34 ___ 잡채

정작 채소는 빠진
'여러 가지 채소 모듬'이 슬프다

 임진왜란이 막 끝났다. 광해군이 왕위를 물려받았다. 가난한 나라의 임금이다. 도성 내 모든 궁궐이 무너졌다. 임금의 거처도 마땅치 않다. 겨우겨우 전세살이로 들어간 곳이 월산대군의 사저였다. 살 곳이 마땅치 않은 판에 먹을거리라고 넉넉했을까?

 '잡채상서雜菜尙書'라는 표현은 그래서 나왔다. 임금에게 잡채를 올리고 높은 벼슬을 얻었다는 뜻이다. 잡채만 있었으랴? '김치정승(침채정승沈菜政丞)', '사삼각노沙蔘閣老'도 있었다. '사삼'은 더덕이다. 김치, 더덕 반찬을 바치고 높은 벼슬을 얻었다는 뜻이다. '사삼각노'는 광해군 때 판중추부사를 지낸 한효순이고 '잡채상서'는 호조판서를 지낸 이충李沖이다. 고위직들이다.

 이충에 대해서는 말들이 많았다. 우선 출신 성분이 좋지 않다. 할아버지 이양李樑은 이른바 권간權奸으로 명종 시절 탄핵받았던 인물이다. 간신의 자손이니 벼슬길이 힘들다. 그런데도 호조판서까지 하고 사후 우의정으로 추존되었다. 벼슬길 내내 말이 많았다. 할아버지 이양과 이충은 안티 세력이 많았다. 명종, 선조, 광해군 시대의 기록을 보면 군데

경북 영양 "음식디미방"의 잡채다. 약 10여 종류의 채소와 더불어 꿩고기를 중간에 놓았다. 장계향의 《음식디미방》(1670년경 저술)에 나오는 바로 그 잡채를 재현한 것이다. 여러 가지 채소를 한 그릇에 담아 비벼 먹는 음식은 흔하지 않다. 당면 잡채는 이런 원형 '잡채'를 사라지게 했다.

군데 이충과 조부 이양이 "속이 좁은 소인배이며, 권문세가에 줄을 대고, 지방 관리로 있을 때 탐학했다"는 탄핵이 줄을 잇는다. 이충에 대해서 안티 세력들이 들고나온 것이 바로 '잡채상서'였다. 실력도 없으면서 잡채 바치고 벼슬을 얻었다는 내용이다. '잡채상서 이충'에 대해서는 《상촌집》이나 《연려실기술》 등에도 그 내용이 나온다. 사실 여부와 관계없이 조선 중, 후기에는 이 이야기가 광범위하게 퍼져 있었음은 알수 있다.

광해군은 이충의 집안에서 반찬 등 음식이 오지 않으면 숟가락을 들지 않았다고 전해진다. 먹을 것이 없어서 그랬는지 아니면 이충 집안의 음식 솜씨가 좋았는지는 알 수 없는 노릇이다. 나물, 김치, 더덕 등 흔한 재료를 사용했음을 보면 진기한 재료보다는 음식 솜씨 때문이었을 가능성이 높다.

'잡채雜菜'는 1670년경 저술된 안동 장 씨 할머니의 《음식디미방飮食知味方》에 상세한 레시피가 나온다. 오이채, 무, 참버섯, 석이버섯, 표고버섯, 송이버섯, 숙주나물, 도라지, 마른 박고지, 냉이, 미나리, 파, 두릅, 고

사리, 시금치, 동아, 가지 등이 재료다. 고기는 꿩고기를 사용한다. 재미있는 것은 이 레시피의 마지막 부분이다. "이 모든 식재료는 반드시 가지가지 것을 다 쓰라는 말이 아니고 구할 수 있는 것으로 있는 대로 하여라"라고 적었다.

잡채는 말 그대로 '여러 가지 채소 모둠'이다. 딱 정해진 재료는 없다. 구할 수 있는 여러 채소를 구해서 만들면 잡채다.

잡채는 일제강점기 초기 환골탈태한다. 당면唐麵은 녹말가루로 만든 국수다. 우리는 중국을 '호胡' 혹은 '당唐'으로 불렀다. '호'는 청나라, 오랑캐 등 부정적인 면이 강하고 '당'은 긍정적인 냄새가 강하다. 호빵, 호떡은 오랑캐, 청나라 산이라는 느낌이 강하고 당면은 긍정적인 '중국산'이라는 느낌을 준다.

당면은 1910년대 중국에서 건너왔다. 중국인, 일본인들이 당면 공장을 운영하다가 어느 순간 사리원의 한국인들이 당면 공장을 세웠고 업계의 선두자리를 차지했다.

동아일보 1933년 10월 1일자 기사에는 "사리원 동리의 당면창고(주인 양재하)가 전소했다. 화재 원인은 별관에 머물던 종업원들의 실화, 손해액은 1천 원 상당"이라는 내용이 있다. 1935년 2월의 기사에는 "한반

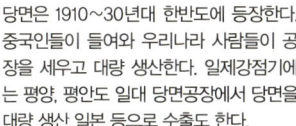

당면은 1910~30년대 한반도에 등장한다. 중국인들이 들여와 우리나라 사람들이 공장을 세우고 대량 생산한다. 일제강점기에는 평양, 평안도 일대 당면공장에서 당면을 대량 생산 일본 등으로 수출도 한다.

도의 당면 생산량이 60만 근인데 대부분 일본 도쿄, 오사카 등으로 수출한다. 우리 당면이 중국산보다 질이 좋다"는 내용도 있다. 해방 후에도 "서울풍국제면소의 당면이 대용식량으로 공급된다"는 내용도 있다 (1946년 3월 18일, 동아일보).

당면은 일본인들이 만든 공장 대량 생산 간장과 더불어 잡채에 스며든다. '당면잡채'다. 궁중음식도, 우리 음식도 아니다. 나라가 망하고 난 후에 들어온 식재료, 당면이 주인 노릇을 하는 당면잡채는 한식의 아름다움을 살린 음식은 아니다. 채소 맛으로 먹어야 할 잡채가 당면과 조미료, 감미료 범벅의 간장 맛으로 먹는 음식이 되었다. 이제 만나기 힘든 '채소 모둠 잡채'는 경북 영양군의 "음식디미방 기념관"에서 예약하고 만날 수 있다.

못다한 이야기

누구나 그렇듯이 어린 시절 잡채를 굉장히 좋아했다. "잡채 빠진 잔치는 잔치가 아니라"는 말에도 동의한다. 짭조름하고 달싹한 당면 맛은 기가 막혔다.

음식 공부를 하면서 '잡채雜菜'의 의미를 새롭게 알았다. 잡채는 "여러 가지 채소 모둠"이다. 오늘날의 잡채에도 채소는 있다. 시금치, 당근 등이다. 주인과 객이 바뀌었다. 주인은 당면이고 채소는 보조. '당면잡채'는 1910~30년대 시작된 음식이다. 조선의 궁중에는 있었을 리 없다.

《음식디미방》을 읽고 경북 영양의 "음식디미방"에 가서 잡채를 봤다. 잡채가 여러 가지 채소 모둠이라는 사실을 재확인했다. 오늘날 잡채는 '당면잡채'다. 당면잡채가 나쁘다는 뜻이 아니다. 단맛, 감칠맛이 최고의 맛이라고 여기는 세상이다. 단맛과 조미료의 감칠맛만 남고, 아주 좋았던 '여러 가지 채소 모둠'의 나물 맛이 사라졌음이 아프다.

35 ___ 귤

어찌 맛있다고만 말하랴?
술잔으로 만들면
그 향에 취하는 것을!

재미있다 하기엔 심각하고, 심각하다고 말하기엔 귀엽다. 제주에서 황감(귤)이 진상되면 궁궐에서는 과거를 치렀다. 황감제다. 정조 3년(1779년) 12월의 황감제에서 황당한 일이 일어난다. "감귤을 나눠줄 적에 매우 혼잡스러웠다"고 단순하게 기록했지만 단순하지 않다. 과거 보러온 선비들이 서로 귤을 받겠다고 분탕질을 쳤다. 처음도 아니다. 숙종 25년(1699년)에도 '과거장 황감 탈취사건'이 있었다. "감귤을 나눠줄 때 유생들이 앞다투어 탈취했기 때문에 분란이 일었다. 이번에는 전일보다 더 극심하다. 명색이 선비들인데 임금의 하사품이 중한 줄 모르니 괴이하고 한심하다." 황감제에서 점잖은 선비들이 귤을 더 받겠다고 분탕질 친 일이 매우 잦았음을 알 수 있다. 처벌은 엄했다. 중죄로 다스렸다. 정조 때는 성균관 대사성과 과거장 담당 승지가 파직된다. 귤 때문에 국립대학 총장급(성균관 대사성)이 파직된 것이다. 분탕질을 친 과거 응시자들은 '과거 응시 제한 조치'를 받았다.

귤은 귀한 과일이었다. 고려시대에도 이미 대마도, 제주도의 귤이 개성으로 올라온다. 고려 선종 2년(1085년) 2월에 "대마도에서 감귤을 바

미스터리다. 조선시대 과거 시험장에서 선비들이 '과거시험 응시 제한' 조치까지 받으며 난동을 부렸다? 점잖은 선비들이 귤을 먹고 싶어서 그랬을까? 귤은 효도의 상징이다. 귀한 것이고 더불어 '육적회귤'의 고사도 있다. 귤은 효도의 상징이다. 먹고 싶어서일까, 아니면 부모님께 드리려 했을까? '선비들의 과거 시험장 귤 탈취 사건?' 여전히 궁금하다.

쳤다"는 기록이 있다(동사강목). 조선 태종 18년(1418년)에는 일본 대마도 좌위문대랑이 황감柑子 320개를 바쳤다는 왕조실록의 기록이 있다. 벼슬 이름(좌위문대랑)과 감귤의 숫자까지 정확하게 기록했다. 교산 허균은《도문대작》에서 귤의 종류를 금귤, 감귤, 청귤, 유감, 감자, 유자 등으로 상세하게 나누고 그 맛에 관해서도 설명했다.

귀한 과일이니 귀하게 사용했다. 고려 말 도은 이숭인(1347~1392년)은 팔관회에 참석, "자줏빛 술을 '귤배橘杯'에 부어 마시니, 그 향기가 자리에 가득하다(도은집 3권)"고 노래했다. 귤배는, 귤을 반으로 가른 껍질이었을 것이다. 귤껍질로 술잔을 만들어 그 향기를 취했음을 알 수 있다. 조선전기의 문신 성현은 시에서 "(귤껍질은) 고기와 같아서 씹으면 단맛이 나고, 꿀에 재워 음료로, 술로 빚어서 마셔도 향과 맛이 뛰어나다"고 노래했다. 마른 귤껍질(진피陳皮)을 이용한 차는 조선시대 내내 주요한 약재로 사용되었다. 궁중에서도 귤껍질에 인삼을 더한 삼귤차蔘橘茶와 생강을 더한 강귤다薑橘

茶 등을 늘 가까이 두었다.

　조선시대 귤은 임금의 은혜와 효도의 상징이었다. 중국 삼국시대 오나라 육적이 6살 때 원술을 만나 귤을 얻었다. 인사를 마치고 나오는데 소매에 담았던 귤이 떨어졌다. "왜 귤을 숨기는가?"라는 질문에 "어머님께 가져다 드리려 한다"고 대답했다. '육적회귤陸績懷橘'의 고사다. 이후 귤은 효도의 상징이 된다.

　성종은 늦은 밤, 홍문관에 있던 문신 성희안에게 술과 귤을 하사한다. 성희안이 술에 취해 인사불성이 되고, 소매 안의 귤이 떨어진다. 다음 날, 성종이 성희안을 불러 귤을 한 쟁반 내린다. "어젯밤 그대 소매 속의 귤은 어버이에게 드리려 한 것이리라. 그 때문에 다시 주는 것이다(해동잡록 4권)."

　정작 귤의 산지 제주도는 고통이 심했다. 세종 9년(1427년) 6월, 제주도 찰방 김위민이 상소를 올린다. 귤 관련 제주 관청의 악행이다. "귤나무를 일일이 세어 장부에 기록하고, 열매가 맺을 만하면 열매숫자를 기록한다. 그 집 주인이 귤을 따면 절도죄로 몬다"고 했다. 세조 역시 "민가의 귤 하나하나에 표지를 달고, 손실이 나면 다른 물품으로 세금을 걷는다. 너무 힘드니 민가에서 귤나무를 뽑아버리는 일도 있다(세조 1년, 1455년)"고 했다. 견디다 못한 제주 사람들이 귤나무에 뜨거운 물을 부어 나무를 죽이는 일도 잦았다.

　궁중에서도 손을 놓고 있지는 않았다. 태종 12년(1412년)에는, 조정 관리를 제주로 보내 감귤나무를 순천 등 바닷가 마을에 옮겨 심게 했고 이듬해에도 감귤나무 수백그루를 전라도 바닷가에 옮겨 심었다. 그러나 실패. 20여 년 후인 세종 20년(1438년)에는 '강화도로 옮긴 귤나무'

이야기가 등장한다. 추운 지방이니 보온이 필요하다. 높이가 10척이 넘는 나무를 구해서 집을 지었다. 담을 쌓고 온돌을 만들어 귤나무를 보호했다. 이듬해 봄에는 또 이 집을 허문다. 귤나무는 제대로 자라지 않고 민간의 근심거리만 늘어나니 폐지하자는 주장이다.

귤은 향기롭지만 귤을 얻는 방법은 힘들었다. 귤을 운반하던 관리가 풍랑을 만나 표류하여 오키나와로 가거나 심지어는 중국으로 표류, 쑤저우蘇州까지 간 경우도 있었다. 5개월이나 늦었으니 공물 청귤은 다 상했다(왕조실록 정조 2년, 1778년 8월 5일).

못다한 이야기

개인적인 고백이다. 귤을 한꺼번에 50개 정도 먹어본 적이 있다. 비교적 작은 것이긴 했지만. 어쨌든 과일을 좋아하고 그중에서도 귤을 아주 좋아한다. 닮았는지 아들 녀석도 귤을 좋아한다. 중학생 무렵, 한겨울에 귤을 무지 먹더니 어느 날 얼굴이 약간 노래지고 손에도 노란 끼가 남았다. 화들짝 놀라서 '귤 금지령'을 내렸다.

음식은 향이 70%, 맛이 30%라고 말하는 이들도 있다. 코로 냄새를 맡는다. 입과 코, 귀는 연결되어 있다. 입안 음식물도 코로 냄새를 맡는다.

음식의 냄새, 향은 상당히 중요하다. 고려, 조선시대 선조들은 귤의 향을 이야기한다. 우리는 귤의 맛을 이야기한다. 덕분에 향은 없거나 연하고 맛만 도드라지는 귤들이 많아졌다. 귤의 향이 그립다.

36 ___ 인삼

인삼人蔘은 산삼山蔘이고
홍삼紅蔘은 인삼人蔘을 가공한 것이다?

"인삼人蔘은 늘 조선에서 오는데, 조선에 어찌 그리 인삼이 많습니까? 조선에서 오는 홍삼紅蔘은 심홍색으로 밝고, 윤이 나는데 산삼과 비교하면 어떻습니까?"

1855년(철종 6년) 12월 초. 북경에 간 조선 사신단의 종사관 서경순이 만난 중국 문인 주당周棠의 질문이다. 주당은 난초화로도 유명했다. 서경순이 답한다.

"예전에는 조선에 산삼이 많았으나 이제는 거의 없고 이름만 남았습니다. 산삼이나 종삼種蔘이나 빛깔이 희고 모양도 같습니다. 중국에 오는 인삼도 밭에 심는 것으로 여러 차례 찌고 말리면 빛깔이 저절로 붉

홍삼은 1996년부터 전매제가 폐지되었다. 일제가 홍삼 전매제를 시행했지만 조선시대에도 실제적으로는 인삼, 홍삼은 전매제였다. 조선왕조는 산삼, 재배 인삼, 홍삼 등을 국가가 관리토록 했다. 인삼 종류는 대 중국, 대 일본 주요 거래품목이었다. 외국으로 수출하는 것도 철저하게 관리했고 불법적인 거래에 대해서는 엄한 벌을 내렸다.

조선 후기에는 산삼과 재배 인삼을 두고 혼란이 일어난다. 우리도 혼란스러웠지만 중국인들이나 일본인들도 '조선 인삼'을 두고 혼란을 겪었다. 지금도 마찬가지. 산삼의 효능을 두고 여전히 설왕설래 말들이 많다.
중간 사진은 행사장에 전시한 '산삼'을 촬영한 것. 몇 년이나 묵었는지, 어느 정도 가격인지 정확히 알기는 힘들다.

고 윤택해집니다. 홍삼의 약효는 백삼白蔘보다 못하기 때문에 조선에서는 백삼을 사용하는데, 중국은 백삼 대신 홍삼을 취하니 그 뜻을 알 수 없습니다(몽경당일사 제3편)."

　서경순의 대답은 조선시대 인삼을 정확하게 설명한다. 19세기 중반에는 대부분의 인삼이 재배한 것들이었다. 홍삼은 수출용, 국내에서는 여전히 백삼을 사용했다. 산삼은 거의 사라졌다. 이 무렵 개성에서 인삼재배가 활발했다. 개성은 한양과 중국 국경을 잇는 중간 도시다. 개성에서 재배한 인삼을 홍삼으로 만들어 무역품으로 이용했다. 개성 인삼의 시작이다.

　인삼은 고려시대에도 귀하게 여기며 사용했다. 송나라 서긍은 《고려도경》에서 "어디나 인삼이 있으나 춘주春州(춘천지역) 것이 가장 좋다. 생삼生蔘과 숙삼熟蔘 두 가지가 있는데 생삼은 빛이 희고 무르다. 약에 넣으면 그 맛이 온전하나 여름을 지나면 좀이 먹는다. 보관용으로는 숙삼이 낫다. 모양이 평평한 것은 돌로 눌러 즙을 짜내고 삶기 때문이라 하지만, 그렇지 않다. 찐 삼의 뿌리를 포개서 만들기 때문에 그렇게 된 것이다"라고 했다.

　중국과 일본은 한반도 인삼의 주요 소비처였으나 인삼에 대해서는 잘 몰랐다. 말린 삼이 납작한 것을 두고 일본인들은 오랫동안 "조선 사람들이 삼의 진액을 다 뽑아먹고 겉껍질만 말렸기 때문"이라고 믿었다. 서경순이 북경에 간 19세기 중반에는 이미 자연산 산삼이 귀했다. 대부분이 재배 인삼을 쪄서 말린 홍삼이었다. 드물게 만나는 인삼이었으니 중국인들은 산삼 말린 백삼과 재배 인삼을 쪄서 말린 홍삼을 구별하기도 힘들었다. 홍삼은 색깔이 붉고 광택이 있으니 더 고급스러워 보였다.

원래 인삼은 대부분 자연산을 채취한 산삼이었다. 산삼 가공품에는, 한차례 찐 증삼蒸蔘, 껍질을 벗겨 말린 건삼乾蔘, 익혀서 색깔이 흰 백삼白蔘도 있었다. 《고려도경》에서는 춘천 일대 삼이 좋다고 했지만 경상도 산 나삼羅蔘을 진품으로 치기도 했고 조선시대에는 두만강, 백두산 일대의 강삼江蔘을 최고로 여겼다. 강원도 인제 일대의 기삼麒蔘이나 함경도, 평안도 일대의 북쪽 산악지대에서 나오는 북삼北蔘도 유명했다. 모두 산삼이다.

18세기 무렵 인삼재배와 홍삼이 시작된다. 홍삼은 인삼을 인공재배하면서 생긴 것이다. 대량생산된 인삼을 전문적인 증포소에서 찐 것이 바로 홍삼이다. 기존의 산삼 가공품과는 다르니 오해도 많았다.

'홍삼紅蔘'은 정조 21년(1797년) 6월 25일의 《조선왕조실록》에 등장한다. 정조가 말한다. "지금 홍삼이라는 '가삼假蔘'을 조작하여 외국에 파는 일이 잦다. 삼의 빛깔은 누르고 흰데 지금 붉다고 하는 것은 가짜로 만든 것이 아니고 무엇이겠는가? 가삼을 조작한 무뢰배가 있을 터인데 궁중에서도 모른 체하고 있다. 장차 외국 사람들에게 어떻게 설명할 것인가?"

'가삼假蔘'은 '가짜 삼'이다. 정조는 "홍삼은 가짜 삼"이라고 화를 냈지만, 불과 50년 후 조선 최대의 홍삼 무역상 임상옥이 나타날 줄은 몰랐다.

재배 인삼이 등장하기 전, 인삼(산삼)은 더 귀하고 소중한 약재였다. 인삼 밀매매, 밀무역은 사형으로 다스렸다. 숙종 26년(1700년)에는 왜인들과 인삼을 밀무역했던 동래 상인 김자원을 사형시켰다. 숙종 23년(1697년) 12월부터 이듬해 3월까지, 강계부사 신건의 '인삼 뇌물 사건'

으로 궁중이 어수선했다. 좌의정 윤지선을 비롯한 상당수의 중신들이 뇌물사건에 연루되었다. 탄핵이 줄을 잇고 "평소의 원한으로 지나치게 탄핵한다"는 '역 탄핵'도 등장한다. "저도 뇌물을 받지는 않았지만 '5냥의 인삼 선물 제안'을 받았기에 조사를 할 수 없다"는 이조판서 이세백의 '양심선언(?)'도 나온다. 인삼이 귀했기 때문이다.

못다한 이야기

우리가 아는 인삼과 '정조 이후'의 인삼은 다르다. 이전에는 산삼을 인삼이라 불렀고 정조 무렵부터 산삼과 더불어 재배 인삼도 인삼이라 부른다. 밭에서 인삼을 재배하면서 어느 순간 인삼은 모두 재배, 양식 인삼으로 바뀐다. 산삼은 귀하고 재배 인삼이 주류를 이룬다. 재배 인삼은 집에서 기른다고 가삼家蔘이라고도 불렀다. 가짜 인삼이라고 '가삼假蔘'이라고도 불렸다. 조선 후기 홍삼은 재배 인삼으로 만든 것이다. 이 홍삼이 대 중국 주요 수출품으로 자리한다.

재배 인삼, 가삼을 본 정조는 '가짜'라고 생각한다. 산삼만 보았기 때문이다.

조선도 인삼으로 혼란을 겪는 판에 조선에서 인삼을 수입했던 중국이나 일본은 더 혼란스러웠을 것이다. 예나 지금이나 인삼을 둘러싼 논란은 늘 뜨거웠고 지금도 뜨겁다.

37 ___ 미나리

그대 기억하는가,
'미나리 궁전'에서 공부하던 시절을?

죄는 사소해 보였다. 궁궐 세자궁 연못의 미나리가 거칠고 나빴다. 벌은 엄했다. 사옹방司饔房과 침장고沈藏庫의 벼슬아치들이 대거 중벌을 받았다. 사옹방은 국왕과 왕실의 음식을 챙기는 곳이고 침장고는 채소를 기르고 챙기는 곳이다. 《조선왕조실록》 세조 11년(1465년) 5월의 기록이다. 침장고 벼슬아치 세 명이 장 70대와 100대를 맞았다. 침장고 별좌, 사옹별좌 세 명이 파직罷職되고, 환관 1명은 군대에 배속되었다.

세조는, "처음에 세자궁 앞에 미나리芹를 심은 것이 심히 아름다워서 바치게 하였는데 나중에 보니 엉망이었다"고 질책한다. 승정원에서 실무자는 중벌에 처하고, 관리책임자인 사옹, 침장고 제조까지 책임을 물었다. 내용 중에, 질 나쁜 미나리를 바치는 것은 "윗사람을 업신여기는 마음이 있는 것"이라는 표현이 나온다. 미나리는 각별한 의미를 지닌 채소다.

요즘 드라마에 반촌泮村이라는 표현이 자주 나온다. 성균관 주변에서, 학생들의 살림살이를 돌보는 사람들이 사는 마을이다. 성균관은 작은 연못으로 둘러 쌓여있다. 성균관의 주요 건물은 공자를 모신 사당, 대성전大成殿이다. 성균관의 유생들은 조선을 지탱하는 소중한 이들이었다. 성균관은 물泮水로 둘러싼 궁전, '반궁泮宮'이다. 성균관의 모델인 중국의 태학을 본뜬 것이다. 성균관 주변의 연못에는 반드시 미나리를 심었다. 미나리는 충성과 겸양의 상징이다. 성균관을 미나리 궁전, '근궁芹宮'이라고도 불렀다.

중국 기록《열자》(양주 편)에 미나리가 등장한다. 미나리를 바치는, 헌근獻芹의 고사다. "어떤 시골 사람이 자신이 먹어본 미나리 맛을 좋게 여기고는, 이것을 임금님에게 바쳤다"는 내용이다. 하찮고 소박하지만 자신이 좋게 여긴 것을 굳이 윗사람에게 바친 깊은 정성과 겸양을 뜻한다. 신라 말기 최치원의《계원필경》에도 '미나리를 바치는 깊은 성의獻芹之誠'가 등장한다. 우리도 오래전부터 미나리를 가까이했음을 알 수 있다.

미나리는 향이 좋다. 고기를 구울 때, 봄철의 향기로운 미나리를 더하면 미나리의 향기가 고기에 배어 맛을 더한다.

고려 말의 문신 가정 이곡(1298~1351년)은 《가정집》에서 "미나리와 마름풀이 반수에 넘친다"고 노래했고 아들 목은 이색 역시 《목은시고》에서 "미나리 먹고 햇볕 쬐던 늙은 시골 농부"라는 표현을 사용했다. 조선시대 초기까지도 미나리는 배추보다 더 흔하게 사용한 채소였다.

이웃 일본도 마찬가지. 세종 29년(1447년) 6월, 일본 이키一岐의 사신이 토산물과 더불어 조선을 찾는다. 예조가 전하는 일본 이키의 문서에 "작년에 황후(소헌왕후)가 승하하셨으나 이키(이키시마)에도 상이 있어 이제야 경박한 물건으로써 올리는 정성獻芹之誠을 표시하옵니다"라는 부분이 있다. 미나리는 한중일 모두 흔하게 사용했다.

조선시대에는 '미나리芹'가 성균관의 '아이콘'이었다. "미나리를 캔다采芹"는 표현은 "성균관에서 공부한다"는 뜻이다. 순조 26년(1826년) 1월의 기록에는 '근당芹堂' '반궁泮宮' '반장泮長'이 등장한다. 근당은 명륜당을, 반장은 성균관의 책임자인 대사성大司成을 뜻한다. 모두 연못, 미나리와 관련이 있다. 임금에게 올린 정책집을 《헌근록獻芹錄》이라 부르기도 했다(미암집).

미나리는 흔하지만 귀하게 사용했다. 제사에도 미나리김치(근저芹菹)를 사용했고 종묘에 올리는 음식에도 미나리(수근水芹)는 있다. 정조 10년(1786년) 5월, 의빈 성 씨 소생의 문효세자가 다섯 살에 죽었다. 제사 음식에 침채沈菜(김치), 익힌 나물(숙채熟菜)과 더불어 미나리생나물(수근생채水芹生菜)가 있다. 중국 측 기록에는 당나라의 명재상 위징魏徵(580~643년)이 '미나리초무침'을 좋아해서 한꺼번에 세 접시를 먹었다는 내용이 있다. 조선시대에도 복국을 먹을 때 반드시 미나리를 곁들였다. 조선 초기 문신 서거정은 《사가집》에서 "아침에 푸른 골짜기의 향기로운 미나리를 캐다가 국을 끓인다"고 했다.

　미나리는 '경제작물'이기도 했다. 다산 정약용은 《경세유표》(정전의井田議)에서 "왕골과 미나리를 심었을 경우 그 이익을 벼와 비교하면 두어 갑절 된다. 그러므로 1등 세율에 따라야 한다"고 했다. 다산은 스스로 미나리를 길렀다. 《다산시문집》(제5권)에 "금년에 처음 미나리 심는 법을 배워/ 성안에서 채소 사는 돈이 들지 않는다네"라고 노래했고 조선 중기의 문신 동계 정온도 "자그마한 창문 앞 좁은 땅을 얕게 파고/ 웅덩이에 물 가두고 미나리를 심었다"고 했다(동계집).

못다한 이야기

미나리는 허브 식물이다. 향기가 강하다. 해가 되지 않고 향기가 강한 식물을 먹지 않을 이유는 없다. 기록상에 늦게 나타날 뿐이지 우리 선조들도 일찍부터 미나리를 먹었을 것이다.

음식점이나 식재료에 대한 스토리텔링이 흔하다. 웬만한 식재료, 음식은 모두 "예전에 왕이 드셨던 것"이라고 홍보한다. 미나리에 대한 스토리텔링은 드물다. 안타깝다. 미나리야말로 스토리텔링 소재가 가장 많은 식재료 중 하나다.

지금도 남아 있는 성균관은 중국 태학을 본떠서 건물 둘레에 연못을 팠다. 그 연못에는 충성의 상징인 미나리를 심었다. 이 이상의 스토리텔링은 드물다. 그런데 아무도 이런 스토리텔링은 하지 않는다. "미나리 먹고 미쳤나?"라고 노래 부를 때가 아니다. 미나리는 흔하지만 귀하게 취급된 식재료였다.

38 ___ 상추

수나라 사람들이 천금을 주고 사들이니 고구려 상추는 천금채라

한치윤(1765~1814년)의 《해동역사》에 '상추의 역사'가 등장한다.

"고려국의 사신이 오면 수隋나라 사람들이 채소의 종자를 구하면서 대가를 몹시 후하게 주었으므로, (그로) 인하여 이름을 천금채千金菜라고 하였는데, 지금의 상추다. 살펴보건대, 와거는 지금 속명이 '부로'이다."

'와거萵苣'는 상추의 옛 이름이다. 민간에서는 '부로' 혹은 '부루'라 불렀다. '부루'라는 이름은 지금도 사용한다.

한치윤은, 청나라 문신 고사기高士奇(1645~1703년)가 쓴 《천록지여天祿識餘》를 인용하여 상추를 설명한다. 어색한 부분도 있다. 수나라와 거래를 한 나라면 고려가 아니라 '고구려'였을 것이다. 중국인들은 흔히 고려, 고구려, 구려 등을 혼동한다.

그 이전의 중국 측 기록에도 상추는 등장한다. 송나라 팽승彭乘(985~1049년)의 《묵객휘서墨客揮犀》에서는 "와채萵菜는 와국萵國에서 왔으므로 그렇게 이름한 것이다"라고 했다. '상추 와萵'는 '고高'와 비슷하다. 혼동이 있었을 가능성은 있다. '와국'이라는 나라는 없다. 북송北宋 때 사람인 도곡陶穀(?~970년)이 쓴 《청이록清異錄》에는 상추를 두고, "고국高

상추의 또 다른 이름은 '부루'다. 지금도 북한에서는 부루라고 부른다는데 아마 예전 이름이 그대로 남았기 때문일 것이. 상추쌈을 먹을 때 눈을 부릅뜨기 때문에 '부루'라고 한다는 말은 그저 귀여운 농담이다.

國으로부터 왔다"고 분명히 적었다. '외국'은 '고국'이고 바로 고구려다.

어느 설이 맞든, 고구려에서 상추가 시작되었다는 뜻은 아니다. 고구려 시절부터 우리는 상추를 먹었다, 고구려의 상추가 좋았다, 그 씨앗을 중국인들이 비싼 값을 주고 샀다는 뜻이다. 상추는 페르시아에서 시작되어 유럽, 중국을 거쳐 한반도에 전해졌다는 것이 정설이다. 한반도의 채소류 중 더러 중국인들의 주목을 받는 것들이 있다. 고구려 시절에는 상추가 그러했다는 뜻이다.

폭군 연산군은 폐위 1년 전인 연산군 11년(1505년) 3월, '가당찮은' 명령을 내린다. "궁궐로 올리는 채소들은 모두 뿌리째 싱싱하게 가져오라. 뿌리에 흙을 얹어 마르지 않도록 하라." 교통이 불편한 시절에 채소를 싱싱한 채로 가져오는 것은 불가능하다. 결국 한양 도성에 도달하면 대부분 말라 죽으니, 돈을 주고 도성에서 사는 수밖에 없다. 더하여, 경기감사에게는 특별히 "순채, 파, 마늘, 상추를 올리라"고 명한다. 신선한 채소와 생선 등은 주로 한양 근교 경기도에서 구했다. 콕 집어서 상추를 이야기했다. 연산군은 상추를 비롯한 '채소 마니아'였던 모양이다.

연산군뿐만 아니라 민간에서도 상추를 즐겨 먹었다. 대표적인 음식이 상추쌈이었다.

조선 말기 양명학자 이건승(1858~1924년)은 "상춧잎은 손바닥 같고, 된 고추장은 엿과 비슷하네. 여기에 현미밥 쌈을 싸 급하게 열 몇 쌈을 삼키니, 이미 그릇이 다 비었네. 이것은 입을 속이는 법. 부른 배를 만지고 누웠으니, 맑은 바람이 불어온다"고 했다. '입을 속인다'는 표현은 "나이가 들면서 고기를 먹고 싶으나 채소로 입을 속여 맛있다고 여긴다"는 뜻이다. 비슷한 시기의 김윤식(1835~1922년)도 《운양집》에서 "중국에서는 4월에 상추로 밥을 싸 먹는 것을 '타채포打菜包'라고 한다. 우리나라 풍속에도 상추쌈을 싸 먹는 일이 있다"고 했다.

'상추를 먹으면 잠이 온다'는 사실도 일찍부터 알고 있었다. 다산 정약용은 《다산시문집》에서 "상추는, 먹으면 잠을 부르지만 빼놓지 않고 먹어야 할 채소"라고 했다. 거꾸로 상추 때문에 잠을 줄이는 일도 있었다. 옥담 이응희는 《옥담사집》에서 "상추는 들밥을 내갈 때나 손님 대접할 때 늘 준비한다"고 적고 "상추 때문에 잠을 줄일 수 있는데, 이른 새벽에 파종해야 하기 때문"이라고 했다.

조선시대에는 상추를 약용으로도 사용했다. 《산림경제》에서는 뼈가 부러지거나 힘줄이 끊어졌을 때는 상추 씨앗을 살짝 볶은 다음 가루를 내서 술에 타 먹으면 힘줄, 뼈 등을 쉽게 붙일 수 있고, 궤짝 안의 옷을 좀먹지 않게 하려고 단오일의 상춧잎을 궤 속에 넣는다고 했다.

성종 때 호조참의를 지낸 신수근은 어린 시절 귀 뒤에 생긴 종기를 평생 달고 살았다. 성종이 내약방內藥房을 불러 신수근의 종기를 치료한다. 내용은 "황국사黃菊沙, 임하부인林下婦人, 와거경萵苣莖을 고운 가루로 만들어 꿀에 타서 종기 부분에 붙이라"는 것이다. 임하부인은 으름이고 와거경은 상추 줄기다. 황국사가 무엇인지는 정확지 않다(조선왕조실록). 조선시대 치료법을 믿고 따르기는 힘들다. 품종도, 물론, 전혀 다르다.

못다한 이야기

쌈을 쌀 때 가장 많이 사용하는 채소는 상추다.

쌈은 특이한 음식이다. 만두는 곡물가루로 고명 등을 싸는 음식이다. 중국의 만두, 포자, 교자나 남미의 타코, 브리또, 이탈리아의 칼조네, 라비올리, 베트남의 춘권 등은 모두 만두의 일종이다. 쌈은 채소를 겉껍질로 밥, 채소, 고기, 생선, 각종 장류 등을 넣고 싼 것이다. 만두와 형태는 비슷하지만 내용은 아주 다르다.

만두를 먹지 않는 민족은 드물지만 쌈을 먹는 민족도 드물다. 쌈은 한국에서 널리, 깊게 발전했다. 상추쌈을 먹을 때는 누구도 자신이 얼마나 망가지는지 걱정하지 않는다. 쌈은 한국 고유의 음식 중 하나다. 중국에 타채포가 있었다지만 이제 사라졌다. 한국형 쌈은 넓은 의미에서 '비비지 않은 비빔밥'이다. 미처 비비지 않았지만 내용물은 비빔밥과 비슷하다. 비빔밥과 마찬가지로 '섞임의 음식'이다.

39 ___ 부추

산중의 채소 중에서
봄 부추가 가장 맛있더라

흔하다. 우리 땅 어디에서나 쉽게 볼 수 있다. 가난한 선비의 밥상, 술상에 흔하게 올랐다. 귀하다. 궁중의 제사상에도 오른다. 이른 봄, 가장 먼저 종묘에 천신한다. 부추 이야기다. 부추는 '구韮' '구韭' 혹은 '구채韭菜'라고 불렀다.

다산 정약용의 《다산시문집》(5권)에는 "누가 알겠는가, 유랑의 부엌에서/ 날마다 '삼구반찬' 마련하는 것을"이라는 시 구절이 있다. '유랑'은 중국 남제南齊의 선비 유고지(441~491년)다. 평생을 청빈하게 살았다. '삼구 = 3×9'는 '27'이다. '삼구반찬'은 스물아홉 가지의 반찬이다. "누가 유랑더러 가난하다고 하는가. 밥상에 반찬(어채魚菜)이 27가지나 되는 걸"이라는 시구도 있다. 27가지 반찬은 당연히 화려하다. 가난한 선비 밥상의 반찬으로 어울리지 않는다. 유고지는 가난했다. 밥상에는 부추로 만든 반찬 세 가지가 올랐다. 날 부추, 삶은 부추, 부추김치다. 세 가지 부추반찬은 삼구三韭다. 구韭는 구九와 음이 같다. '3×9 = 27'로 말장난을 한 것이다. 고려나 조선의 선비, 사대부들은 '유고지의 부추반찬 3가지'를 늘 기억했고 자주 글에 인용했다.

예나 지금이나 부추를 먹는 방식은 많이 바뀌지 않았다. 날 부추, 삶은 부추, 부추전, 부추김치 등이다. 사진은 부추를 썰어 넣는 부추비빔밥이다. 예전 기록에 정확히 나타나지는 않지만 부추비빔밥을 피했을 이유는 없다. 오히려 흔하게, 자연스럽게 먹었으니 기록에 남지 않았을 것이다.

또 다른 이야기도 있다. 조선 초기 문신 서거정(1420~1488년)은 "그대 보지 못했는가? '주옹周顒(출생, 사망 미상)'의 이른 봄 부추와 늦가을 배추를"이란 시구를 남겼다(속동문선). 주옹도 중국 남제 사람이다. 그가 산중에 있을 때, 문혜태자가 "산중의 채소 중에는 무엇이 가장 맛있는가?"라고 물었다. 주옹은, "이른 봄 부추와 늦가을 배추가 가장 맛있습니다"라고 대답했다. 조선시대 기록 여기저기에 '이른 봄의 부추와 늦가을의 배추'가 자주 등장한다.

고려 말의 문신 목은 이색은 《시경》을 인용, "이월 초하루 이른 아침엔, 양 잡고 부추나물로 제사한다"고 했고, 시집 《목은시고》에서 "부추나물은 푸르고 또 푸르며, 떡은 색깔이 노란데/ 조석으로 잘게 씹어 먹으니 맛이 좋다"라고 했다. 부추는 제사에 쓸 만큼 귀한 식재료이면서 한편으로는 떡을 먹을 때도 곁들여 먹었음을 알 수 있다.

조선의 궁중에서도 초봄의 제사에 부추를 소중하게 사용했다. 제사 절차 등을 기록한《사직서의궤》에서는 제사 음식으로 청저(무김치), 근저(미나리김치)와 더불어 구저韭菹(부추김치)를 사용한다고 적었고,《세종오례의》에서도 "(제사상의) 첫째 줄에 부추김치를 놓고 무김치가 그다음이며, 둘째 줄에 미나리김치를 놓는다"고 했다. 조선 중기의 문신 김장생(1548~1631년)도《사계전서》에서 "봄에는 부추를 천신하고, 여름에는 보리, 가을에는 기장, 겨울에는 벼를 천신한다. 부추는 알卵과 더불어 천신한다"고 했다.

흔히 궁중에서는 귀한 궁중음식을, 마음껏 먹었다고 믿지만 그렇지 않다. 흔하지만 제철에 나는 부추도 늘 귀하게 여겼다. 부추든 다른 채소든 계절별로 가장 먼저 나오는 식재료 중 으뜸인 것을 가장 먼저 제사상에 올리거나 천신했을 뿐이다. 조선 후기 문신 심조(1694~1756년)는 문집《정좌와집》에서 "봄에는 (제사상에) 부추를 올린다. 그 의미는 정확히 알 수 없으나 (부추를) 곡식 대신으로 사용한다. 옛사람들이 부추를 얼마나 중히 여겼는지 알 수 있지 않은가?"라고 적었다. 부추는 귀한 곡물만큼 귀한 존재였다.

다산 정약용은 유배지인 전남 강진에서 아들 학연에게 보낸 편지에서 '부추 베는 법'을 자상하게 이른다. "(부추 등 채소를) '뜯는다(도掐)'는 것은 줄기를 절단하는 것을 이른다. (부추를 낮에 베지 않는다고 말하는데) 한낮에 부추韭를 자르면 칼날이 닿은 곳이 마른다. 부추를 기르는데 해로우니 텃밭을 일구는 사람들이 꺼릴 따름이지 먹는 사람에게 해가 있어서가 아니다(다산시문집)."

부추는 환자의 건강식, 혹은 치유식으로도 사용하였다. 인조 24년

(1646년) 5월 19일의 기록에는 중환인 중전에 대한 음식, 약물 처방 내용이 실려 있다. "술시에 저녁 수라를 조금 올렸는데 연근채蓮根菜와 구채韭菜도 약간 올렸습니다"라는 내용이다. 이틀 후인 5월 21일의 기록에도 "오늘 이른 아침에 구채죽韭菜粥 한 종지를 다시 올렸습니다"라는 내용이 있다(승정원일기). 부추는, 궁중에서 제사에 사용하거나 죽, 채소 반찬 등으로도 널리 사용했다.

도교, 불교의 '오신채'는 조금씩 그 내용이 다르지만 부추는 늘 포함되었다. 제사를 모시기 전에는 냄새가 심하게 나는 부추는 금기 식품이었다. 물론 제사상에는 부추가 있었을 터이다.

못다한 이야기

봄 부추는 약藥이다. 특히 이른 봄 처음 대지를 뚫고 올라오는 부추는 말 그대로 약이라고 들었다.

부추는 게으름뱅이 풀이라고도 부른다. 약간 에로틱한 이야기가 있다. 부추를 많이 먹으면 안방 문이 열리지 않는다는 것이다. 부추를 먹으면 정력이 세지고, 정력이 세지면 부인을 바깥으로 내보내지 않는다는 이야기다. 안방 문을 걸어 잠그고 뭘 하는지는 각자의 상상에 맡긴다.

개인적으로 부추를 좋아한다. 특히 부추전을 아주 좋아한다. 특유의 향이 있고 식감, 맛이 모두 좋다.

전라도 사투리로는 '솔'이라 하고, 경상도 사투리로는 '정구지'라 부른다. 솔 혹은 정구지라고 하면 서울 토박이 혹은 북한 실향민들은 알아듣지 못했다. 부추라는 이름을 알지 못해서 북한 실향민이 주인인 하숙집에서 '정구지 전'을 얻어먹지 못했다. 옆방의 호남 출신 학생은 내가 보여준 정구지를 보고 "아, 솔"이라고 했다. 역시 하숙집 주인은 눈만 멀뚱멀뚱했다. 경상도식 정구지 전은, 밀가루를 최대한 절제하는 것이다. 정구지만 가득한 것이 경상도식 정구지 전이다.

40 ___ 수박

하얀 속살은 마치 얼음 같고
푸른 껍질은 빛나는 옥 같다

그럴듯하지만 아리송하다. '수박의 한반도 전래'에 대한 이야기다. 교산 허균은 《성소부부고》에서 수박의 한반도 전래를 명확하게(?) 밝힌다. "수박은 고려 때 홍다구洪茶丘가 처음 개성에 심었다. 연대를 따져보면 아마 홍호洪皓가 강남江南에 돌아왔을 때보다 먼저일 것이다. 충주에서 나는 것이 상품인데 모양이 동과冬瓜(동아)처럼 생긴 것이 좋다. 원주 것이 그다음이다."

홍호(1088~1155년)는 중국 남송 시대 관리다. 홍다구(1244~1291년)는 고려 원종, 충렬왕 때 원나라가 고려를 지배할 때 앞잡이 노릇을 했던 이다. "홍다구가 개성에 수박 씨앗을 심은 것이 홍호가 강남에 돌아왔을 때보다 앞선다"는 허균의 말은 틀렸다. 홍호는 홍다구보다 1세기 이상 앞선 시대의 사람이다. 홍호가 수박을 봤을 리도 없다. 수박은 열대성 과일이다. 홍호는 금나라에 사신으로 갔다가 억류되었고 15년 후 남송으로 돌아왔다. 금나라는 북쪽에 있었던 유목민족의 국가다. '홍호의 수박 전래설'도 믿기 어렵다. 수박은 12세기경 서역에서 비단길을 통해 중국에 전해졌다고 추정한다. 고려에 전해진 것은 13세기, 홍다구에 의

해서일 가능성은 있다.

수박은 '서과西瓜'라고 불렀다. '서쪽에서 온 오이' 혹은 참외라는 뜻이다. 서쪽은, 중국을 중심으로 셈한 것이다. 오늘날 우루무치 일대와 그 서쪽, 서역을 가리킨다. 옥담 이응희는 수박을 두고, "서역에서 온 특이한 품종/ 언제 우리나라에 들어왔던가/ 녹색 껍질은 하늘빛에 가깝고/ 둥근 몸은 부처의 머리와 같다"고 했다(옥담사집).

'과瓜'는 오이류를 총칭하는 단어다. 허균이 말한 '동과'는 동아다. 지금은 많이 사용하지 않는 채소다. 박처럼 생겼으며 길쭉하다. 참외는 '진과眞瓜' 혹은 맛이 달다고 '첨과甜瓜'로 불렀다. 한치윤(1765~1814년)의 《해동역사》에서는 《고려도경》을 인용, "고려에는 능금, 복숭아, 배, 대추 등과 더불어 '과'가 있다"고 했다. '고려도경'의 '과'가 서과 즉, 수박일 가능성도 희박하다. 《고려도경》을 지은 송나라 사신 서긍이 고려에 온

우리가 지금 먹는 수박은 여러 차례 품종개량을 거친 것이다. 예전의 수박과는 전혀 다른 품종이다. 당도도 다르다. 수박은 중국 우루무치 지방에서 전래한 것으로 알려졌다. 고려시대에 전래되었다고 하지만 정확한 시기와 경로는 알려지지 않았다.

것은 1123년이다. 홍다구의 시대는 그 이후다.

　수박의 전래에 대해서는 고종 때 영의정을 지냈던 이유원의 말이 믿을 만하다. "수박은 원나라 초기 이미 중국 절강성 등에 있었다. 송나라 말기의 기록에도 서과가 나타난다. 송나라 사람 호교胡嶠(생몰미상)가 《함로기陷虜記》에서, '우루무치(회흘)에서 서과 종자를 구했다'고 했으니 송나라 때 서과는 천하에 널리 퍼졌다. 우리나라는 경기의 석산石山과 호남의 무등산, 평안도의 능라도에서 나는 것이 가장 좋으며, 씨가 검은색이다(임하필기)." 한반도 전래에 대한 정확한 설명은 없지만 '우루무치―중국 전래설'은 믿을 만하다.

　수박은 고려 말기에는 한반도에도 널리 전파되었다. 목은 이색은 〈수박을 먹다〉라는 시에서 "마지막 여름이 곧 다해 가니/ 이제 수박西瓜을 먹을 때가 되었다/ (중략)/ 하얀 속살은 마치 얼음 같고/ 푸른 껍질은 빛나는 옥 같다"고 했다(목은시고).

　조선 초기인 세종조 때는 연이어 '수박 도둑사건'이 일어난다. 세종 5년(1423년) 10월, 궁궐의 주방을 담당하던 내시 한문직이 수박을 훔쳤다. 한문직은 곤장 1백 대를 맞고 영해로 귀양을 떠났다. 세종 12년(1430년) 5월에는 궁궐 내섬시 소속 종奴 소근동이 주방에 들어가서 수박을 훔쳤다. 목숨을 잃을 죄다. 다만 상한 수박을 훔쳤으니 곤장 80대만 맞는 것으로 마무리되었다(조선왕조실록).

　조선 후기 북학파의 선구자 홍대용(1731~1783년)은 수박을 이용한 수학문제를 내놓는다. "자른 자리가 원이 되도록 수박을 잘랐더니 그 원의 지름이 5촌이고, 수박의 중심까지의 거리인 심후心厚는 5푼이다. 이 수박의 지름을 구하라." 정답은 '1척 3촌'이라고 나와 있다(담헌서).

수박은 귀하게 사용되었다. 여름철 종묘에 천신하는 물품으로 앵두, 보리, 수박, 참외 등이 등장한다. 성균관 유생들에게도 여름철에는 각별히 수박을 지급했다. 조선 후기 문신 윤기(1741~1826년)는 성균관 유생들에게 "초복에는 개고기 한 접시, 중복에는 참외 두 개, 말복에는 수박 한 개를 준다"고 했다(무명자집).

당뇨로 고생하는 이들도 수박을 귀하게 여기며 먹었다. 조선 초기 문신 서거정은 "10년 묵은 소갈병이 수박을 먹으면서 시원하게 낫는 듯하다. 약재보다 수박이 오히려 낫다"고 했다(사가시집).

못다한 이야기

무슨 일이 있었는지, 그해 여름 수박밭 관리가 엉망이었다. 나는 열 살 남짓이었다. 아버지를 따라 들판의 우리 수박밭에 갔는데 다른 밭과는 달리 수박밭에 풀이 우거졌다. 관리가 허술했던 것이다.
풀이 우거진 수박밭에서 수박 몇 통을 겨우 찾았다. 수박을 따려고 꼭지를 들면 수박이 저절로 좌악좌악 갈라졌다. 그날 저녁 집에 돌아와 두어 통을 두레박에 담아 우물물에 넣어두었다. 그 수박은 퍽 달고 시원했다.
나이가 들고 대처 생활을 하면서 수박을 살 때마다 아버지와 같이 땄던 '저절로 갈라지던 수박'을 떠올렸다. 그 수박보다 더 단 수박은 많은데 정작 묘한 시원함, 사각거림이 살아있는 수박은 다시 만나기 힘들었다. 손만 대면 저절로 좌악좌악 갈라지는 수박. 상품성 없으나, 참 달고 시원했던 수박을 만나고 싶다.

41 ___ 오이

중국 사신, 그해 봄 오이가 익을 때까지 돌아가지 않았다

성종 10년(1479년) 12월, 창덕궁 선정전의 어전회의다. 도승지 김승경(1430~1493년)이 말한다. "만약 명나라 사신이 오게 된다면 반드시 3, 4월 무렵일 것입니다. 그들은 여름을 지나고 돌아갈 것입니다." 성종이 대답한다. "어찌 그 정도이겠는가? 지난번에도 오이를 심었다가 익기를 기다려 돌아간 일이 있었다(조선왕조실록)."

명나라 사신들의 폐해는 심각했다. 뇌물로 대량의 은銀을 요구하고 뇌물을 받기 전에는 돌아가지 않았다. 원하는 만큼의 뇌물을 받지 않으면 '오이를 심어서 그 오이가 익을 때까지 돌아가지 않은 경우'도 있었다.

오이는 '과瓜'다. 벼슬아치의 임기를 '과 = 오이'로 표기했다. 공직자의 임기는 '과기瓜期' '과한瓜限' '과만瓜滿'이다. '오이 = 벼슬아치의 임기'는 중국 고사에서 비롯되었다. 춘추시대 제나라 양공이 오이가 익을 무렵 변방(규구葵丘)으로 병사를 보내면서 "이듬해 오이가 익을 때 후임자를 보내 교체시켜 주겠다"고 약속했다. 그 약속을 지키지 않으니 사달이 났다. 이때부터 '오이 = 관리들의 임기'가 시작되었다.

오이瓜는 한반도, 중국의 여러 문헌에 나타난다. 시경에는 "밭두둑에 오이가 열렸다. 오이지 담기 좋다"는 내용이 있다. 한나라 때의 기록에도 "고아가 수레에 오이를 싣고 가는데 수레가 엎어졌다. 도와주는 자는 적고 오이를 먹는 자는 많다"고 한탄하는 내용이 있다. 조선 말기 영의정을 지냈던 이유원은 '신라시대의 오이'를 말한다. 최웅(898~932년)의 '정원의 오이' 이야기다. 최웅이 태어날 때 누런 오이 넝쿨에 참외가 열리는 이변이 있었다. 그는 왕건의 신임을 얻어 고려 초기의 높은 관리가 되었다(임하필기). 송나라 사신 서긍도《고려도경》에서 고려의 청자를 묘사하며 "술그릇의 형상이 마치 오이 같다"고 했다.

오이는 여러 식재료의 바탕이다. 참외는 '진과眞瓜' 혹은 '감과甘瓜'다. 참 오이, 맛이 단 오이라는 뜻이다. 수박은 '서쪽(서역)에서 온 오이'고 박은 '포과匏瓜'다. 성호 이익이 말하는 호과胡瓜는 혼란스럽다. "빛은 푸르고 생긴 모양은 둥글며 익으면 누렇게 된다. 큰 것은 길이가 한 자쯤

오이에 대한 '전설'이나 이야기들은 중국 것이 유난히 많다. 오이가 오래전부터 널리 사용되었기 때문일 것이다. 중국에서 오이 관련 재미있는 이야기가 많으니 한반도에서는 오이 관련 이야기를 개발할 필요가 없었을 것이라는 생각마저 든다.

되고 맛은 약간 달콤하다. 우리나라에는 옛날엔 없었는데 지금은 있다"고 했다. 남과南瓜(호박)보다 많이 열린다. 서로 닮았지만 다르다고 했다. 지금의 '울외'와 닮았지만 추측일 뿐이다.

칡넝쿨과 더불어 '오이 넝쿨'이라는 표현도 자주 사용되었다. '과갈瓜葛'은 칡과 오이다. 가지와 잎이 마치 넝쿨같이 서로 엉클어진 친인척 관계를 뜻한다. '과질瓜瓞'은 오이 넝쿨이 끝없이 뻗어 나가, 자손이 널리 번성함을 뜻한다.

고려의 개국공신 신숭겸 등이 왕건을 찾아 '개국 혁명'을 이야기하는 자리. 왕건은 부인 유 씨에게 내용을 숨기려, "동산에 애오이가 열렸을 테니 따오라"고 시킨다. 유 씨는 문을 나가는 척, 되돌아와 머뭇거리는 왕건의 등을 떠민다(고려사절요). 조조의 아들 조식은 "군자는 모든 일을 미연에 방지하여 의심받는 지경에 이르지 않으니, 오이밭에서 신발 끈을 고쳐 매지 않고 오얏나무 아래에서 머리의 관을 만지지 않는다"는 유명한 말을 남겼다(군자행). 오이는 청렴한 삶의 상징이기도 했다. 진나라 소평은 '동릉후'의 벼슬을 지냈다. 진나라가 망하자 소평은 장안성 동쪽에 오이를 심고 청렴하게 살았다. 그가 심은 오이가 아름다워서 당시 사람들이 동릉후의 오이 즉, '동릉과'라고 불렀다(사기 소상국세가). 조선시대 문헌에는 동릉과가 자주 등장한다. 〈정과정곡鄭瓜亭曲〉도 '동릉과'에 비길 만하다. 고려 인종 때 내시낭중 정서(생몰년 미상)는 모함을 받아 동래로 귀양을 떠난다. 그는 오이를 기르는 정자를 짓고 돌아갈 날을 기다린다. 이때 남긴 노래가 바로 슬픈 곡조의 〈정과정곡〉이다. 과정은 정서의 호이기도 하다.

계곡 장유(1587~1638년)는 "박 삶고 오이 썰어 새우도 듬뿍 올려놓고/

낡은 뚝배기엔 기장 빚은 막걸리 찰랑찰랑"이라고 노래했다(계곡선생집). 다산 정약용도 "배춧잎 피니 파초 잎같이 크고/ 오이를 쪼개니 닷 섬들이 박만 하다"고 했다(다산시문집).

엄황과淹黃瓜는 오이김치다. 오이를 뜨거운 물에 데친 후 말린다. 소금, 단맛, 천초, 회향, 식초 등을 푼 물에 담근다. 오늘날의 오이지나 피클과 크게 다르지 않다.

못다한 이야기

성호 이익이 말하는 '호과胡瓜'는 울외로 추정할 만하다. 위에 열거한 오이瓜 이외에는 동과冬瓜 정도가 있다. 동과는 동아다. 동아도 지금은 거의 사라졌다. 장계향의 《음식디미방》에 등장하니 실습용으로 동아를 사용하지만 정작 실생활에서는 동아는 사라졌다. 울외도 늙은 오이, 노각과 혼동한다. 노각은 중국인들의 '노홍과老黃瓜'다. 오이가 늙어서 누렇게 된 것이다.

울외는 장아찌를 담을 때 주로 사용한다. 호남이나 경남 남해안 등에서 말하는 '나라즈케'는 울외장아찌다. 일본 나라 지방의 절임, 발효음식인데 '나라'라는 단어가 한반도와 연관이 있다. 결국 나라즈케는 한반도식 절임, 발효음식이다.

늙은 오이는 아무리 자라도 울외 만큼 크지 않다. 요즘 상품으로 나오는 울외를 보면 대부분 노각이라고 표기한다. 노각, 늙은 오이와 울외는 다르다.

42 ___ 비빔밥

하나의 그릇 안에서
숱한 것들이 충돌, 화합한다

비빔밥? 혼란스럽다. 비빔밥의 다른 이름은 '혼돈반混沌飯'이다. '혼돈스러운 밥'이다.

"밥 한 대접에다가 생선과 채소를 섞어 세상에서 말하는 이른바 '혼돈반'과 같이 만들어 내놓으니, 전임이 두어 숟갈에 그 밥을 다 먹어 치웠다."

조선 중기 문신 박동량(1569~1635년)이 쓴 《기재잡기》의 내용이다. 엄청난 양의 '밥 = 혼돈반'을 먹어 치운 주인공은 조선 전기의 무관 전임(?~1509년)이다. 전임이 먹은 것은 밥에 생선과 채소를 넣은 것이다. '混沌飯(혼돈반) = 비빔밥'이다. '혼돈'은 뒤섞여 어지러운 상태다. 혼란, '골동'과도 비슷하다. '혼돈반'이란 표현은 박동량과 《기재잡기》의 시대인 17세기 초반에 사용했다. 비빔밥은 그 이전인 전임의 시대, 15세기에도 있었다.

실학자 성호 이익은 《성호전집》에서 "골동은 내가 싫어하지 않지만, 배를 불리기는 국밥이 최고"라고 했다. 이 시의 제목이 〈국밥〉인 걸 보면 내용 중 '골동'은 골동반 즉, 비빔밥이다. 비빔밥을 '혼돈반'이 아니

비빔밥의 미덕은 다양성과 유연성이다. 어떤 식재료든 한 그릇에 넣고 비비면 비빔밥이다. 밥 대신 면을 넣으면 비빔면이다. 장을 넣어도 좋고 고기, 생선, 채소 등 아무것이라도 넣고 비비면 비빔밥이다. 한국 사람들은 여러 가지 요소들을 넣고, 섞어, 비비는데 능하다. 한 그릇 안에서 여러 요소를 섞은 다음 균형을 잡는 것이 맛있는 비빔밥을 만드는 요령이다.

비빔밥은 특정한 레시피나 진귀한 재료를 요구하지 않는다. 쉽게 구할 수 있는 식재료를 정성스럽게 매만져 그릇에 담는다. 재료나 레시피, 비비는 요령 등이 정해지지 않은 것이 바로 비빔밥의 특징이다. 비빔밥의 개방과 유연성이다.

라 '골동(반)'이라고 표현했다. 100여 년의 시차를 두고, 비빔밥은 '혼돈반'에서 '골동반'으로 바뀐다.

비빔밥을 두고 혼란스럽다고 하는 것은 '골동骨董' 혹은 '골동반骨董飯'이라는 표현 때문이다. 조선시대 기록 대부분에 나타나는 비빔밥의 공식적인 이름은 '골동반'이다. 19세기 말 기록물로 추정하는 《시의전서》에서 '骨董飯 = 부븸밥'이라고 표기하기 전에는 대부분 기록에 '骨董飯(골동반)'만 나타난다.

"골동반은 중국 음식이고 우리 비빔밥과 다르다"는 주장도 있다. 중국식 골동반은 그릇에 미리 쌀 등 곡물과 채소, 어육 등을 넣고 밥을 짓는다. 비빔밥은 비슷하지만 다르다. 밥을 지은 다음 밥 위에 조리한 채소, 고기, 해물 등을 얹고 비벼 먹는다. 비빔밥은 먹기 전, 각종 고명을 마음대로 빼거나 더할 수 있다. 중국식 골동반은 일본식 솥밥인 '가마메시(부반釜飯)' 혹은 우리의 무밥, 콩나물밥과 닮았다. 다만 일본식 솥밥을 우리 콩나물밥처럼 비벼 먹는 것은 예의에 어긋난다.

'골동' '골동반'이란 표현은 중국에서 건너왔다. 명나라 초기인 1414년에 완성된 《성리대전》에 이미 '골동반'이 나타난다. "골동汨董은 골동骨董과 같은 말로, 잡되다는 뜻이다. (중국)강남사람들이 물고기, 채소 등을 함께 넣고 끓인다. 즉, 골동갱骨董羹이다." 중국 명청시대 속어 사전인 《이언해》에서는 "물고기, 고기 등을 밥에 넣고 만든 것이 곧 골동반"이라고 했다. 뒤섞어 혼란스럽다는 뜻인 '골동'은 그 뿌리가 깊다. 중국 송나라의 소동파도 이미 '골동'이란 단어를 사용했다. 실학자 이규경은 《오주연문장전산고》에서 "어떤 사람은 (골동이란 단어가) 소동파의 골동갱에 근원하고 있는 것이라 하지만, 소동파의 골동이 어디서 왔는지는 알 수 없다"고 했다. 소동파는 문집 《구지필기》에서 "라부돈의 노인이 음식을 여러 가지 모아서 함께 끓였다. 곧 골동갱이다"고 했다. '골동'의 시작이다.

조선 초기에도 민간의 자연 발생적인 비빔밥은 있었다. 누가 먼저랄 것도 없이 집안에서, 제사 후에 혹은 일터인 들판에서 밥과 나물을 비벼먹었을 터이다. 조선 후기부터 중국에서 받아들인 '골동반'이라는 표현을 사용했을 뿐이다. 비빔밥은 달라지지 않았지만 비빔밥, 혼돈반, 골동반 등 다른 이름으로 불렀을 뿐이다.

조선 후기에도 '골동'이란 표현을 긍정적으로 받아들인 것은 아니었다. 정조 7년(1783년) 7월, 공조판서 정민시의 상소문에 "(나라가) 어둡고 어지러워져 허위가 판을 치는 골동骨董과 같은 세상"이라는 표현이 나타난다(조선왕조실록). 골동은 여전히 부정적인 이미지를 가지고 있다. 조선 후기부터는 《시의전서》의 표현대로 '골동반 = 부빔밥 = 비빔밥'

이 된다.

《오주연문장전산고》에는 오늘날 우리도 쉽게 만나기 힘든 여러 가지 비빔밥(골동반)이 나타난다. "비빔밥, 채소비빔밥, 평양 것을 으뜸으로 친다. 다른 비빔밥으로는 갈치, 준치, 숭어 등에 겨자 장을 넣은 비빔밥, 구운 전어 새끼를 넣은 비빔밥, 큰 새우 말린 것, 작은 새우, 쌀새우를 넣은 비빔밥, 황주(황해도)의 작은 새우 젓갈 비빔밥, 새우 알 비빔밥, 게장비빔밥, 달래비빔밥, 생 호과비빔밥, 기름 발라 구운 김 가루 비빔밥, 미초장비빔밥, 볶은 콩 비빔밥 등이 있다. 사람들 모두 좋아하고 진미로 여긴다."

못다한 이야기

비빔밥은 홀대받고 있다. 우리는 비빔밥의 위대함을 모른다. 비빔밥은 대단한 음식이다. 문명권 나라 중 상당수가 쌀을 주식으로 삼는다. 그런데 아주 간단해 보이는 비빔밥을 먹는 나라는 없다. 비빔밥은 우리 고유의 음식이라고 내세울 수 있다.

비빔밥은 자연 발생적인 음식이다. 우리 민족이 오랫동안 먹었고 발전시킨 음식이다. 서양식 구분법으로 언제부터 시작되었을까, 하고 묻는 것은 어리석다. 오래전부터 꾸준히 먹었다. 병영, 궁궐, 제사 등을 비빔밥의 출발로 보는 것은 엉터리다.

비빔밥은 '밥 + 채소, 고기, 생선 등 고명 + 장醬'의 음식이다. 섞고, 비비고, 삭혀서 먹는 음식이다. 밥알에 장이 묻으면 밥알은 순간적으로 삭는다. 비디오 아티스트 백남준 선생은 이걸 "서로 다른 이질적인 요소가 하나의 그릇 안에서 충돌, 화합한다"고 표현했다. 비빔밥을 먹는 한민족은 디지털 시대의 선두주자가 될 것이라고 예언(?)했다. 1995년 언저리의 일이다.

비빔밥은 중국의 골동반, 반유반, 일본의 가마메시와 다르다. 비빔밥의 개방성, 유연함을 따르지 못한다. 먹는 이가 소스를 결정하고, 스스로 비비고, 요리하는 음식이 바로 비빔밥이다.

43 ___ 배추

한양 도성, 동대문 밖 왕십리는 배추가 잘 자라는 곳이라

어설픈 '밀무역 사건'이었다. 중종 28년(1533년) 2월 6일의 기록. 사노私奴 오십근과 청로대淸路隊 유천년이 중국과 밀무역을 했다고 자수한다. 청로대는 국왕 거동 시 호종부대다. 천민이지만 군인이다. 이들의 주장은 자신들도 속았다는 것. "주범은 용산의 관노官奴 이산송이다. 우리는 그의 거짓말에 속아서 사기그릇을 싣고 중국으로 가서 쌀, 콩, 조 등과 더불어 배추 씨앗(백채종白菜種) 등을 밀무역했다"고 자수한다. "제주도로 간다"는 이산송의 말을 믿고 가보니 중국이었더라는 주장이다(조선왕조실록). 밀무역 품목에 배추씨앗이 들어 있음이 흥미롭다.

배추는 백채에서 비롯된 이름이다. 배추는 '숭菘' '백숭白菘' '백채白菜' '숭채菘菜' 등으로 표기했다. 민간에서는 '배초拜草'라고 불렀다. 다산 정약용은 "숭채는 방언으로 배초라고 하는데, 이것은 백채의 와전임을 (우리나라 사람들이) 모른다"고 했다(다산시문집). '拜草(배초)'는 뜻이 없는 이두식 표현이다. 배추는 '백채' '배초'에서 비롯되었다. 이름뿐만 아니라 배추도 중국에서 전래하였다. 중국에서는 '이른 봄 부추, 늦가을 배추(조구만숭早韭晩菘)'가 가장 맛있다는 표현도 있었다.

속이 노랗게 차는 것이 바로 결구結球배추다. 조선시대에는 결구배추가 없었다. 오늘날의 얼갈이배추와 닮은 배추였다. 노란 속고갱이는 드물고 대부분 이파리가 희거나 푸르렀다.
위 사진의 배추를 지푸라기 등으로 묶으면 결구배추가 된다. 배추 속에는 노란 고갱이가 생긴다.

    다산 정약용은 황해도 해주에서 고시관을 지냈을 때 서흥도호부사 임성운에게 시를 남겼다. "서관西關의 시월이면 눈이 한자씩이나 쌓이니/ 겹겹 휘장에 푹신한 담요로 손님을 잡아두고/ 갓 모양 따뜻한 냄비에 노루고기는 붉은데/ 가지런히 당겨놓은 냉면에 배추김치는 푸르다菘菹碧"고 했다. 서관은 대 중국 통로인 황해도, 평안도 일대를 말한다. 이때의 배추는 우거지같이 시퍼렀다. 결구結球배추는 조선 말기 한반도에 전래된다. 일제강점기를 지나며 배추 품종은 여러 차례 개량되었다. 이름만 같을 뿐, 오늘날의 배추와 조선시대 배추는 전혀 다르다.
    장다리는 배추 혹은 무의 꽃이다. 장다리꽃이 피는 배추는 오늘날의 얼갈이배추 같은 것이다. 푸른빛이다. 노랗게 속이 찬 결구배추는 중국 북부지방이 원산지로 쉽게 꽃이 피지 않는다. 중국 동북부 라오둥

(요동遼東) 지방은 북경, 심양을 가는 통로다. 라오둥을 통하여 중국과 교류했던 조선의 관리, 문인들은 배추에 대해서 많은 기록을 남겼다. 순조 3년(1803년) 12월의 기록에서는 "심양의 배추가 우리나라 것보다 배나 크다(계산기정)"고 했고 "숭채 씨앗이 우리나라 저자 거리의 되로 1되에 중국 돈 4냥인데 마침 돈이 없어서 사지 못했다(왕환일기)"고 했다. 1852~1853년 대 중국 사신단 서장관으로 청나라를 다녀온 김경선(1788~1853년)은 "(중국)배추는 한 포기에 수십 개의 잎사귀가 붙어 있어 우리나라 것보다 크기가 배는 되며, 살이 무척 연하다. 겨울에 지하실에 두었다가 먹으면 언제나 새로 뽑은 거와 같다"고 적었다(연원직지).

조선 전기에도 중국산 배추 씨앗은 인기가 있었다. 문신 서거정(1420~1488년)과 강희맹(1424~1483년)은 비슷한 시기를 살았다. 강희맹이 중국 사신으로부터 열일곱 종류의 중국 채소 씨앗을 얻는다. 그중에 배추씨앗도 있었다. 강희맹이 나눠준 중국 채소(당소唐蔬) 씨앗 일부를 받은 서거정이 시를 남겼다. "백발 되니 온몸에 각종 병이 실타래처럼 엉킬 터/ 채소 농사 배워 잘 해내면 만년의 기쁨일레라/ 열일곱 종류 채소가 눈앞에 가득하니/ 채소밭을 돌 때면 기뻐 미칠 것 같다네."

배추는 주요한 환금작물이었다. 한양 도성 밖 왕십리에 배추밭이 무성했다. 《신증동국여지승람》(중종 25년, 1530년 편찬)에는 "왕십리평往十里坪은 홍인문 밖 5리쯤에 있는데, 거주하는 백성들이 무와 배추 등 채소를 심어 생활한다"고 했다. 배추는 환금작물이었다. 실학자 유수원(1694~1755년)은 "왕십리에서 채소를 키우는 이들은 도성뿐만 아니라 시골에서도 채소를 판다. 시골 사람들이 게을러서가 아니라 각자 자기 본업이 있기 때문"이라고 했다(우서). 성현은 《용재총화》에서 "청파, 노

원역은 토란이 잘되고, 동대문 밖 왕십리는 무, 순무, 배추 따위를 심는다"고 했다.

홍만선(1643~1715년)은 《산림경제》에서 배추 기르는 법을 상세히 정리했다. "3월에 비옥한 땅을 골라 이랑과 두둑을 친 후 듬성듬성 종자를 뿌린다. 40일이 되면 먹는다. 9, 10월에 심어도 된다"고 했다. 교산 허균(1569~1618년)은 《한정록》에서, "7~8월에 심었다가 9월에 이랑을 내고 나눠 심는다"고 했다. 3, 7, 10월에 심어도 된다고 했으니 한겨울만 아니면 배추는 늘 재배할 수 있었다.

못다한 이야기

다산의 시에는 "배추김치가 푸르다(숭저벽菘菹碧)"는 표현이 등장한다. 한동안 혼란스러웠다. 배추김치가 푸르다니. 조선시대 배추는 결구結球배추가 아니다. 속이 꽉 찬 것이 아니라 오늘날의 얼갈이 같은 것이다. 옆으로 퍼진 것이다. 그래도 흰 부분이 많다. 그런데 배추김치가 퍼렇다니.

실제 얼갈이나 속이 덜 차서 흐드러진 청방배추로 김치를 담가보면 "배추김치가 퍼렇다"는 표현이 이해된다. 배추 잎의 푸른 부분이 돋보이고 흰 부분은 숨는다.

배추는 바람둥이 식물이다. 비슷한 종자와 교배하여 교잡종을 쉽게 만들어낸다. 배추 종자를 개량하는 이들은 배추의 바람둥이 기질 때문에 애를 먹는다고 들었다. 야생에서 개량종자를 만들기 힘들다. 배추가 야생의 다른 식물들과 쉽게 교잡종을 만들기 때문이다.

어쨌든 우리가 지금 먹는 배추는 100년 전의 배추와도 아주 다르다. 조선시대 배추와는 전혀 다르다. 하기야 도성에 들어오는 작물을 재배했던 왕십리도 예전 모습과는 전혀 다르다.

44 ___ 여지

작고 별 볼 일 없는 과일 하나가
나라를 망하게 한다

선조 40년(1607년) 4월, 비변사의 보고에 여지荔枝가 등장한다. "여지가 당나라를 기울게 하였으니 미미한 물건 하나가 때로는 나라를 기울게 한다. 사소한 물건을 구하기 위해 백성들의 재물을 빼앗으니, 백성이 병든다. 세금이 증가하면 백성이 흩어지고 도적이 된다. 풀 한 포기가 나라를 망친다는 것이 어찌 빈말이겠는가?"

여지는 중국 남방에서 생산되는 과일 리치Litchi다. 당 현종의 애첩 양귀비가 리치를 좋아했다. 리치를 운반하기 위하여 현종은 운하를 뚫었고 무리한 운하 건설이 국가 재정 파탄으로 이어졌다고 알려졌다. 조선의 사대부들은 '한낱 과일 여지가 큰 나라를 무너뜨렸다'는 이야기를 잘 알고 있었다.

여지가 없는 조선의 폭군 연산군도 여지를 좋아했다. 여지는 류큐琉球(현재 오키나와) 등 남방의 공물로 조선 조정에 왔다. 양이 적으니 그저 맛을 볼 정도였다. 연산군의 '여지 사랑'은 적극적이었다. 연산군 3년 (1497년) 2월, 명나라로 가는 사신에게 "여지 등을 사오라"고 명령을 내린다. 공식 사절단에게 사적인 심부름을 시킨 것이다. 연산군은 공과

사를 구별하지 못했다.

'풀 한 포기'에 불과한 과일 여지는 연산군 2년(1496년) 9월에 이미 큰 문제를 일으켰다. 대간臺諫들이 몇몇 정치적인 문제와 더불어 '여지 수입금지'를 상소한다. 연산군은 듣지 않는다. 대간은 사헌부와 사간원을 통틀어 부르는 명칭이다. 오늘날의 검찰, 감사원, 민정수석을 합친 기관이다. 대간들은, "여지 등을 명나라에 갈 때마다 사옵니다. 여지 등은 기호품에 불과하니 수입해서는 안 됩니다"라고 주장한다. 연산군은 요지부동이다. "여지는 기호품이라고 하나 대단히 진귀한 새나 짐승이 아니니 무방하다." 대간들이 물러서지 않으니 연산군의 대답이 옹색하다. "여지는 사들이지 말라. 다른 것은 다 들어 주지 않는다." 군주가 엉뚱한 고집을 피우면 신하는 사직할 수밖에 없다. 대간들은 사직한다.

연산군 3년, 일개 지방수령인 성천부사 민효증이 '임금이 실천해야 할 10가지 일'이라는 제목으로 상소를 올린다. 그중 일곱 번째에 여지가 등장한다. "재물은 낭비하면 결국 백성을 해롭게 합니다. 예전의 밝은 임금은 여지가 생각나도 백성에게 미칠 화를 생각해서 사들이지 않

조선왕조실록 내내 여지荔枝에 대한 기록은 보기 힘들다. 연산군 시대에는 여지가 자주 나타난다. 여지는 과일 '리치Litchi'다. 당시에는 중국 북경에서도 구하기 힘든 과일 여지를 연산군이 좋아했다. 진귀한 음식을 찾는 것이 폭군의 특징이다.

았습니다. 전하도 조금도 소홀함이 없게 하소서."

연산군은 불통이다. 신하들의 말을 귀에 담지 않는다. 같은 해 9월, 《조선왕조실록》에는, "이 뒤로 중국 가는 사신 편에 용안육龍眼肉과 여지를 많이 사서 오게 하라"는 연산군의 명령이 기록되어 있다. 용안육은 말린 롱안Longan이다. 연산군은 한술 더 뜬다. 4년(1498년) 8월에는 승정원에 여지 한 덩어리를 내리고 승지들로 하여금 시를 짓게 한다.

5년(1499년) 1월, 사간원의 정언(정6품) 윤은보가 원로대신 유자광을 탄핵한다. "당나라 현종이 무리하게 여지를 구했을 때, 정승 이임보가 방관했습니다. 당시 사람들이 그를 미워하여 그의 살을 씹고자 했으며 천년이 지나도 여전히 그의 죄를 묻습니다. 지금 유자광은 임금의 총애를 얻기 위하여 민간에 폐를 끼치고 있습니다. 유자광의 죄가 이임보의 죄보다 훨씬 무겁습니다. 그를 국문해야 합니다."

국왕의 사치물품, 특히 여지의 수입은 국가 체면을 떨어뜨리는 일이었다. 8년(1502년) 7월, 파평부원군 윤필상, 영의정 한치형 등이 간언한다. "지금 명나라에서 여지 등을 사옵니다. 임금이 드시는 것이니 어쩔 수 없지만, 공작깃, 큰 산호, 백옥 등은 그야말로 사치품입니다. 통사가 이런 물품을 중국에서 사들이면 명나라 조정에서 보고 듣게 되는데 과연 그들이 조선을 어떻게 생각하겠습니까?" 명나라 조정에서 조선을 어떻게 바라볼는지 한번쯤 생각해보라는 간언이다. 신하들이 국가 품위를 걱정하지만 연산군은 요지부동이다.

10년(1504년) 윤사월, "지난번 사온 여지 등이 좋지 못하니 성절사 편에 좋은 것으로 사오라", 11년 4월, "이번 성절사 편에 용안, 여지를 많이 사오고, 서과(수박), 감과(참외) 및 각종 과일을 많이 구해 오라"고 명한다. 12년(1506년) 4월에는, "맛이 단 여지는 연경에서 사들이고 후추는 왜인들에게 사들이라"고 명한다. 12년 9월 2일, 혼군昏君 연산은 폐위된다. 폭군 연산군의 '여지 사랑'은 강화 교동도로 쫓겨난 후에야 끝난다.

중종 1년(1506년), 우부승지 이우가 아뢴다. "여지 등은 폐주(연산군)가 좋아해서 지금까지 사왔으나 앞으로 이같이 먼 지방의 색다른 물품은 사들이지 않겠습니다." 중종은 '그리하라'고 답한다.

못다한 이야기

폭군 연산군은 음식에 대해서도 폭군이었다. 조선의 국왕은 절대 군주가 아니다. 조선 초기 삼봉 정도전이 그린 조선은 재상이 움직이는 나라였다. 조선시대 내내 왕권王權과 신권臣權이 힘을 겨룬다. 왕권을 강력하게 내세운 이는 태종과 영조 정도다. 두 사람 모두 왕세제王世弟 과정을 거친 것도 재미있다. 정상적인 왕위 계승을 거치지 않았다는 뜻이다. 성종시대에는 원상 회의가 있었다. 어린 국왕을 대신해 원로대신들이 활발하게 정치에 참여했다.

조선시대 '폭군'은 유교적 윤리관을 가지지 않았다는 뜻이다. 음식도 유교적 가치관 아래 구성하는 것이 원칙이다. 연산군의 지나친 여지 사랑은 일부분에 불과하다. 싱싱한 녹미鹿尾와 뿌리가 붙어 있는 싱싱한 채소를 억지로 구했다. 유교적 가치관에 어긋난다. 제철에 많이 생산되는 식재료를 구하는 것이 유교적 가치관, 한식에 맞는다. 진귀한 음식이나 식재료를 탐하는 것은 이미 유교적 가치관에서 벗어난 것이다. 폭군 연산은 음식에 대해서도 이미 폭군이었다.

45 ___ 곶감

잘 말린 곶감 표면에
하얗게 서리가 내렸구나

곶감이야 죄가 없다. 굳이 따지자면 강한 단맛이 죄다. 성종 10년(1479년) 6월 2일, 중전 윤 씨가 폐출되었다. 폐비 윤 씨다. 불과 사흘 후인 6월 5일 《조선왕조실록》 기록이다. 성종은 창덕궁 선정전에서 윤 씨를 폐하여 사가로 내보낸 이유를 신하들에게 장황하게 설명한다.

"경卿 등은 내가 폐비한 연유를 알지 못하고 모두 다 이를 의심하니, 내가 일일이 면대하여 말하겠다. 지난 정유년(1477년)에 윤 씨가 몰래 독약을 품고 사람을 해치고자 하여, 곶감(건시乾柹)과 비상砒礵을 주머니에 같이 넣어 두었으니, 이것이 나에게 먹이고자 한 것인지도 알 수 없지 않은가?"

성종 독살 시도는 물론 미수였고 시도에 대한 확실한 증거도 없었다. 이때도 성종은 '중전 폐출'을 주장했으나 신하들의 완강한 반대로 폐출은 이루어지지 않았다. 대신 윤 씨를 모시던 하녀들 몇몇이 벌을 받는 선에서 끝났다.

성종은 폐비 윤 씨에 대한 고삐를 더 죈다. 문제는 차기 대권 주자다. 특별한 일이 없으면 윤 씨의 아들이 왕이 될 판이다. 어머니를 박대한 아버지를 어떻게 볼는지 불안하다. 폐비에 찬성하거나 적극적으로 반대하지 않았던 이들의 안위도 문제가 된다. 결국 우리가 알고 있는 대로다. 아들 연산군은, 어머니를 박대하고 죽음으로 내몬 신하들을 처절하게 숙청한다.

성종 13년(1482년) 8월 11일, 성종은 다시 '비상 섞은 곶감'을 들먹인다. "차고 다니는 작은 주머니에 항상 비상을 가지고 다녔으며, 또 곶감에 비상을 섞어서 상자 속에 넣어 두었으니, 무엇에 쓰려는 것이겠는가? 만일 비복에게 사용하려는 것이 아니라면 반드시 나에게 쓰려는 것일 텐데, 종묘와 사직이 어찌 편안하였겠는가?"

'곶감과 독약 비상'에 대한 서술이 조금 더 구체적으로 나타난다. "나에게 독약 묻은 곶감을 사용했을 수도 있다"에서 "반드시 나에게 사용하려 했다"라고 업그레이드시킨다. 갑자기 종묘사직도 들고 나온다.

닷새 뒤인 8월 16일, 윤 씨는 사사된다. 곶감이 궁중 권력 투쟁에 이용된 경우다. 곶감은 달다. 곶감 싫어하는 사람이 없으니 민간이나 궁중 모두 곶감을 널리 사용했다. 단맛이 가장 강한 것은 꿀이다. 꿀은 귀했다. 귀한 과자를 만들 때나 사용했다. 생산량이 많지 않으니 민간에서는 약재로나 사용할 정도였다. 사탕수수 등에서 단맛을 뽑아낸 사탕도 있었다. 류큐(지금의 오키나와)에서 오는 사신들이 공물로 가져왔지만 먼 나라의 수입품이니 민간에서는 먹기 힘들었다.

곶감은 비교적 쉽게 만들고, 구할 수 있었다. 단맛이 강하니 정과正果 혹은 수정과水正果로 만들기도 하고 노인이나 아이들의 간식으로도 이용했다.

곶감은 사대부의 소박한 선물로도 이용되었다. 미암 유희춘(1513

요즘은 위 사진의 모습처럼 곶감을 허공에 달아서 실내 통풍 건조 시키는 경우가 많다. 더러는 실내에서 열풍 건조도 한다. 바깥에서 자연의 바람으로 말리는 것이 더 낫긴 하다. 아래 곶감처럼 색깔이 아름답지 않으니 소비자들의 선택을 받지 못한다. 가격은 싸고 건조 공정은 더 힘들다. 맛은 아래 사진의 자연통풍 건조 곶감이 낫다.

~1577년)은 1576년(선조 9년) 1월 5일의 일기에서, "편지와 함께 곶감 1접을 멀리 오겸에게 보냈다. 옛날 내가 귀양 가 있을 때 처자를 돌봐주었기 때문이다"라고 했다. 자신이 고난을 겪을 때 가족을 챙겨준 고관 우찬성 오겸(1496~1582년)에게 보낸 선물이 곶감 1접이었다.

시상柿霜은 곶감 표면에 생기는 흰 가루다. 단맛이 특히 강하다. 효종은 인선왕후 장 씨와의 사이에 1남 6여를 두었다. 인조 26년(1648년) 1월, 동궁의 막내 숙경공주가 태어났다. 산후조리 과정의 인선왕후(당시 동궁 빈)에게 "식초 넣은 국을 마시게 하고 그 사이사이에 '시상'을 먹게 한다"는 기록이 있다.

다산 정약용은, "은풍(경상도 풍기) 준시蹲柿에 서리가 뽀얗게 앉았다"고 했다. 서리는 역시 곶감 표면의 흰 가루다. 준시는 나무 꼬챙이 등에 꿰어서 말리는 곶감과 달리 꿰지 않고 납작하게 말린 곶감이다. 상품으로 쳤다. 허균은 "지리산에서 나는 먹감(오시烏柿)이 검푸른 색에 끝이 뾰족하며 곶감으로 만들어 먹으면 더욱 좋다"고 했다. 이익은 《성호사설》에서 "영남의 여러 고을에서는 감나무를 재배, 곶감을 만들어 판다"고 했다. 조선 후기에는 이미 곶감이 상품화되었다.

곶감은 여러 가지 모양을 가지고 있다. 납작하게 말린 것, 꼭지를 살린 채로 거꾸로 매달아 말린 것, 나뭇가지에 꿴 것도 있고 꿰지 않은 것도 있다. 지역마다 감의 특성과 그 지역의 기후에 따라 각각 다르게 말렸을 것이다. 경북 풍기 언저리의 '은풍준시'는 조선시대에도 최고의 곶감으로 손꼽았다. 지금도 남아 있다.

1748년(영조 24년), 조선통신사 종사관으로 일본을 다녀온 조명채(1700~1764년)가 본 '일본 곶감'도 재미있다. "건시는 마치 작은 주머니 같은 모양으로 하나하나마다 가지가 붙어 있다. 꼭 필요치 않은 곳까지 기이할 정도로 기예를 부린 것이 흔히 이러하다."

못다한 이야기

곶감은 달다. 조선시대에는 가장 단 음식 중 하나가 곶감이었다. 그래서 '곶감 빼먹듯이 한다'는 표현이 있었으리라. 호랑이가 곶감을 좋아한 것도 우연이 아니다. 곶감만큼 단 음식도 없었고 주전부리용으로 곶감만한 것이 없었기 때문이다.

어린 시절 시골에서 살 때, 할머니는 맏손자인 나에게 늘 관대했다. "내가 죽고 나면 제사를 모실 맏손자"라고 생각하셨던 듯하다. 곶감은 늘 할머니의 주머니에서 나왔다. 동생들 몰래, 가족들 몰래 맏손자에게 곶감을 쥐여주곤 하셨다.

꼬챙이에 꿴 곶감이 아니라 이른바 준시였다. 세상에 그만큼 단 음식이 있을까? 할머니는 돌아가시고, 이젠 할머니가 주신 그 준시도 보기 힘든 시절이 되었다. 바람에 말리고 겉면에 하얗게 시상柿霜이 앉은 그 곶감은 이젠 없다.

곶감은 달고 또 달다. 이젠 대부분 곶감이 "너무 달아서 못 먹겠다"는 말이 나온다. 깊이 있고 은은한 단맛의 '할머니표 곶감'은 사라졌다.

5장

향신 香辛

자그마한 가마솥 두 개에서 끓고 있는 국물은
해장국이 아니라 술국이었을 것이다.
_〈주사거배〉

46 ___ 해장국

'해정解酲'은 해장국이 아니다
조선시대에는 해장국이 없었다

'해장국'은 일제강점기에 처음 나타난다. 술꾼들은 깜짝 놀랄 이야기지만 고려, 조선시대에는 '해장국'이 없었다. 해장국은 '해정 + 장국'이다. '해정解酲'은 "술을 깨우다"는 뜻이다. 장국은 '장갱醬羹' 즉, 된장 등으로 끓인 국이다. '술 깨우는, 된장 넣은 국물'이 해장국이다.

해장국의 기원(?)을 고려시대 '성주탕醒酒湯'으로 보는 이들도 있다. 그렇지 않다. 통역관 교과서 격인 《노걸대》에 "새벽에 일어나 머리 빗고 얼굴 씻고, '성주탕'을 먹고, 점심한 후에 떡 만들고 고기 볶고"라는 문장이 나온다. 내용을 보면 성주탕은 해장국이라기보다 '약'이다. '탕湯'은 국물이 아니고 약일 때가 많다. 국물은 '갱羹'으로 표현했다.

1499년 발간된 우리 고유의 의서 《구급이해방》에는 술병酒病 치료법이 있다. 과음으로 구토, 손발 떨림, 정신 어지러움, 소변 불편이 나타나면 갈화해정탕을 권한다. '갈화葛花'는 칡꽃이다. 칡꽃, 인삼, 귤껍질 등 여러 약재를 넣고 달인 물을 먹으면 술병이 낫는다고 했다. 이 치료법의 끝부분은 술꾼들이 새길 만한 내용이다. "갈화해정탕은 다 부득이해서 쓰는 것이지, 어찌 이것만을 믿고서 매일 술을 마실 수 있겠는가?"

해장국의 원형은 술국이었을 것이다. 술도 음식이다. 액체로 된 것이지만 예나 지금이나 술을 마실 때 우리는 국물을 마신다. 조선시대 그림에 주막에서 술 마시는 광경에는 반드시 가마솥이 등장한다. 주모는 술 마시는 사람들에게 술국을 건넨다. 지금과 같이 술을 마신 후 해장을 하러 해장국을 찾는 일은 우리 시대의 풍습이다.

우리 선조들은 해장국을 먹어야 할 정도의 음주는 '병'이라 여겼다. 병은 탕(약)으로 다스렸다.

술을 깨게 한다는 '성주'는 조선시대 기록에도 자주 나타나지만 해장국, 성주탕이란 표현은 없다. 조선시대까지도 해장국은 없었다. 최영년(1856~1935년)의《해동죽지》(1925년)에 나오는 '효종갱曉鐘羹'을 해장국으로 여기는 것도 틀렸다. 효종갱은, 이른 새벽, 파루 칠 때 남한산성 언저리에서 사대문 안으로 날랐다. '프리미엄 국물'이지 해장국은 아니다. 그나마 효종갱은 일제강점기에 나타난다.

혜원 신윤복(1758년~?)의 풍속도〈주사거배酒肆擧杯〉에 자그마한 가마솥이 두 개 나타난다. 가마솥에서 끓고 있는 국물은 해장국이 아니라 술국이었을 것이다. 술국은 술을 마실 때 한두 숟가락 가볍게 마시는 것이다. 된장 푼 물에 마른 멸치, 우거지 등을 넣고 푹 끓인다. 탁주 한두 잔 정도는 신 김치와 술국으로 마시는 게 보편적이었다. 일제강점기에 창업한 해장국집들도 마찬가지. "이른 새벽 동소문 밖에서 땔감, 나물 등을 가지고 온 이들이 요기했다"고 말한다. 밥상 한 귀퉁이에 술국과 막걸리 한잔도 곁들였을 것이다.〈주사거배〉의 가마솥에는 해장국

동아일보에 기고한 후, 《해동죽지》 원문을 볼 기회가 생겼다. 결론은 역시 '해동죽지'의 효종갱曉鐘羹은 해장국이 아니었다. 이른 새벽에 '프리미엄' 해장국을 끓여서 당시의 수도 경성으로 날랐다는 이야기는 있지만 이 역시 의문스러운 점이 있다. 남한산성(광주)에서 이른 새벽에 사대문 안까지 도달했다는 것도 의문스럽다. 송파나루에서 갔다는 말도 전해진다. 어쨌든 '북촌갱北村羹'이라는 표현을 본 것은 의미가 있다. 도성 안 북촌의 국물과 비교한 것이다.

이 아니라 술국이 끓고 있었다.

예전의 해장법은 낭만적이었다. 조선 전기의 문신 이승소는 "포도의 효능은 여럿 있지만 술을 깨우는 공로가 가장 크다"고 했다(삼탄집). 고려 문신 이규보의 아들 이름은 '삼백'. '하루 삼백 잔을 마신다'는 이태백의 시 〈장진주〉에서 따온 이름이다. 이 아들이 어린 나이에 술을 마신다. 속이 탄 아버지 이규보는 술의 폐해를 아들에게 일러준다. "술은 창자를 녹게 하고 몸을 망친다. 결국 폐인이 되고 남들이 미치광이라고 놀린다." 이규보도 과일로 해장했다. "서왕모에게서 훔쳐온 복숭아로 입맛을 돌게 하거나 술을 깨게 한다"고 했다(동국이상국전집).

선조들은 바람을 쐬면서 자연스럽게 술을 깨웠다. 고려 말의 목은 이색은 "대나무로 지은 방에서 바람 부는 창밖을 본다. 여린 잎의 차를 마시며 술을 깨운다"고 했고(동문선 설매헌부), 다산 정약용도 "찰랑찰랑 물결은 뱃전을 치고, 스치는 바람이 술을 깨운다"고 했다(다산시문선).

조선시대 기록에는 '성주석醒酒石'이 자주 나타난다. '술 깨우는 돌'이다. 이 돌의 주인은 당나라의 이덕유다. 그는 평천장이라는 대저택을 짓고 각종 나무, 꽃, 돌 등을 옮겨두었다. 그중 이덕유가 가장 아꼈던 것이 바로 성주석이다. 술에 취하면 늘 이 돌에 앉아서 술을 깨우곤 했다고 한다.

일제강점기에는 '해장'과 '해정'이 혼용된다. 총독부 관리가 만취, 종업원 폭행으로 용산서에 연행된다. 동아일보(1926년 9월 12일) 기사는 총독부 관리가 '해장국'도 못 얻어먹고 총독부 차량을 타고 빠져나갔다고 조롱한다. 1938년 3월의 기사에는 모범농촌 건설을 위해 '시간 가는 줄도 모르고 마시고, 남에게 무작정 시비를 거는 해정술'을 금해야 한다는 내용도 나타난다. 해장술에 취하면 위, 아래 못 알아보는 것은 예나 지금이나 같다.

못다한 이야기

해장국은 없었다. 적어도 조선 말기까지는 해장국이 아니라 술국이었다.
술국은 술을 마시는 데 도움을 주는 것이다. 술을 깨게 하는 것은 아니라는 뜻이다. 술국은 여러 가지 '기능(?)'을 가지고 있다. 첫째, 술 마시는 것을 편하게 만든다. 입을 헹궈준다. 알코올의 강한 기운을 희석하는 것이다. 둘째, 술기운이 은은하게, 빨리 느끼도록 만든다. 뜨거운 국물이 위에 들어가면 술이 분해, 흡수되는 속도가 빨라진다. 술의 분해, 흡수가 빨라지면 아무래도 속이 편해진다. 국물을 마시면 몸속의 알코올 농도는 자연스럽게 낮아진다.
가볍게 마시는 술을 위하여 특별한 안주는 없었을 것이다. 1960, 70년대까지도 배추김치 한 보시기, 멸치볶음 한 접시에 막걸리나 소주 마시는 풍경을 쉽게 볼 수 있었다. 배추 우거지에 멸치 부숴 넣고 펄펄 끓인 술국이 곁에 자리했다.
해장국은 우리 시대에 나타난 풍습이다. 술국을 마시던 시절보다는 해장국이 유행하는 우리 시대의 음주가 더 무겁다. 스트레스 해소용 술자리가 아니라 낭만의 술자리를 보고 싶다.

47 ___ 후추

후추 몇 알에 이토록 기강이 무너지다니
이 나라도 망할 날이 머지않았다

선조 20년(1587년) 9월 1일의 기사《선조수정실록》는 처연하다. 일본에서 다치바나(귤강광橘康廣)가 사신으로 왔다. 전례에 따라 조선 조정에서는 예조판서를 앞세워 연회를 열었다. 이 자리에서 다치바나가 고의로 후추를 흩어놓았다. 기생과 악공들이 다투어 후추를 줍느라, 연회장이 뒤죽박죽 엉망이 되었다. 연회가 끝난 후, 다치바나가 객관으로 돌아가 역관에게 말한다. "조선의 기강이 이미 허물어졌으니 결국 망할 것이다." 사신 다치바나의 주요 임무는 조선의 동정을 살피는 것이었다. 5년 후 임진왜란이 터졌다. 다치바나의 '예언'대로 조선은 거의 망할 지경에 이르렀다.

후추는 호초胡椒라고 불렀다. '초椒'는 산초가루 등 매운맛의 향신료를 의미한다.

후추는 약용으로도 사용했다. 조선 말기의 하재 지규식(1851년~?)은 "아내가 밤새 기침을 하며 숨이 차, 후추胡椒가루에 꿀을 타 떡을 만들어 수시로 먹게 했다"고《하재일기》에 적었다.《산림경제》에서는 "바람이 심하게 불고 습한 곳에서는 후추 2, 3알을 물고 이와 혀로 문지르면

중세 유럽의 경우, 전쟁의 이면에는 향신료가 숨어 있다. 안정적으로 향신료를 얻기 위하여 전쟁도 불사한다. 조선의 경우 전쟁은 아니지만 향신료인 후추를 얻기 위하여 대단한 노력을 한다. 안정적인 공급을 위하여 종자와 모종을 구하려 하고 민간에서도 귀하게 여기고 아꼈다.

매운 기운이 오장에 들어가서 나쁜 기운을 막는다"고 했다. 급작스러운 복통에도 '후추 달인 물'을 사용했다. 영조는 여름철 찬 음식을 먹고 설사를 만났다.《영조실록》에는 "후추차胡椒茶를 마시고 조금 멎었다"고 했다.《구급이해방》에서는 지네, 전갈 등 벌레에 물렸을 때 후추를 갈아서 문지른다고 했다.

후추는 향신료로 널리 쓰였다. 다산 정약용은 "석이버섯에 후추를 넣어 향기롭게 무친다"고《다산시문선》에 적었다. 휴대용 향신료도 있었다. 후추, 마른 생강, 산초, 커민(마근馬芹) 등을 가루로 낸 다음, 물에 반죽하여 환을 만들어 말린다. 사용할 때는 부숴서 다시 가루로 만든다. 후추는 수입품이었으니 귀했지만, 향신료로 민간에서도 널리 사용되었다.

'호초'는 '북쪽 오랑캐 땅에서 나는 매운맛의 향신료'라는 뜻이지만 실제 생산지는 따뜻한 남만南蠻지역이었다. 고려시대부터 쓰시마 섬이나 류큐(지금의 오키나와 일대) 등에서 오는 사신들이 한반도에 전했다. 형식은 조공이었지만 실제로는 무역품이었다. 그들은 후추를 가지고 와서 쌀이나 잡곡, 베, 때로는 불교 경전 등과 바꾸었다. 조선 말기까지 후추는 남쪽에서 공급되었다.

조선 조정의 고민은 "쓰시마 섬이나 류큐와 외교적 단절이 있을 경우"였다. 이 경우 일상적으로 널리 사용하는 후추를 구하기 어렵다. 후추 모종이나 재배할 수 있는 후추 씨앗을 구해야 한다.

'후추 모종胡椒種'에 대해 지나칠 정도의 집착을 보인 이는 성종이다.

성종 12년(1481년) 8월의 기사다. 성종이 말한다. "후추는 약을 조제할 때 필요하니 그 종자를 왜인에게 구하면 좋겠다." 신하가 답하기를 "후추는 왜인이 많이 가지고 와서 창고에 가득하니, 종자를 구할 필요가 없습니다." 성종의 생각은 다르다. "만일 왜인들과 틈이 생기면 앞으로는 구할 수 없다." 모종을 구하여 직접 재배하자는 뜻이다.

이듬해인 성종 13년 4월에도 후추 모종이 거론된다. 예조의 보고다. "일본국 사신에게 후추 모종을 말했더니, '후추는 남만에서 생산된다. 유구국도 남만에서 사서 일본에 전한다. 종자를 얻기는 어렵다'고 한다." 남만은 섬라(태국의 샴 제국), 안남(베트남)을 포함한 동남아 일대를 의미한다.

이듬해, 대마도에서 온 사신이 후추 모종을 구하는데 필요한 자금을 구체적으로 요구한다. "남만에 사신을 보내어 후추씨胡椒種를 구하고자 하는데, 거리가 멀어 3년이 걸린다. 식량으로 무거운 쌀을 싣고 갈 수는 없다. 동전 2만 꿰미를 내려 달라." 성종은 거부한다. 후추 모종은 두고두고 속을 썩인다. 후추 씨를 구해줄 터니 불교 경전을 구해달라는 일본 측의 기록도 나온다. '남만에서 생산된다'는 말을 믿고 중국 측에 남만의 후추 모종을 구할 수 있는지 물어보기도 한다.

성종 16년 11월, 드디어 일본 측의 솔직한 대답을 듣는다. "올해 윤 2, 3월 사신을 남만에 보냈으니 내년 봄에는 돌아올 것입니다. 그러나 남만 사람들이 후추를 팔 때 그 종자를 삶아버립니다. 후추 종자를 구하더라도 쓸모가 없을 것입니다."

삶은 씨앗으로 싹을 틔우기는 불가능하다. 설혹 제대로 된 모종을 구했더라도 기후 때문에 재배가 어려웠을 것이다. 후추 모종을 구해서 재배하는 일은 무망한 짓이었다.

못다한 이야기

'호胡'는 이민족, 오랑캐라는 뜻이다. 중국 중심의 표현이다. 중국인들이 보기에 이민족은 오랑캐다.

오랑캐 중에서도 특히 중국의 북방 혹은 동북방에 사는 이민족, '북적北狄'을 일컫는다고 생각한다. '호胡'빵은 한반도 북방에 살던 만주족의 청나라에서 전래한 것이다. 그러나 '호'가 반드시 북방을 의미하지는 않는다. '호초胡椒'는 조선시대에 남만南蠻에서 왔다고 했다. 북적이 아니라 남만의 생산품이다. 남만은 오늘날의 광둥성 일대, 인도차이나 일부 지방을 이른다. 조선시대에는 아랍이나 인도차이나를 구별하지 않았을 것이다. 인도차이나 혹은 아랍에서 온 것을 통칭하여 '호'라는 이름을 붙였을 것이다. 참기름은 호마유胡麻油다. 참기름은 아랍, 중동 지방에서 건너온 것으로 추정한다. 이때의 '호'는 중동 지방을 이른다. 호초 = 후추도 마찬가지. 남만이라고 하지만 중동도 후추의 생산지다. 조선시대 수입품 후추는 주로 남만 혹은 오키나와 등에서 왔다고 했다. 일본 혹은 오키나와, 규슈 등에서도, 남만에서 종자를 가져온다고 했다. 조선시대 후추는 남만에서 왔을까, 아니면 중동에서 무역한 것일까?

48 ___ 얼음

얼음은 '음'이고 여름은 '양'이니
양의 계절에 음으로 조화롭게 한다

'서빙고 방화사건?'

인조 2년(1624년) 12월 22일, 한양 도성의 외곽, 한강변 백성들이 서빙고를 불태웠다. 방화다. 《인조실록》에는 "광해군 시절 서빙고에서 일하던 주민들이 이를 기회로 곡식을 훔쳐 먹었다. 인조 즉위 후, 곡식 훔치는 일을 막자 이를 원망하여 서빙고에 불을 질렀다"고 했다. 인조반정 2년 후이니 광해군 지지파들이 남아 있던 시절이다. 정치적 연관성이 있었는지는 불확실하다. '불만'은 있었던 것으로 짐작된다. 서빙고에서 일

한양의 궁궐뿐만 아니라 지방의 관청에도 얼음을 쌓아두고 사용하는 얼음 창고가 있었다. 지방에서도 각종 행사나 주요한 제사 등에는 얼음이 필요했기 때문이다. 겨울철 얼음을 채취, 보관하고 일 년 내내 얼음 창고를 관리하는 데는 많은 인력과 경비가 필요했다. 얼음 채취를 위하여 군인, 승려들도 노역에 동원되었다.

하면서 곡식을 구하고 끼니를 이었던 이들이 어떤 '조처'로 불만을 가졌고 불을 질렀다.

조선시대에는, 겨울철 한강에 얼음이 얼면 그 얼음을 떠서 얼음 창고인 '빙고氷庫'에 보관했다. 얼음 창고는 '장빙고藏氷庫'다. 얼음을 떠서 옮기는 이들은 '빙부氷夫'다. 한강변 인근의 서민들이 부역으로 얼음을 깨고, 운반, 창고에 넣는 일을 했다. 부족한 인력은 노비, 군인으로 보충했다. 지방에서는 승려들까지 얼음 부역에 동원되었다. 힘든 얼음 부역을 피하려 하는 이들도 많았다.

이현보(1467~1555년)의 "얼음 깨는 노래(농암집)는 얼음 부역이 얼마나 힘든지를 보여준다. "깎아낸 두꺼운 얼음 설산 같은데/ 쌓인 추위는 뼛속까지 파고든다/ 아침이면 얼음 지고 능음(얼음 창고)에 들어가고 밤이면 망치 들고 강 복판에 모인다"는 내용이다. 정강이가 드러나는 짧은 옷을 입고 짚신도 없으니 동상이 걸릴 판이다. 실제 동상이 걸린 이야기도 숱하게 나타난다.

조정에서도 얼음 관련 부역이 힘든 줄 알고 있었다. 빙부들에게 술과 곡식을 내렸고 경작할 논밭(빙부전)을 주기도 했다. 영조 때는 부역으로 궁중에 바치는 얼음의 양을 반으로 줄이고 나머지는 현금으로 사게 했다. 당시 1년간 필요한 얼음이 40,000여 정이고 백성들의 부역을 통하여 구하는 얼음이 30,000여 정이었다. '정'은 얼음 덩어리를 말하는데 그 두께가 4치(약 12센티미터) 정도였다(만기요람).

얼음을 캐는 일도 힘들지만 보관도 쉽지 않았다. 얼음 창고를 개, 보수하는 일도 만만치 않았다. 영조 45년(1769년) 12월의 기사는 석빙고石氷庫에 대한 것이다. 영의정 홍봉한이 "빙고氷庫에 들어가는 나무의 허비가 너무 많다. 돌로 빙고를 만들면 비용을 줄일 수 있다"고 주장한다. 빙고의 서까래와 짚도 갈아야 했다. 자주 점검을 하지만 불이 나는 일도 있었다. 감독 소홀로 감독관이 벌을 받는 일도 잦았다.

겨울에 얼음을 창고에 보관, 여름에 사용하는 역사는 오래되었다. 안정복(1721~1791년)은 《동사강목》에서 신라 지증왕 6년(505년)에 이미 얼음을 저장했다고 적었다. 《삼국유사》에서는 신라 3대 왕인 유리왕(?~57년) 때 이미 장빙고를 만들었다고 하나 자신은 지증왕 때 얼음을 저장했다는 '설'을 믿는다고 했다.

고려시대에는 개성을 비롯하여 평양 등지에 얼음 창고를 만들었다는 기록들이 있다. 지방 관청에서도 별도의 얼음 창고를 운영했다. 《고려사절요》에는 고려 고종 3년(1243년)에 "무신 최이가 사사로이 얼음을 캐내 얼음 창고에 저장하려고 백성들을 괴롭혔다"고 했다. 조선 후기 문신 심상규도 《만기요람》에서 조선의 장빙고가 고려의 제도를 물려받았음을 정확히 밝힌다. 심상규는, 동빙고는 두모포(서울 옥수동)에 있고 서빙고는 한강변(용산 서빙고동 일대)에 있다고 했다. 동빙고와 서빙고를 합쳐 외빙고外氷庫라 불렀다. 궁궐 내에는 내빙고內氷庫가 있었다. 궁중에서는 필요한 얼음을 외빙고에서 옮겨와 내빙고에 보관하다가 사용했다. 동빙고의 얼음은 궁중의 제사에, 서빙고의 얼음은 왕실에서 일상적으로 사용했다. 동빙고는 규모가 작았고 서빙고는 월등히 컸다. 서빙고의 얼음은 정해진 규정에 따라 신하들이나 각 부서에 나눠주기도 했다. 얼음을 나눠주는 일이 '반빙頒氷'이다.

장빙고는 매년 12월경(음력) 얼음을 채우고 이듬해 춘분 무렵 문을 열었다. 얼음을 채울 때나 장독고의 문을 열 때 모시는 제사가 사한제司寒

祭다. 겨울이 따뜻하여 얼음을 구하지 못할 때가 있으니 추위를 기원했다. 얼음에 공을 들인 이유는 《세종실록》에 남아 있다. "얼음은 음양의 부조화를 고르게 하는 데도 관계가 있다." 얼음은 주로 음식의 부패를 막는 데 사용했지만, 한편으로 '양의 여름'과 '음의 얼음'이 조화를 이룬다고 믿었다.

못다한 이야기

얼음을 채취하는 일, 보관하는 일, 얼음 저장창고를 개보수하는 일 등 얼음에 관한 일은 골치가 아팠다.
세조 13년(1467년) 음력 11월 14일. 어전회의에서 얼음 창고에서 일한 역군役軍들에 대한 이야기가 오간다. 병조에서 문제를 제기한 것이니 아마도 얼음 창고 개보수에 동원된 군인 역군들의 처우 문제이었을 터이다.
"궁궐의 내빙고에서 일한 역군 85명을 외빙고로 옮기게 해서 얼음 모으는 일을 하게 하자"는 건의. 세조가 답한다. "이들 이외에 다른 군사는 없는가? 이 추위에 일했는데 또 외빙고에서 일하게 하다니, 그들이 무슨 죄가 있는가? 다른 군사를 구해서 얼음 구하고 쌓는 일을 하는 것이 좋겠다"는 내용이다.
예종 1년(1469년) 7월에는 엉뚱한 얼음 도둑 이야기도 등장한다.
얼음 창고에서 일하는 빙부氷夫 혹은 빙정氷丁들이 얼음을 사사로이 팔아 먹었다. 감독관은 빙고별제氷庫別堤 이준룡, 홍인달, 지백호 등이다. 감독 소홀의 책임이 있다. 벌이 무겁다. 곤장 80대에 해고다. 그중 홍인달은 공신의 후손이라서 면제받고 나머지는 그대로 처벌된다.

49 ___ 막걸리

산촌 막걸리, 거칠다 마라
마시고 취하면 그 어딘들
무릉도원 아니랴

"세상 사람들은 (무릉)도원이 좋다지만/ 세상사 잊을만한 도원은 만나지 못했네/ 산촌 막걸리山醪에 취해 세상사 잊을 수만 있다면/ 사람 사는 곳 어딘들 도원이 아니랴."

조선 중기 문신 조임도(1585~1664년)의 시다(간송집). '요醪'는 막걸리다. '산료山醪'는 산촌, 산골의 막걸리다. 거칠고 험한 막걸리다. 거친 술에라도 취할 수 있다면 사람 사는 곳이 모두 무릉도원이라는 뜻이다.

막걸리는 이름이 많다. 탁한 술이라서 '탁주濁酒'다. 순조 즉위년(1800년) 9월, 경상감사 김이영과 안핵사 이서구가 인동부(경북 구미)에서 일어난 '장시경의 역모 사건'을 보고한다. 내용 중에 "장시경이 (사람들을 모은 후) 막걸리(탁주濁酒)를 내어주면서 나누어 마시게 했다"는 구절이 있다. 막걸리를 '탁주'라고 표현했다(조선왕조실록). 조선 중기의 문장가 최립(1539~1612년)도 "예쁜 꽃이 집 모퉁이에 활짝 핀 때에/ 담 너머로 건네받는 탁주"라고 노래했다(간이집).

청주는 맑고 탁주는 흐리다. 탁주는 흰 색깔을 띤다. 막걸리의 또 다른 이름이 '백주白酒'였던 까닭이다. 중국인들은 증류주를 白酒(백주)라

막걸리에 대한 논쟁 중 하나는 "막걸리는 막 걸러서 먹는 술이다" "아니다"를 두고 벌어진다. 막걸리는 숙성시킨 술이냐, 아니냐를 따지는 것이다. 막 걸러서 바로 마신다고 해서 술의 품위가 떨어지는 것은 아니다. 오히려 멀쩡한 막걸리에 단맛을 내는 감미제와 각종 화학 합성제를 넣은 다음, "우리 술이 맛있다"고 주장하는 천박함이 막걸리의 품위를 떨어뜨린다.

고 부르지만, 고려의 문장가 이규보(1168~1241년)의 〈백주시白酒詩〉를 보면 우리의 백주는 막걸리다. "예전 젊었을 때 백주白酒 마시기를 좋아했다. 맑은 술淸者을 만나기 힘들었으니 흐린濁 술을 마셨다. 높은 벼슬에 오른 후, 늘 맑은 술을 마시게 되었으니 다시 흐린 술을 좋아하지 않게 되었다. 버릇되었기 때문인가?" 이규보는 "벼슬에서 물러난 후 녹봉이 줄어들고 쉬이 맑은 술을 구할 수 없으니 어쩔 수 없이 백주를 마시게 되었다"고 자탄한다. 이 시에는 중국의 두보가 "막걸리에는 묘미가 있다"고 했다는 내용이 덧붙여 있다. 두보는 막걸리를 '탁한 막걸리(탁료濁醪)'라고 표현했다.

막걸리의 등급(?)은 어떻게 정했을까? 뚜렷한 기준은 없었으나 좋은 막걸리와 거친 막걸리는 분명히 나뉜다. 좋은 막걸리는 정성껏 빚은 후, 잘 걸러서, 물을 타지 않은 것이다. 물 타지 않은 '원액'을 '순료醇醪'라 불렀다. '순료'는 '전국술 막걸리'다. '순醇'은 물을 타지 않은 무회주無灰酒다. 순료는, 진하고 짙은 술, 즉 '농주濃酒'였다.

성종 2년(1471년) 6월, 대사헌 한치형이 상소문을 올린다. 내용은 환관(환자宦者)들을 조심하라는 것. 환관들은 영리하고 말솜씨가 유창하다. 입속의 혀 같다. 군주 가까이서 비위를 맞추며 아첨한다. 한치형은 "(환관에게 빠져들면) '순료'를 마시면서 미처 취하는 것을 깨닫지 못하는 것 같다"고 상소한다. 환관의 감언이설을 경계하지 않으면 마치 진국 막걸리(순료)를 마신 것같이 취해서 여러 가지 일을 망친다는 뜻이다.

세종 15년(1433년) 10월, 조정에서 술의 폐해를 경계하는 내용을 반포한다. 내용 중에 중국 후위後魏의 모주꾼 하후사의 이야기가 있다. "하후사는 술을 좋아했다. 상을 당해서도 슬퍼하기는커녕 순료를 입에서

막걸리는 험한 길을 걸어왔다. 오늘날같이 막걸리가 다양해진 것도 그리 오래되지 않았다. 한때 일본 등으로 수출되면서 막걸리는 호황을 맞았다. 이제 외국에서 막걸리를 찾는 일은 그리 많지 않다. 외국 눈치를 볼 일은 아니다. 품종의 다양함만큼 술의 수준도 다양해지기를 기대한다.

떼지 않았다. 아우와 누이는 굶주림과 추위를 피하지 못했고 결국 하후사는 술에 취해 정신을 잃고 죽었다(조선왕조실록)."

고려시대 대학자 가정 이곡(1298~1351년)은 후한 말 오나라 주유의 인품을 두고, "마치 순료를 마신 듯, 더 설명할 필요도 없다"고 말한다. 오나라 장군 정보는 "주유와 사귀면 마치 순료를 마신 듯, 마침내 스스로 취한 줄을 모른다"고 했다(삼국지 오서 주유전). 이곡의 아들 목은 이색도 "맛있는 음식과 순료는 입에 매끄럽고 향기로우니/ 마치 보약처럼 술술 장에 들어간다"고 했다(목은시고). 선조 때의 문장가 차천로(1556~1615년)는 약포 정탁(1526~1605년)에게 순료를 접대하고 시를 남겼다. "하룻밤 잘 묵힌 순료를 앙금도 거르지 않으니/ 석청처럼 달고 우유처럼 깔끔하다(오산집)."

좋은 술, 순료에 대한 이야기는 다양하다. 조선 후기 문신 서하 이민서(1633~1688년)는 "산으로 놀러 다니는 일과 술 마시는 일은 같은데, 여럿은 시끄럽고 번잡스러우며 혼자는 무료하다"고 했다. 금강산에 갔을 때 미처 동행이 없어 쓸쓸했는데 다행히 산속에서 사람을 만났으니

"마치 순료를 만난 것 같이 기쁘다"고 했다(임하필기). 오주 이규경은 중국 기록을 인용, 나이든 이의 겨울철 섭생법으로, "새벽에 일어나 순료를 마시고 양지쪽에 앉아 머리를 빗는다"고 했다(오주연문장전산고). 좋은 술은 때로는 약이 된다.

못다한 이야기

막걸리는 막 걸러서, 편하게 마시는 술이다.
이런 주장을 했다가 '세게' 비판받았다. 막걸리는 '막 걸러서 편하게' 마시는, 허튼 술이 아니라는 반론이었다. 우리 술인 막걸리를 너무 '마구잡이 술'로 묘사했다고 비판했다. 또 다른 비판은 숙성 문제. 막 걸러서 마시면 발효과정은 거치되 숙성은 거치지 않은 것이 된다. 막걸리 중에는 충분히 숙성 과정을 거치는 것도 있다는 주장이었다.
나는 막걸리가 가지는 개방성, 유연함이 최대의 장점이라고 생각한다. 물을 타지 않는 무회주, 순료가 가장 맛있다고 했지만 산골, 산촌의 산료도 좋다고 했다. 물을 타지 않으면 맛이 강하다. 그렇다고 물을 탄 막걸리가 나쁘다는 것은 아니다. 형편에 따라서 마실 뿐이다. 순료가 좋지만 굳이 순료를 찾지는 않았다.
서민細民이든 권력자든 누구나 막걸리를 즐겼다. 증류주인 소주를 귀하게 여겼지만 막걸리를 천대하지도 않았다.
쌀과 잡곡도 가리지 않았다. 발효과정을 거친 후, 일정 기간 숙성을 해도 좋지만 숙성하지 않은 술이라고 나쁜 것이라 여기지 않았다. 한식의 아름다움은 재료의 귀천을 가리지 않는 것이었다. 막걸리도 마찬가지.
이런 막걸리는 좋고, 이런 막걸리는 나쁘다고 가르는 순간 막걸리의 아름다움이 사라진다.
우리 시대 막걸리의 문제점은 천편일률적인 맛이다. 모든 막걸리가 비슷한 감미제, 조미료를 사용한다. 단맛과 감칠맛 일색이다.

50 ___ 꿀

꿀은 달콤하지만, '불법 꿀'의 뒷맛은 쓰다

꿀은 달콤하다. 달콤한 꿀을 얻으려다 몸을 다치는 일도 잦았다. 세종 5년(1423년) 2월 사헌부의 건의. "사천병마사 김득상이 민간에서 부당하게 꿀(청밀淸蜜)을 거둬들였다. 불법으로 백성의 재물을 탐했으니 벌을 주어야 한다(조선왕조실록)." 김득상으로서는 다행스럽게 사면령 혜택을 봤다. 벌은 주지 말고, 물건만 돌려받는 선에서 끝난다.

세종 11년(1429년) 1월, 형조의 보고. 내이포乃而浦(경남 창원 진해)의 천호 조안중이 크고 작은 죄를 저질렀다. 보고 중에 "선군船軍 2인의 역을 면제하여 주고 대신 꿀(청밀) 4그릇을 거둬들였다"는 내용이 있다. 꿀 4그릇을 뇌물로 받고 배를 젓는 등 힘든 일에서 빼주었다는 것이다. 탐관오리 조안중은 곤장 80대를 맞았다.

꿀은 구하기 힘이 많이 드는 식재료였다. 한반도 여기저기에서 꿀 채취가 가능하니 꿀이 귀하지는 않았다. 다만 꿀을 모으는데 공력이 많이 드니 귀했다. 꿀의 용도도 그리 넓지 않았다. 꿀은 과자를 만드는데 가장 요긴하게 사용했다. 제사, 잔치가 있으면 반드시 과자菓子를 만든다. 왕실이나 민간의 제사, 잔치, 외국 사신의 접대 등에 꿀을 사용하는 일이 잦았다. 그 외에는 약 혹은 귀한 밥상의 감미료로 사용할 정도였다.

선조 35년(1602년) 2월, 사헌부의 보고는 참혹하다. 아직 임진왜란의 상처가 아물지 않았고 국가 재정도 엉망이다. "중국 사신을 접대할 때 우두머리들의 조반상에 조과를 놓는데 이 조과를 만들 때 반드시 꿀을 사용할 필요는 없습니다. 긴요치 않은데 꿀(청밀) 6석을 마련하니 낭비입니다"라는 내용이다. '조과造果'는 '인위적으로 만든, 과일 맛 나는 과자'다. 선조나 조선의 입장에서는 임진왜란에 병력을 파견한 명나라, 명나라 사신은 잘 대접해야 할 대상이다. 국가 재정이 엉망이니 '꿀 6석'도 문제가 된다.

꿀은 귀하지만 민간에서도 사용했고 거래의 대상이기도 했다. 중종 24년(1529년) 5월, 홍문관 유여림의 보고에 꿀을 둘러싼 살인 사건이 등장한다. 사건에 등장하는 떠돌이 꿀 장사는 계동이다. 계동을 꾀어 자기 집에 재운 사람은 어리금. 계동은 이미 꿀을 팔아 무명을 샀고 말도 가지고 있었다. 어리금은 계동의 무명과 말이 탐났다. 어리금은 계동을 자기 집에 재우면서 그를 죽이려 하지만 실패한다. 홍문관의 보고는, "사건 내용이 명확지 않지만 민간에 떠돌고 있는 내용이라서 보고 드린다"고 했다. 꿀 장사에 대한 별도의 설명은 없다. 꿀 장사는 이미 흔하게 있었다.

비슷한 시기인 중종 25년(1530년) 이행(1478~1534년), 윤은보(1468~1544년) 등이 편찬한 《신증동국여지승람》 한성부 편에 꿀을 파는 가게가 등장한다. "청밀전淸蜜廛 도가는 하피마병문下避馬屛門 동쪽 가에 있다"는 내용이다. '하피마'는 '아래 피맛골'로 오늘날 서울 종로구 장사동 일대다. 이곳에 정부가 공식적으로 인정한 '꿀 전문 가게'가 있었다.

주 고객은 궁중과 세금을 대납하는 공납업자들이었을 것이다.

국가에서 꿀을 세금으로 받는 일에 담당 관리들의 부정행위가 개입하기도 한다. 중종 24년(1529년) 5월, 대사간 어득강의 건의에는 부패 관리들의 문제가 고스란히 드러난다. "궁중(봉상시奉常寺)에서 꿀을 공물로 받는데 같은 품질의 꿀을 두고 때로는 그대로 받거나 때로는 퇴짜를 놓는다. 퇴짜 맞은 물건도 다음날 감찰, 봉상시의 관원들에게 청탁하면 그대로 통과되기도 한다. 힘이 없는 사람들의 꿀은 퇴짜를 놓으니 폐단이 크다"는 내용이다.

《조선왕조실록》 인조 17년(1639년) 9월 12일에는 생뚱맞은 내용이 등장한다. "심양瀋陽의 팔왕八王이 은밀히 은자銀子 5백 냥을 보내와 면포, 표피 등과 청밀, 백자栢子 등의 물품을 무역할 것을 요구하니, 조정이 허

우리도 잘 알지 못하는 사이 좋은 꿀은 거의 사라졌다. 있다 하더라도 인건비 등으로 그 가격은 엄청날 것이다. 사람들의 발길이 닿지 않는 곳에서 채취하는 꿀은 없다. 양봉이든 자연산 꿀이든 모두 사람들이 드나드는 곳에서 채취한 것이다. 제대로 된 꿀이 아닐 가능성이 크다. 풍요로운 시대지만 제대로 된 꿀 한 사발을 구하기 힘든 시대다.

락하였다"는 것이다. 면포, 표피 등은 옷감이고, 백자는 잣이다. 심양 팔왕은 청나라 누르하치의 열두째 아들로 소현세자 일행이 포로로 있었던 심양을 관리했다. 수렵, 기마민족인 청나라로서는 궁중의 사치물자마저도 귀하니 조선 측에 은밀하게 교역을 요구한 것이다.

못다한 이야기

이 칼럼이 나간 후, 지인들이 전화했다. "좋은 꿀을 구할 수 없을까?" 혹은 "보거나 먹어보면 좋은 꿀을 판별할 수 있느냐?"는 것이었다.

꿀만큼 당황스러운 물건이 없다. 좋은 꿀, 나쁜 꿀을 가를 기준은 없다. 아카시아 꿀이 좋고 다른 잡화 꿀은 나쁘다고 말할 기준은 없다. 거꾸로도 마찬가지다.

그보다는 이제 제대로 된 꿀을 구하는 것은 어렵다는 표현이 정확하다. 그래서 당황스럽다. 지인들에게, 참 부끄럽게, 외국산 꿀을 구해 쓰라고 말할 수도 없었다.

사람은 어딜 가든, 자취를 남긴다. 사람이 거쳐 지나간 자리에는 음식물 찌꺼기가 남고 과자 쪼가리가 남는다. 꿀이 이걸 먹지 않는다는 보장이 없다. 사람의 발자취가 닿지 않는 땅에서 벌이 꿀을 채취해야 하는데 이게 불가능하다. 설혹 가능하다 해도 인건비와 공력을 생각하면 그 가격이 엄청나다.

꿀은 참 당황스럽다. 아는 체하면서 꿀 이야기를 쓰고 나서, 정작 지인들의 꿀 이야기는 외면할 수밖에 없었던 속사정이다. 어디 좋은 꿀 없을까요?

51 ___ 생강

생강은 정신을 맑게 하나니
나이든 이들을 위한 보약이라

문제의 발단은 자그마한 '생강 선물'이었다.

태종 14년(1414년) 4월, 사헌부가 청원군 심종을 탄핵한다. 심종(?~1418년)은 태조 이성계의 차녀 경선공주의 남편이다. 태조의 부마이자 현직 국왕 태종의 매제다. 기록에는 "심종이 지난해 가을, 임금의 행렬을 따라 남쪽으로 갔을 때 방간이 몰래 보낸 생강을 받았고, 그 내용을 임금에게 아뢰지 않았다"고 했다.

심종은 '제1차 왕자의 난(1398년 8월)' 때 방간, 방원의 편에 섰다. 이때 정도전, 남은 등이 제거된다. 정종이 즉위했다. 정종 2년(1400년) 1월, 제2차 왕자의 난이 일어났다. 방간과 방원의 싸움이다. 시쳇말로 '게임이 되지 않는' 싸움이었다. 방간은 성질 급한 무인일 뿐 정략가는 아니었다. 어린 시절 같이 자란 동생이 실권자가 되니 어깃장을 놓아본 것일 뿐이다. 싸움은 간단히 끝난다.

회안대군 방간은 여기저기 유배지를 옮기다가 결국 완산(전주)에 머무른다. 심종은 방간과 가까웠지만 '2차 왕자의 난' 때 중립적인 태도를 보였다. 줄을 잘 선 것이다. 심종은, 태종 이방원에게 미움을 받지 않고 벼슬을 유지한다. 사건은 심종이 태종을 따라서 호남지방으로 갔을 때 일어난다.

태종은 1413년 9월 충청도, 전라도 일대를 돌아본다. 이때 완산에 유배 중이었던 회안대군 방간이 심종에게 생강을 선물한다. 태종 이방원 밑에서 벼슬살이를 하고 있지만 심종은 방간과 친분이 깊었다. 심종은 방간이 보낸 생강 선물을 덥석 받았다. 이게 화근이었다. 문제는 몰래 받았다는 것이다. 더하여 내용을 임금에게 솔직히 털어놓지 않았다.

생강 선물 후 3년이 지났다. 태종 16년(1416년) 11월에는 "청원군 심종을 교하(경기도 파주)에 안치安置하였다"는 기록이 나타난다(조선왕조실록). 설명이 뒤따른다. "임금이 생강 선물을 알고 물었으나, 심종이 숨기고 고하지 않았다. 임금이 곧 죄를 가하지 않았는데, 심종이 일찍이 부끄러워하거나 두려워하지 않고 말하거나 웃기를 태연자약하게 하였기 때문에 이런 일이 있었다."

그동안 심종에 대한 탄핵이 빗발친다. 탄핵 이유는 간단하다. 권력자 태종에 대한 아부다. 오죽하면 태종이 직접 나서서 "심종의 죄가 있다고 하나 죽을 만큼 큰 죄는 아니다. 유배를 보내기는 하나 목숨에 손을 대지 마라"고 특별히 지시한다.

심종은 자원안치自願安置된다. 자원안치는 유배지를 스스로 정하는 것이다. 유배 형 중에는 비교적 가볍다. 심종은 유배 생활 끝에 태종 18년 3월, 토산현(황해도)에서 병으로 죽는다.

생강 선물은 빌미일 뿐이다. 생강이 국왕의 매제를 유배 보낼 정도로 대단한 물건은 아니었다. 영조시대 학자이자 관리였던 유수원(1694~1755년)의 《우서》에는 전주의 생강상인生薑商 이야기가 나타난다.

생강은 식재료 중 보기 드물게 약성을 지니고 있다. 그래서 입에 맞는 맛과 배를 부르게 하는 음식이 아니라 정신을 맑게 하고 입 냄새를 없애기 위하여 사용한다고 했다. 좋은 생강은 갈았을 때 즙이 많고 단맛과 향기, 매운맛이 조화를 이루어야 한다. 현재 유통되는 대부분의 생강은 예전 것과는 품종 자체가 다르다. 크긴 하지만 맛은 별로다.

전주 생강은 유명했다. 심종은 전주 특산물 생강을 조금 받았을 뿐이다. 심종의 구체적인 죄는 사통私通이다. 심종은 '잠재적 쿠데타 가능 인물'인 방간과 연락을 주고받았다. 그 매개체가 생강이었을 뿐이다. 별일 아니지만 문제 삼으면 별일이 된다. 생강이 사통으로 연결되고 역모의 징조가 된 것이다.

생강은 단순한 식재료는 아니었다. 양념으로 사용했지만 약용으로 사용한 경우도 많았다. 중종 39년(1544년) 5월의 기록에는 세자가 동궁의 관원들에게 생강을 내리고 직접 글을 써서 내렸다는 구절이 있다. "논어에 공자께서 '생강을 끊지 않고 먹었다'고 했다. 구복口腹을 채우기 위한 것이 아니라 정신을 소통시키고 구취口臭를 제거하기 위해서 그랬던 것이다(조선왕조실록)." 논어 '향당편'에 나오는 내용이다. 구복은 '입맛'이다. 입맛을 위해 생강을 먹는 것이 아니라 정신을 맑게 하고 입 냄새를 없애기 위해서 먹는다는 내용이다.

강계薑桂는 생강과 계피다. 나이 든 이들이 보양제로 먹었다. 생강, 꿀, 귤껍질 등을 섞은 차도 등장한다. 젊은이들에게는 생강을 권하지 않았다. 어린 사람이 생강을 먹으면 몸의 진기가 마른다고 믿었다. 단종은 열두 살의 어린 나이에 왕좌에 올랐다. 즉위년인 1452년 12월의 기록에는 단종에게 생강 사용을 권하지 않는 내용이 있다. "건강乾薑은 맛이 쓰고, 따뜻하며 열을 많이 낸다. 50세 이후의 기력이 쇠한 사람은 복용할 만하지만, 전하는 춘추가 장성해 가고 혈기도 성해져 가니 오히려 몸에 좋지 않다"는 내용이다. 10대 소년인 단종에게는 마른 생강이 오히려 해를 끼칠 수 있다는 뜻이다.

못다한 이야기

나는 생강을 좋아한다. 생강을 많이 넣은 음식도 좋아하고, 생강차도 즐긴다. 전통찻집에 가면 주로 생강차를 주문한다. 그중에서도 말린 생강, 건강乾薑을 특히 좋아한다. 비닐에 담은 건강을 호주머니에 넣고 겨우 내내 하루 몇 조각씩 먹었던 적도 있었다. 맵고 쌉쌀한 맛과 뒤 끝에 남는 단맛도 좋았다.

어느 순간부터 생강을 찾지 않는다. 생강이 생강의 맛을 잃었다. 품종이 달라지면서 모든 생강이 예전 크기의 몇 배씩 된다. 커지기는 했지만 맛이 엉망이다. 생강 고유의 맛과 향은 잃고 천편일률적으로 지나치게 맵기만 하다. 품종 문제다.

건강의 경우, 지나친 단맛도 싫다. 적절한 단맛이 아니라 액상과당의 폭탄 같은 단맛이다. 우리 시대는 단맛에 대해서 지나치게 관대하다. 모든 음식은 적정한 맛을 지녀야 한다. 천편일률적인 단맛, 감칠맛은 음식 문화의 후퇴다.

52 __ 울금과 강황

울금은 덩이뿌리, 강황은 뿌리줄기? 그래도 여전히 혼란스러운 울금과 강황

기구하다. 울금 이야기다. 울금, 강황을 혼동한다. 오래 묵은 혼동이다. 조선시대에도 울금과 강황을 혼동했다. 지금도 여전히 혼동한다. 이토록 오래 묵은 혼동은 드물다.

'귀한 울금' 이야기부터 시작한다.

선조 36년(1603년) 1월 3일(음력), 당상관과 종6품 낭청이 동시에 파직된다. 죄목은 간단하다. 제사 지내는 일을 불경스럽게 처리했다는 것이다. 사헌부의 보고다.

"평상시의 제사용품을 대용하는 것도 미안한데, 더구나 신명을 처음 모시는 울창주鬱鬯酒이겠습니까? 지난해 울금鬱金이 부족하여 보고하였더니, 해당부서에서 심황深黃으로 대용하라고 했습니다. 제사에 대해 불경한 죄가 큽니다. 해당 당상과 낭청을 아울러 파직하도록 하소서(조선왕조실록)."

선조는 보고 내용대로 파직을 결정한다. 울창주는 각별한 술이다. 검은 기장으로 술을 빚고 울금을 달여 넣어 색깔을 낸다. 울창주는 붉은 호박琥珀과 같이 아름다운 색깔이다. 울창주는 궁중의 제사에 사용했다.

지금도 울금과 강황은 여전히 혼란스럽다. 심지어는 재배하는 농민들도 혼란스러워한다. "울금과 강황은 같은 것이 아니냐?"는 이야기도 듣는다. 울금이나 강황이 쓰임새가 비슷하기 때문이다. 둘 다 카레의 재료로 쓰인다.

조선시대에도 혼란스러워 했지만 울금을 더 귀하게 여겼다. 제사에 사용하는 울금주는 반드시 울금으로 만들어야 했기 때문이다.

'심황'은 울금과는 다르다. 심황은 강황으로 추정한다.

실학자 홍만선(1643~1715년)은 《산림경제》에서 "(울금은) 매우 향기롭지는 않으나 기운이 가벼워 술기운을 높은 데까지 이르게 하므로 신을 내려오게降神할 수 있다. 물에 씻은 후, 불에 쬐어 말려서 사용한다"고 설명한다. 《산림경제》의 원본에는 한자로 '鬱金'이라고 쓰고 곁에 한글로 '심황'이라고 작게 적었다. '울금 = 심황'이다. 불과 50여 년 전에는 울금 대신 심황을 사용하다가 고위공직자가 파면되었는데 《산림경제》에서는 버젓이 '울금 = 심황'이라고 표기했다. 혼란스럽다.

문신 이수광(1563~1628년)은 더 엉뚱한 기록을 남겼다. "《본초도경》에 따르면 강황은 3년을 넘긴, 오래 묵은 생강이다. 속언에 생강이 3년을 넘기면 꽃을 피운다고 했다"고 적었다(지봉유설). 생강과 강황은 전혀 다르다. 이수광이 근거로 삼은 《본초도경》은 중국 송나라 때인 1061년에 간행된 의서다. 이수광의 시대보다 5백 년 앞선다. 울금, 강황, 심황, 생강에 대한 혼동은 오래 묵었다.

조선시대 내내 '울금'은 귀하게 사용했다. 울금은 '음陰'의 성격을 지니고 있다고 여겼고 음의 성질을 지닌 귀신을 부르는 데 적합하다고 믿었다.

《상변통고》에서는 "제사를 모시기 전에 울창주를 땅에 붓는 것은 울창주에 담긴 울금의 냄새를 이용하여 신, 귀신을 부르기 위해서다"라고 했다. 울창주는 주로 왕실의 귀한 제사에 사용했으나 울금을 넣어 색깔을 낸 울금주는 왕실이나 민간 모두 귀하지만 널리 사용했다. 정조가 아버지 사도세자의 제사를 모신 과정을 기록한 《경모궁의궤》에도, "(제사상에) 울금주 1병, 청주 4병 반을 올렸다"고 했다.

척화파 대신 청음 김상헌(1570~1652년)은 전쟁 후 청나라로 압송, 심양의 감옥에 유배된다. 고국에서 온 사신이 그에게 술을 선물하자 김상헌은 시를 남겼다. "이태백이 시에서 울금주를 노래했느니, 난릉의 좋은 맛 몇 번이나 마음 기울였던가(청음선생집)." 난릉은 지금 중국 강소성 상주로 울금주의 명산지다. '이태백(701~762년)의 울금주'는 시 〈객중행客中行〉에 나온다. "난릉 지방 좋은 술엔 울금이 향기롭고, 옥잔에 가득 담아내니 호박색이 빛나느니."

울창주, 울금주가 귀하니, 울금도 귀하게 여겼다.

조선 초기 문신 서거정(1420~1488년)도 울금을 노래한다. "늦은 봄 황폐한 정원 울금을 심었나니/ 죽죽 자라 오월에 산발처럼 더부룩해지기를/ 가을 오면 장차 천 길이나 높이 자라/ 비바람 소리 속 봉황의 노래를 들으리" "뒤뜰에 일찍이 울금향을 심었더니/ 잎은 파초만큼 크고 열매는 생강만 하네(후략)(사가시집)."

울금, 강황, 심황은 염료로도 귀하게 사용했다. '울금포鬱金袍'는 울금을 이용하여 황색으로 물들인 옷이다. 황색은 중국 황제의 색깔이다. 울금포는 제왕의 도포다.

울금과 강황을 혼동하는 것은 일본인들이 울금, 강황을 혼란스럽게 부른 것도 한 몫했을 것이다. 일본인들은 중국의 울금을 강황이라 부르고, 강황을 울금 혹은 '가을울금(Curcuma longa)'이라고 부른다.
마치 산초와도 같다. 초피(제피, 젠피)나무 열매는 산초고 산초나무 열매는 야초野椒다. 이런 혼동도 일제강점기 일본인들이 초피, 산초를 혼란스럽게 여겼기 때문이다.

조선왕조실록 태종 17년(1417년) 5월의 기록이다. "예조에서 왜의 사신이 바치는 '심황'을 받아들이지 말도록 청하니, 그대로 따랐다. 황색의 사용을 금한 때문이었다." 태종은 민간에서 황제의 색깔인 황색을 사용하는 것을 금한다. 여러 차례 금지해도 끝내 지켜지지 않자 황색 염료 재료인 심황을 왜에서 가져오는 것부터 막은 것이다.

울금은 덩이뿌리고 강황은 뿌리줄기다. 모두 카레의 재료로 쓴다. 혼동하지만 다르다.

못다한 이야기

울금으로 울창주를 빚는다. 울창주로 귀신, 신, 혼령을 부른다. 제사를 모시려면 우선 조상의 혼령부터 불러 모셔야 한다. 울창주는 하늘 위로 올라 신을 불러 모신다. 울창주를 귀하게 여긴 이유다.

흔히 육개장의 붉은색을 두고 귀신을 쫓는 벽사辟邪의 붉은색으로 표현한다. 초상을 치르거나 제사를 모시려면 우선 신, 귀신부터 불러 모셔야 한다. 울창주를 쓰는 이유다. 그런데 제사, 초상을 치르면서 육개장의 붉은색으로 귀신을 쫓다니. 앞뒤가 맞지 않는다.

귀신, 신, 혼령을 서양식으로 보고 판단하기 때문이다. 붉은색으로 귀신을 쫓는 것은 마치 마늘로 드라큘라를 쫓는 것과 흡사하다. 서양의 풍습을 일본인들이 해석하고 그걸 그대로 받아들였다. 팥죽으로 귀신을 쫓는 것도 마찬가지다.

우리는 신, 귀신, 혼령에 대한 생각이 서양이나 일본과 달랐다. 울창주를 소중하게 여긴 것은 참 만나고 싶은 조상의 혼령을 불러주기 때문이었다.

6장

사람

깊은 밤 귀한 손님이 찾아왔다.
창에는 하얀 달빛이 가득하다.
밤을 지새워도 이 즐거움은 이어지리라,
'신선로'가 있으니.
_《장음정유고》

53 ___ 술과 술꾼

술이 피보다 진할까, 피가 술보다 진할까?

연말이다. 송년회는 대부분 술로 시작하여 술로 끝난다. 조선시대 술꾼들이 부러워할 이야기다. 예전에도 '험난하게' 술을 마셨던 술꾼들은 있었다. 조선시대에는 수백 번, 금주령이 내려진다. 대부분 곡식을 아끼고자 시행되었다. "한 사람이 술을 마시면 열 사람이 굶는다"는 이야기다. 상당수의 금주령은 상징적인 조처였다. 국상, 가뭄 등 천재지변이 심할 때 국가에서는 금주령을 내렸다. 형식적일 때도 있었다.

엄한 경우도 있었다. 술 때문에 목숨을 잃기도 했다. 영조는 술꾼들을 찾아내려고 암행어사를 파견하기도 했다. 아무리 막아도 술을 마실 방법은 있다. 금주령을 무릅쓰고 명성을 휘날린 술꾼들도 적잖다.

성종 때 문신 손순효는 '술잔 늘리기'로 유명하다. 늘 만취, 사고뭉치였지만 재주를 아낀 성종이 특별히 술잔을 내려주며 "이 술잔으로 하루 석 잔만 마시라"고 했다. 어느 날 또 만취 상태로 나타났다. 성종이 "왜 술을 정해준 것보다 많이 마시고 나타났느냐?"고 꾸짖었더니 얇고 크게 편 술잔을 보여주며 "전하가 주신 잔에 조금도 더하지 않았습니다"라고 했다나.

숙종 때 대제학 오도일은 술 때문에 곤욕을 치렀다. 여러 번 '음주사고'를 쳤지만 숙종은 술꾼 오도일에 대해서 관대했다. 작은 사고를 묵인하면 대형사고가 터진다. 기우제에서 술을 올리는 작주관을 맡았던 오도일이 술에 취해 음복주를 발로 걷어차서 쏟았다. 오도일은 전라도 장성으로 유배 갔고 6년 뒤 유배지에서 죽었다.

'호주가 오도일'의 이름은 그로부터 몇 대를 건너서 다시 나타난다. 정조 때, 오도일의 손자인 태증이 성균관 제술 시험에 합격, 창덕궁 희정당에서 정조를 만난다. 합격자들을 위한 질펀한 술자리다. 정조의 술자리 '룰'은 "취하지 않으면 돌려보내지 않는다", 즉, '불취무귀不醉無歸'였다.

피가 술보다 진한지, 술이 피보다 진한지는 알 수 없다. 손자 태증의

술을 빚는 도구들이다. 이런 도구로 주로 막걸리 종류를 만들었다. 탁주 혹은 진한 술의 경우 순료醇醪라고 불렀다. 진한 막걸리라는 뜻이다. 약 18도 정도의 술에 물을 섞어 도수를 낮춘다. 지금의 막걸리는 6도 정도 기준. 소주燒酒는 막걸리를 한 번 더 손본, 증류한 술이다. 증류주. 도수도 40도 정도로 높고 예전부터 고급술로 쳤다. 지금 시판 소주하고는 전혀 다르다.

술도 할아버지를 닮았다. 기록에는 "오태증의 집안이 대대로 술을 잘 마셨다. 태증이 이미 5잔을 마셨는데 전혀 취하지 않는다"는 내용이 있다. 정조는 "다시 큰 잔으로 다섯 잔을 더 권하라"고 한다. 끝내 오태증이 술을 이기지 못하여 쓰러지자 "희정당은 바로 오도일이 취해 넘어졌던 곳이다. 손자인 태증이 취하여 쓰러진 것도 우연이 아니다. 별감이 업고 나가라"고 명한다. 《조선왕조실록》 정조 16년 3월 2일의 기록이다.

영조 시대는 '술꾼들의 암흑기'였다. 중국 사신의 접대나 종묘 제사에도 술 대신 단술(감주)을 내놓게 했다. 금주령을 어긴 사람에게 "조상의 제사에는 감주를 사용하고 너는 술을 퍼마시느냐?"고 질책했다. 남병사 윤구연은 숙소에 두었던 술독 때문에 목숨을 잃는다. 금주령을 어긴 죄로 사형에 처해진다. 영조는 윤구연의 처형장인 남대문에 직접 나타난다. 영의정 신만을 비롯하여 삼정승이 윤구연을 구명하려다 동시에 파면된다. 윤구연에 대한 벌이 과하다고 했던 이들도 좌천되거나 벼슬을 잃었다.

금주령이 느슨해진 정조 때의 실학자 이덕무는 술 마시는 이야기를 시로 썼다(청장관전서). 그는 시에서 술꾼들의 과장된 꿈을 제대로 보여준다. 제목부터 대단하다. 〈백 년, 삼만 육천일, 반드시, 매일 3백 잔을 기울이다〉이다. 이 시의 마지막은 더 대단하다. "백천만겁 동안 그릇 굽는 곳의 흙이 되어, 영원히 술잔, 술병, 옹기가 되리라"고 했다. 술을 아무리 많이 마셔도 술잔, 술병, 옹기처럼 일평생 술을 품고 살 수는 없다.

군신간의 술을 둘러싼 아름다운 이야기도 있다. 문신 이석은 효종 때 홍문관 부교리를 지냈다. 국왕 효종과 늦은 밤 술자리를 가진 이석은

한 잔, 두 잔 술을 마시다가 마침내 취했다. 효종은 젊은 별감을 시켜 이석을 부축게 하고 해정주解醒酒 한 병을 따로 보냈다. 이석의 비석에 적힌 내용이다. 해정주는 '술 깨는 술'이다.

조선시대 술꾼들의 로망은 〈주덕송酒德頌〉을 지은 진晉나라 유령劉伶이다. 그는 늘 술병을 가지고 다니며 하인에게 삽을 메고 뒤따르게 했다. "내가 술을 마시다 죽으면 바로 땅에 묻어 달라"는 뜻이었다. 유령은 "한꺼번에 한 섬의 술을 마시고 다섯 말로 '해정解醒'을 한다"고 했다. 역시 '해정'은 "술을 깨게 한다"는 뜻이다. 한 섬은 두 가마니다. 그 많은 술을 마시고도 부족하여 다시 해장술로 다섯 말을 마신다니 가히 술꾼들의 로망이 될 만하다.

못다한 이야기

세종은 형 양녕대군에 대해서 퍽 관대했다. 관대함을 지나서 배려가 깊었다. 양녕은 소원대로(?) 왕위를 버린 후 왕족으로 살아간다. 본인이 이야기한 대로 "현생에는 왕의 형"으로 넉넉한 삶을 산다. 그 넉넉한 삶의 중심에 술이 있다. 양녕은 술로 여러 종류의 사고를 쳤다. 다행히도 동생이 국왕이고 더하여 마음이 넉넉하고 배려가 깊었다.
신하들이 여러 번 양녕을 탄핵하지만, 세종은 양녕을 탓하지 않는다. 기록에는 양녕의 죄를 묻기는커녕 '선온宣醞'한 이야기도 등장한다. 선온은 왕이 신하에게 좋은 술, 안주를 내려주는 것을 말한다.
윗 글에 등장하는 손순효는 유언(?)으로 "좋은 소주 한 병을 무덤 앞에 묻어 달라"는 말을 남겼다. 죽을 때 소주 한 병을 이야기했다니 역시 대단하다. 조선 중기 역관 조신이 쓴 《소문쇄록謏聞鎖錄》과 《연려실기술》 등에 실린 내용이다. 야사인 셈이다. 믿거나 말거나 각자의 판단이다.

54 ___ 신선로

'궁중신선로'는 없다
'신선로'는 차(茶)와 술 데우는 도구였다

"깊은 밤 귀한 손님이 찾아왔다. 창에는 하얀 달빛이 가득하다. 밤을 지새워도 이 즐거움은 이어지리라, '신선로(神仙爐)'가 있으니."

조선 전기 문신 나식(1498~1546년)의 문집 《장음정유고》의 시 〈여우음화(與友飮話)〉다. '벗과 더불어 술 마시며 이야기를 나누다'는 뜻이다. 여기에 등장하는 '신선로'는 음식이나 안주가 아니다. 지금 신선로는 고기, 생선, 각종 채소 등을 넣고 끓인 '음식' 혹은 술안주지만 출발은 다르다. 신선로는 찻물을 끓이거나 술을 덥히는 그릇에서 시작되었다. 신선로는, 간편하고 휴대하기 좋은 '주방기구'였다. 조선의 선비들은 여행

신선로는 원래 그릇 이름이었다. 임진왜란 무렵까지는 신선로의 주요 목적이 술을 덥히는 것이었다. 조선 말기, 신선로는 음식을 덥히는 기구가 된다. 중국의 훠궈, 일본의 스기야키, 한반도의 불고기나 전골 등은 모두 신선로와 관련이 있다. 조선 말기 열구지, 열구자탕 등도 신선로와 관련이 깊다.

길에도 신선로를 가지고 가고, 가난한 방에도 신선로를 두었다. 나식이 직접 썼는지 혹은 추후 누가 적어 넣었는지는 확실치 않지만, 이 시의 끝에는 "(신선로는) 술을 덥히는 새로운 모양의 기구로 중국에서 건너왔다"고 적혀 있다. 술꾼들이라면 부러워할 만하다. 나식의 벼슬은 종9품, 참봉이었다. 말단 벼슬이다. 가난한 벼슬아치도 중국에서 들여온 술 덥히는 도구, 신선로를 가지고 있었다. 신선로는 우리 고유, 전통의 음식은 아니다. 중국에서 들어온 그릇 이름이다.

조선 전기의 청백리 눌재 박상(1474~1530년)도 칠언율시 〈제육봉편〉에서 "신선로의 술이 맑은 가을의 서늘함을 잊게 한다"고 했다(눌재집). 이 시는 같은 시대 벼슬살이를 했던 자강 장옥(1493년~?)의 시에서 운을 빌렸다. 박상은 시의 끝부분에 "자강은 신선로를 가지고 다녔다. (신선로) 술을 덥혔다"고 적었다.

향촌에서도 신선로를 술 덥히는 도구로 사용했다. 임진왜란 의병장이었던 감곡 이여빈(1556~1631년) 짧은 벼슬살이를 거치고 영주로 낙향, 후학을 기르는 선비로 여생을 보냈다. "짚방석 위에 대충 자리하니, 먼저 아전이 가지고 온 술을 꺼낸다. 신선로로 술을 데우고 말린 산닭을 갈라서 먹고 마신다"고 했다(취사문집). 이여빈은 무척 가난했다. 기록에는 "나물과 밥으로 끼니를 잇기도 힘들었고, 보다 못한 주변 사람들이 향교의 관리자로 천거했다"고 적혀 있을 정도였다. 시를 지은 시기는 광해군 10년(1618년) 2월 상순이다. 장소는 경북 안동. 17세기, 신선로는 시골 선비가 술을 덥히는데 사용한 소박한 도구였다.

신선로는 차를 끓이기에도 좋은 도구였다.

최역(1522~1550년)은 가난한 선비였다. 벼슬살이도 없었다.《국조인물

신선로 그릇은 다양하게 발전한다. 한반도의 신선로 그릇은 유기로 만들거나 1인용 신선로 그릇으로 변화한다. 중국에서는 법랑으로 신선로 그릇을 만들기도 한다. 영화에서도 신선로 그릇을 볼 수 있다. 신선로는 한식으로 여기기 어렵다. 한국의 어느 가정에서도 신선로를 먹지 않는다. '궁중'의 이름을 뒤집어씌워 몇몇 음식점에서 내놓을 뿐이다. 일반적인 가정에서 먹지 않는 한식은 없다.

고》에 실린 묘갈명에는 최역이, "거처하는 방 좌우에 항상 책을 진열해 놓고 신선로에다 차를 끓였다"고 기록했다. 오늘날과 달리 차를 끓이는 일은 번거로웠다. 불을 피우거나 보관하는 일은 번거롭고 불편했다. 신선로는 차를 끓이거나 술을 덥히기 편한 도구였을 것이다.

일본도 마찬가지. 조선 후기 문신 신유한(1681~1752년)은 조선통신사 일행으로 일본에 간다. 《해유록》에는 숙종 45년(1719년) 9월 무렵, 일본 교토 길거리 풍경이 잘 드러나 있다. "가게에서 차를 파는 여인들은 옥 같은 얼굴에 까마귀 같은 귀밑을 하였고 신선로를 안고 앉아 차를 달여 놓고 기다리는 모습이 완연히 그림 속의 사람 같았다." 가부키 배우 같은 여자들이 신선로 그릇에 차를 끓이고 손님을 기다리고 있었다.

'신선로 선물'도 있었다. 충무공 이순신 장군도 '신선로 선물'을 받았다. 《이충무공전서》에는 "(명나라)주 천총수가 술잔 6개, 붉은 종이, 작은 그릇 등과 더불어 찻잎 한 봉지, 신선로 1개 등을 선물로 주었다"고 적었다. 선물 품목은 대부분 일상에서 사용하는 소박한 것들이었다.

광해군 9년(1617년) 석문 이경직(1577~1640년)은 조선사신단(회답사) 종사관으로 일본에 간다. 전쟁이 끝난 지 채 10년이 되지 않았다. 조선사신단의 감정이 좋을 리 없다. 돌아오는 길, 일본에서 사신단과 동행했던 대마도 관리 귤지정橘智正이 사신에게 선물을 건넨다. "조총 각 2자루, 신선로 각 2벌, 손거울 각 2개를 세 사신에게 보내왔는데, 모두 굳이 사양해서 물리쳤다(부상록)." 사신단이 선물을 물리치자 귤지정은 "대단치 않은 물건으로 작은 정성을 표시했는데, 물리치니 부끄러움을 견디지 못하겠습니다"라고 말한다.

18세기부터 신선로는 모습을 달리한다. 19세기 초반 김해에서 유배 생활을 했던 낙하생 이학규는 고깃국과 더불어 신선로를 언급한다. 19세기 중반의 《동국세시기》에도 고기 국물, '열구자탕 신선로'가 나타난다. 신선로는, 차 끓이고 술 덥히는 소박한 도구에서 고기, 생선, 채소 등을 넣고 끓인 화려한 음식으로 바뀐다.

못다한 이야기

신선로 그릇은 오래전에 술을 덥히거나 차를 끓이는 도구였다. 실제 신선로에 음식을 끓여보면 퍽 불편하다. 원래 술, 차를 다루는 도구였기 때문이다. 음식 신선로를 가정에서 일상적으로 만들어 먹지 않는 이유이기도 하다.

일부 주장 중에 신선로라는 이름을, 조선 후기 중국에서 건너온, 새로 전래한 그릇이라는 표현에서 찾는 경우도 있다. '신설로新設爐'가 신선로로 변했다는 주장이다. 일견 타당성이 있지만 이미 조선 초, 중기 신선로라는 표현이 나타나는 것을 보면 그 주장도 허점이 있다.

분명한 것은 신선로가 우리 고유의 것은 아니라는 점과 '궁중신선로'라는 음식은 터무니없다는 사실이다. 임진왜란 당시 이미 이순신 장군이 신선로 그릇을 선물 받았고, 임진왜란 후 일본에 갔던 조선통신사 일행도 신선로 그릇을 선물 받았다는 기록이 남아 있다.

오히려 지금 우리가 만나는 음식 신선로는 '열구자탕 신선로'의 변형이라고 보는 것이 정확할 것이다.

55 ___ 주막과 주점

'사설주점私設酒店'인 주막酒幕은
언제부터 생겼을까?

나라가 어수선하다. 1728년(영조 4년) 음력 3월, 이인좌의 난이 일어났다. 영조가 이복형 경종을 게장으로 '독살'했다고 주장하는 소론 세력의 반란이었다. 그 전해 7월, 노론 일부가 실각한 것이 오히려 도화선이 되었다. 반란은 충청도 청주를 기점으로 영남 일대로 번졌다. 반란군의 목표는 분명하다. 한양 도성의 궁궐이다. 예나 지금이나 집권세력이 가장 먼저 하는 일은 권력 핵심으로 향하는 유동인구 통제와 반란세력의 집결지를 봉쇄하는 것이다.

난이 일어난 다음 달인 4월 2일, 경기감사 이정제가 보고한다. "(한강의) 송파나루부터 공암나루(서울 강서구 가양동)까지 모든 배는 강의 북쪽으로 옮겨두고 사사로이 강을 건너지 못하게 하겠습니다. 지금의 이른바 주막酒幕은 옛날의 관정關亭으로서, 적도賊徒가 밤에는 주막에서 자고 낮에는 장터에서 모이니, 착실하게 살펴보지 않을 수 없습니다."

반란세력 혹은 수상쩍은 자들이 묵는 곳은 주막이다. 주막은 예전의 관정과 같은 것이라고 했다. 관정은 국가에서 공식적으로 만든 역원驛院이다. 조선은 공식적으로 각 지역에 역驛, 원院, 참站, 점店 등을 두었다.

사진은 경북 예천군의 삼강주막이다. 삼강주막은 마지막까지 남았던 일제강점기의 주막이었다. 주막 이름 그대로 이 지역은 크고 작은 강 3줄기가 만나는 곳이다. 행인들은 삼강주막에서 하룻밤을 보내고 이튿날 강을 건넜다. 물산을 실어 나르는 나룻배의 뱃사공이나 손님 모두 삼강주막을 이용했다.

공적 업무로 지방에 가는 관리들은 주로 지역 관아의 객사客舍 등에서 묵었다. 객사가 없는 곳에서는 역참에서 말을 갈아타거나 잠을 잤다. 역은 30리 간격으로 하나씩 세웠다. 역, 원, 참도 없는 산골이나 시골에서는 민가에서 하룻밤을 묵는 수밖에 없었다.

주막은 주점酒店과 다르다. 주점은 공식적이고 주막은 사설기관이다. '막幕'은 비바람을 가리려, 임시로 지은 가건물이다. 초기의 주막은 '가볍게 술 한 잔 마시는, 가건물'에서 시작되었다. '영업신고'를 하지 않으니 세금도 없다. 주점, 주막을 가르는 것은 세금이다. 세금을 걷는 곳은 통제도 쉽다. 중국 한나라 이후부터 중앙정부는 술을 만들거나 파는 곳에 독점권을 주고 세금을 거두었다. '각고榷酤'제도다. '각'은 독점, '고'는 술, 술집을 뜻한다. 주점은 공식적이며 세금을 낸다. 초기 주막은 세금을 내지 않는 가건물로 시작하였다. 난전亂廛이다.

1574년 12월(선조 7년) 미암 유희춘(1513~1577년)은 선조와의 경연에서 "경기도의 탄막炭幕은 나그네가 숙박하는 곳인데 도둑들이 엄습하여 그 집을 불태웠다"고 보고한다(미암집). 탄막은 주막인데 숙박시설이다. 술도 마시고 잠도 잔다.

탄막은 땔나무와 숯을 보관하는 곳이다. 이덕무(1741~1793년)는 《청장관전서》(서해여언 편)에서 "점은 주막인데, 술酒과 숯炭의 발음이 비슷하여 '술막酒幕'이 숯막炭幕이 되었다. 관청의 문서에서도 탄막으로 쓰고 있다"고 하였다. 임진왜란 이전에도 주막은 있었다. 조선 후기에는 점, 주점, 주막(술막), 탄막(숯막) 등 여러 이름으로 나타난다.

조선의 생산능력이 증가한 17세기 후반 이후에는 유동인구가 늘어난다. 역참을 이용할 수 없는 양민, 상인들은 주막을 이용한다. 전국에 주막들이 급격히 늘어났다. '간편하게 술 한 잔 마시는 공간'으로 시작한 주막은 점차 술 마시고, 식사하고, 잠도 자는 공간으로 발전한다.

정조 13년(1789년) 2월 《일성록》의 기록. 황해도 신계에 살던 한조이는 남편의 억울한 유배를 풀어줄 것을 호소한다. "남편 이귀복과 저는 길가에 살면서 탄막으로 업을 삼고 있었습니다. 재작년(1787년) 5월, 나그네가 저희 탄막에 와서 아침을 사먹고 있는데 (황해도) 곡산의 기찰 장교가 그를 잡아가고, 남편도 잡아가서 유배 보냈습니다." 18세기 후반에는 주막炭幕에서 아침밥도 팔고 있었다.

호남의 실학자 존재 위백규(1727~1798년)는 평생을 검소하게 살았다. 젊은 시절, 존재가 과거장에 다닐 때 "주막이나 여관(여점旅店)을 제외하면 단연코 아는 사람 집에서 유숙하거나 남에게 부탁하거나 인정을 바라는 일이 없었다. 한양 도성에 들어오면 반촌泮村에 세를 들었다. 시험이 끝나면 바로 말을 타고 왜고개(와현瓦峴, 서울 한강로 부근)를 넘었다"고 했다. 존재는 주막과 여관 모두 '검소하게 잠자는 곳'으로 여겼다. 물가 비싼 한양에서는 허름한 곳에 세를 들었다. "술 마시는 걸 완전히 막을 수는 없다. 30리마다 큰 팻말을 세우고 나무를 심어 잘 가꾼 곳에 주막을 세우자. 나머지 작은 점포들은 술독을 두지 못하게 하자(존재집 정헌신보)." 술을 막을 수는 없지만 최소한 줄이자는 뜻이다. 주막은 잠자는 곳이면서 술을 파는 곳이었다.

못다한 이야기

주막은 드라마에 나오는 것처럼 오래전부터 있었던 것은 아니다. 주막은 가건물假建物에서 시작되었다. 오늘날과 마찬가지다. 건축허가, 영업허가를 받고 나면 세금을 내야 한다.

조선의 경제는 시전市廛으로 성립되었다. 세금을 내고 독점권을 얻었다. 조선 후기 들면서 난전亂廛이 성행한다. 난전의 성행으로 시전 독점의 상권 구조가 변한다. 시전들은 금난전권禁亂廛權을 이용하여 난전을 규제했다. 오늘날의 사법권까지 있었다. 뒤엎고, 장사를 못 하게 했다. 독점 권리는 반드시 부패한다. 시전은 조선 초기 조선을 지탱하는 주요 요소였지만 후기로 들면서 점차 부패, 몰락한다.

시전이 난전을 억압하는 구조가 뒤틀리기 시작한다. 물산이 풍부해지니 시전이 독점할 수도 없었다. 정조 15년(1791년)의 신해통공辛亥通功으로 금난전권, 시전 독점의 구조가 깨진다.

조선은 역참제도가 이동, 통신, 유통의 얼개를 이루었다. 조선 후기 물산이 풍부해지면서 유동인구가 늘어난다. 공무원 위주의 역참제도로는 부족하다. 이 틈을 사설 역참인 주막이 끼어든다. 초기에는 불법, 탈법이다. 점차 자리를 잡는다. 오늘날의 주막은 조선 후기에 생겼을 것이다.

사설 주막에 대해서는, 좀 더 깊은 연구가 필요하다.

56 ___ 국왕의 고기반찬

자연재해는 국왕의 부덕^{不德} 탓이니
왕은 고기반찬을 먹지 말라

임금이 입에 넣었던 음식을 뱉었다? 영조 47년(1771년) 6월 29일(음력) 아침의 일이다. "오늘은 선의왕후의 제사다. 아침상에 육찬肉饌이 있었는데, 눈이 침침해서 분간하지 못하고 집어먹었다가 깨닫고서 토했다." 영조의 나이 78세, 돌아가시기 5년 전이다. 선의왕후는 이복형 경종의

왕이 고기를 먹지 말아야 할 이유는 너무 많다. 자연재해, 홍수, 가뭄, 지나치게 추운 날씨, 겨울에 지나치게 따뜻할 때, 왕실 어른이 아프거나 돌아가셨을 때, 제사, 선농단 등의 행사가 있을 때 등등. 왕이 마음대로 음식을 먹었던 것은 아니었다. 특히 고기는 육선肉饍이라 하여 특별하게 여겼다. 왕이 먹고 싶다고 먹고, 먹기 싫다고 먹지 않았던 것이 아니었다.

비妃다. 영조에게는 이복형수. 간단한 기사인데 의미가 깊다.

선의왕후 어 씨는 1730년(영조 6년), 26세의 젊은 나이로 죽었다. 41년 전의 일이다. 영조와 선의왕후는 좋은 관계일 수가 없었다. 영조는 집권 내내 이복형인 '경종독살설'에 시달렸고 즉위 초기에 '경종 복수'를 내건 반란도 있었다. 선의왕후는 영조의 즉위를 반대했고, '영조 암살 미수 사건'에 휘말리기도 했다. 그런데 이날의 기사는 지극히 감성적이다. 왜일까? 영조의 '보여주기 쇼'일 가능성이 있다.

육선肉饍, 육찬肉饌은 고기반찬, 좋은 반찬이다. 조선의 국왕들은 가뭄, 홍수, 장마, 추위 등 자연 재난이나 왕실의 초상, 제사 등이 있으면 좋은 반찬인 육선을 피했다. '죄인'이기 때문이다. "자연 재난은 국왕의 부덕 탓"이다. 왕실의 어른이 돌아가셔도 '잘 모시지 못한 죄인'이다.

영조가 41년 전에 죽은 형수를 그리워하며(?) '고기반찬을 뱉은 것'은 자신의 좋은 이미지를 위한 '쇼'일 수 있다.

성종 즉위년(1469년) 12월 28일에는 할머니 대왕대비(세조의 비인 정희왕후 윤 씨)의 육선을 두고 소동이 일어난다. 예종이 죽은 지 한 달 되는 날. 신숙주, 한명회를 비롯한 원로대신들이 대왕대비의 육선을 권한다. 대비 윤 씨의 대답은 '불가'. 대신들은 물러서지 않는다. 와중에 성종이 나서서 대신들에게 "대왕대비가 육선을 하시도록 권하라"고 부추긴다. 서너 번 이야기가 오가다가 마침내 대비 윤 씨가 '폭탄선언'을 한다.

"육선 강요를 그치지 않는다면 나는 짧은 머리털마저 깎고 정업원淨業院으로 물러가겠다(성종실록)." 정업원은 단종의 비 정순왕후 송 씨가 단종 사후 살던 곳이다. 왕실 여인들은 이곳을 사찰처럼 여겼다. 유학자들에게 '대비의 사찰 행'은 끔찍한 일이다. 더하여 정희왕후는 단종

조선은 유교 국가다. 사람들이 먹는 고기, 가축도 유교 경전에 따라 정했고, 따랐다. 사람은 육축六畜을 먹는다. 육축은 소, 말, 돼지, 양, 개, 닭을 이른다. 소는 농경의 주요 자원이었다. 소를 도축하면 농사를 지을 수 없다. 소의 도축은 엄하게 단속했다. 쇠고기는 금육禁肉이라 불렀다. 외국 사신 접대나 제사용 고기를 제외하고는 엄하게 금지하고, 철저하게 단속했다.

을 죽인 세조의 비다.

이 기록의 끝부분에는 "신숙주 등이 그제야 물러갔다"고 전한다. 그러나 '끝'은 아니다. 다음 날인 29일에는 성종이 신숙주 등 원로대신들에게 "왜 대왕대비전에 육선 드시기를 연달아 청하지 않는가?"라고 재촉한다. 역시 대왕대비전의 대답은 '불가'다. 30일에는 신숙주 등이 먼저 대왕대비전에 육선을 권하지만 역시 대답은 '불가'였다. 이번엔 성종이 "대왕대비에게 간곡히 청하더라도 윤허를 얻을 수가 없으니 번거롭게 다시 아뢰지 말라"고 오히려 말린다. 며칠 후인 1470년 1월 5일에는 신숙주 등이 "(육선을 금하는 일이) 이미 예법의 한계도 지나쳤다"고 지적(?)한다. 대왕대비의 대답은 여전히 불가. "비록 내가 예법을 지나쳤더라도 뒷날 누가 나를 따라 하겠는가? 염려하지 마라"는 것이다. 드디어 18일의 기록에 끝이 보인다. 대왕대비전과 소혜왕후(인수대비)에게 육선을 올렸다는 내용이 나타난다.

성종도 즉위 과정이 순탄치 않았다. 예종의 아들과 친형 월산대군을 제치고 국왕으로 즉위했다. 세조 찬탈에 공이 있는 원로들이 많았다. 궁중 어른도 많았다. 할머니 정희왕후, 친모 소혜왕후, 예종비 안순왕후가 모두 살아 있었다. 게다가 즉위 초기는 정희왕후와 소혜왕후의 대리청정 체제였다. 궁중 안팎의 정치적 이해관계가 복잡했다. 처신이 쉽지 않았을 것이다.

세종의 고기반찬 금지, 감선減膳은 차라리 신선하다. 세종 4년(1422년) 5월 10일, 태종이 세상을 떠났다. 6개월 후인 11월 1일, 《조선왕조실록》에는 세종의 감선을 두고 긴 대화가 오간다. 기록을 보면 실제 세종의 건강상태는 심각했다. 오랫동안 감선을 하니 '허손병虛損病'이 왔다고 한다. 허손병은 '허로'라고도 하는데 "기가 허하다"는 뜻이다. 폐결핵으로 보는 이도 있다. 영양실조 상태의 세종이 감선을 고집하자, 신하들이 '결정타'를 날린다. 태종의 유언이다. "주상(세종)은 고기가 아니면 진지를 들지 못하니, 내가 죽은 후 '권도'를 좇아 상제喪制를 마치라." '권도'란 '적당히' '알아서' '유연성 있게'라는 뜻이다. '효자 세종'은 고기반찬 올리는 일을 허락한다.

못다한 이야기

왕은 마음대로 음식을 먹었을까? 그렇지 않다. 왕은 사대부의 맨 앞자리 혹은 사대부보다 높은 자리. 사대부, 왕은 모두 유교적 가치관에 따라서 움직인다. 음식도 마찬가지다. 유교적 법도에 맞아야 한다. 유교는 절제된 식사를 권한다. 슬픈 일이 있으면 음식도 삼간다. 조선의 왕들도 마찬가지다. 유교적으로 가장 위 혹은 가장 앞자리다. 음식을 가리는 일도 가장 심하게 했다.

자기 마음대로 음식을 먹는 것은 엄격히 금지된다. 좋은 음식, 입에 맞는 음식, 고기반찬을 고집하면 폭군이다. 조선시대 자기 마음대로 음식을 먹은 이는 폭군 연산 정도였다.

고기를 좋아했던 세종도 늘 고기를 피하는 모습을 보인다. 특히 왕이 된 후에는 더욱 엄했다.

57 ___ 소주

한번 증류한 술은 소주요,
두 번 증류한 술은 환소주還燒酒라

태종 17년(1417년) 윤오월 4일의 기록. 수원부사 박강생과 전 과천현감 윤돈을 사헌부가 고발한다. 두 사람은 결국 파직되었다. 죄목이 엉뚱하다. "두 사람이 금천현감 김문에게 소주를 많이 권하여 죽게 했다"는 것이다. 윤돈이 과천현감 자리에서 물러났을 때 인근 고을 관리들이 전별연을 가졌다. 소주도 제법 기울였다.《조선왕조실록》은 "이 자리에서 김문이 소주에 상하여 갑자기 죽었다"고 기록했다. 사헌부에서 박강생과 윤돈에게 벌을 주어야 한다고 주장한다. 태종의 대답은 합리적이다.

술, 소주가 나쁜 것은 아니다. 문제는 지나침이다. 소주는 귀한 술이었다. 관리들이나 대단한 부호가 아니면 평소 소주를 마시기 힘들었다. 귀한 탓일까, 조선시대 내내 과음이 문제가 된다. 새로 부임하는 관리, 혹은 임기를 마치고 떠나는 관리들이 과음으로 심심치 않게 죽는다. 술이 아니라 과음의 병폐다.

"설마 사람을 죽이려고 술을 권했겠는가? 인근 고을의 관리를 보내면서 전별하는 것도 흔한 일 아닌가? 파직만 시키라"는 내용이다.

태종 4년 7월에는 조정에서 경상도로 보낸 경차관敬差官 김단이 옥주(옥천沃州)에서 급작스럽게 죽는다. 역시 소주가 문제였다. 한양을 출발, 경상도로 향하다가 청주를 지나면서 소주를 과하게 마셨다. 결국 청주에서 멀지 않은 옥천에서 '과다 음주'로 사망했다. 중앙관리가 출장을 가면 지방 관리들은 필요한 물품, 음식 등을 마련하여 접대한다. '지응支應'이라는 공식적인 행사다. 김단 역시 지응 자리에서 소주를 과하게 마신 것이다.

세종대왕도 소주로 골치를 썩인다. 알려진 대로 양녕대군은 천하의 술꾼. 더하여 자기만 마시는 게 아니라 주변 사람들에게 음주를 권하는 것도 문제였다. 세종 4년(1422년) 11월, 사헌부에서 양녕대군을 탄핵한다. "마을 사람들을 불러 돌로 집을 꾸미는데 소주를 지나치게 먹여서 인명을 상하게 했다"는 내용이다. 양녕대군 소주 사건은 간단하게 끝나지 않는다. 이듬해인 세종 5년, 이번엔 문무관 2품 이상이 연대하여 양녕대군을 탄핵한다. 이 탄핵에는 "소주를 먹여서 한 사람을 죽게 했다"고 정확하게 기록했다. 그래도 양녕대군은 꾸준히 소주를 마셨다. 세종 14년(1432년) 7월의 기록에는 세종이 양녕대군에게 "좋은 안주와 소주를 내렸다"는 내용이 남아 있다.

세종대왕의 백부 진안대군 이방우 역시 술꾼이었다. 고려 말에 과거에 급제, 벼슬살이했던 진안대군은 아버지 이성계가 조선을 개국하자 스스로 몸을 숨긴다. 해주 등지를 떠돌던 진안대군은 결국 고향인 함흥에 정착, 오래지 않아 사망한다. 《태조실록》에는 "진안군이 술을 좋아했다. 날마다 마시더니 결국 소주를 마시고 병이 나서 죽었다"고 했다.

세종 15년 3월의 기록에는 세종대왕의 술에 대한 '속마음'이 나온다. 이조판서 허조가 "소주로 목숨을 잃는 이도 흔하니 술을 과하게 마시지 못하게 법을 세우자"고 건의한다. 세종이 간단하게 대답한다. "비록 (소주 마시는 일을) 굳게 금하더라도 그치게 할 수는 없을 것이다." 허조가 물러서지 않고 "그래도 법을 세우자"고 하니 마지못해 대답한다. "술을 경계하는 '주고酒誥'를 내리겠다."

고려시대 김진은 소주 때문에 패전, 유배를 갔다. 우왕 2년(1376년) 12월, 왜구가 합포(마산 일대)를 침범했다. 평소 원수 김진은 예쁜 기생, 측근들과 밤낮으로 소주를 마셨다. 주변 사람들이 이들을 두고 '소주도燒酒徒'라고 불렀다. '소주 마시는 패거리'란 뜻이다. 마침내 왜구가 침입했는데 병사들이 움직이지 않고 "소주도에게 공격하게 하십시오. 우리는 싸울 필요가 없습니다"라고 했다. 결국 김진은 패전했다. 조정에서는 김진을 서민으로 강등하고 가덕도로 귀양 보냈다(동사강목).

이수광의 《지봉유설》에는 "소주는 원나라 때 시작되었다"고 했다. 이견도 있다. 이덕무는 《청장관전서》에서 "소주가 원나라 때 전해졌다고

일본의 소주 특히 고구마 소주 등을 부러워한다. "우리는 왜 저런 술이 없었을까?"라고 한다. 그렇지 않다. 우리도 고구마 소주를 비롯하여 여러 종류의 소주를 빚었다. 일제강점기를 거치면서 우리의 좋은 술은 사라졌다. 일제는 우리의 좋은 술 대신 이른바 '희석식 소주'를 내놓았다. '희석식 소주'는 주정酒精에 물과 감미제를 탄 것이다. 주정은 에탄올이다. '희석식 소주'가 설치는 한, 좋은 우리 술은 설 자리가 없다.

하나 그렇지 않다. 송나라 사람 전석이 이미 '섬라주는 소주를 두 차례 내린 것'이라고 했다. 우리나라에도 두 차례 내리는 환소주가 있으니 섬라주와 같다. 오키나와와 (일본)사츠마의 소주는 포성주泡盛酒라 한다"고 했다.

'섬라'는 태국으로 추정한다. '포성주'는 지금도 남아 있다. 소주는 기원전 3천 년에 메소포타미아 문명권에서 시작되었다. 원나라 시절 우리나라에 전래하였다는 것이 다수설이지만 이덕무의 주장도 무시할 바는 아니다.

못다한 이야기

우리 음식 중, 가장 심하게 망가진 것은 소주다.

세상의 술은 두 종류다. 하나는 발효주고 하나는 증류주다. 발효주는 우리가 흔하게 보는 각종 과실주, 막걸리, 청주, 맥주, 포도주 등이다. 대략 19도 이하의 알코올 농도를 가지고 있다. 순하다.

보드카, 중국 고량주, 일본 고구마소주, 서양 위스키 등은 증류주다. 대략 40도 정도의 알코올 농도를 지닌다. 그중에는 80도 이상의 알코올 도수를 자랑하는 술도 있다. 우리의 소주는 당연히 증류주다. 40도 정도의 알코올 도수를 가지고 있다.

곡물을 발효시키면 발효주가 되고, 발효주를 다시 증류하면 이른바 소주가 된다. 몽골의 고려 침략 시기, 한반도에 전래한 소주는 일제강점기를 거치며 급격히 망가진다. 일본 제국주의자들은 전쟁에 필요한 곡물소비를 줄이면서 전쟁자금으로 쓸 주세를 많이 걷기 위하여 희석식 소주를 찾아냈다.

희석식 소주는 '주정酒精 = 에탄올'에 물을 섞어 알코올 도수를 맞춘 것이다. 희석식 소주의 맛은 첨가제의 맛이다. 곡물 발효를 하지 않았으니 곡물 발효의 맛이 있을 리 없다. 이게 오늘날 '국민 술'로 불리는 희석식 소주다.

58 ___ 중국배의 해산물 약탈

조선시대에도 '중국 막가파'는
조선 해안에서 약탈을 했다

황당선荒唐船은 황당荒唐하다. 당황唐慌스럽다. '당唐'은 중국이다. 황당선은 황당한 중국 배다. 한반도 해안에 와서 해산물을 약탈한다. 잠깐 사이 내륙으로 상륙한다. 방풍나물 등을 채취하고 민가의 채소, 곡식, 가축을 약탈한다. 아녀자를 희롱, 겁간하기도 한다. 황당하다. 조선 중기 이후 기록에는 '황당한 황당선'이 자주 나타난다. 오늘날의 불법 조업 중국어선이다.

영조 10년(1734년) 5월, 황해병사 민사연이 파직되었다. 병사(병마절도사)는 종2품 무관, 고위직이다. 그 전해 6월, 황당선이 황해도 옹진반도 경계에 정박했다. 병사가 군대를 보내 그들을 쫓으려 했지만 오히려 우리 측 군인들이 중국 뱃사람들에게 맞고 무기를 빼앗겼다. 병사의 지휘 책임이 있다. 민사연은 내용을 숨기고 거짓 보고 한다. 관찰사가 이 내용을 조정에 보고, 민사연은 파직된다(조선왕조실록). 중국 배의 흉포함은 역사가 깊다.

이 기록에는 '부록'이 붙어 있다. 사관史官의 첨언이다.

황당선이 우리 바다에 적극 진출, 약탈한 것은 숙종 23년(1697년) 이

후다. 그해 조선이 흉년을 당해 중국 측에서 곡식을 보내준 적이 있었다. 이때 중국인들이 황해도 앞바다의 해로를 익혔고, 그 이후 해삼 등을 채취하기 위하여 여름과 가을 등 계절이 바뀔 때마다 '해서海西(황해도)' 일대에 나타나 불법 조업, 약탈한다. 황당선이 수백 척이나 되니 조선의 지방 수령들과 군인들은 감당치 못한다. 일부는 몰래 술과 양식을 주면서 그들을 달래어 떠나게 한다.

또 다른 문제도 있다. 영조 18년(1742년) 황해도 수군절도사 이의익의 보고다. "해삼海蔘 채취 황당선이 우리 바다에 자주 나타나 정박합니다. 바닷가의 백성들이 그들과 낯이 익어 불법거래를 하는 일도 잦습니다. 해안 방위가 위태로우니 엄격하게 막아야 합니다."

18세기 무렵에는 주 약탈 대상이 해삼이었지만 황당선은 시기 별로 여러 가지 해산물을 약탈했다. 조선 후기에는 청어가 약탈 대상이었고, 조선 전기에는 소금을 빼앗아 가기도 했다.

중종 39년(1544년) 7월, 전라도 병마절도사 한기의 보고 내용이다. "군산도群山島를 수색하다 정체불명의 우리나라 사람 넷을 잡아서 조사했다. 이들은 '우리는 한산韓山의 염간鹽干이다. 여덟 사람이 소금을 싣고

예나 지금이나 중국인들은 해삼을 좋아한다. 중국인들은 해삼을 말린 건해삼乾海蔘을 고급 요리에 사용한다. 중국의 해적선, 황당선은 해삼이나 소금 등을 탈취했다. 때로는 조선해안에 상륙, 부녀자들을 겁탈하기도 했다. 중국배의 바닷가 불법 행위는 그 뿌리가 깊다.

황해黃海지방으로 가던 중, 마량馬梁(서천 부근) 앞에서 수상한 배를 만났다. 이들에게 소금을 약탈당했다. 일행 중 네 명은 물에 뛰어들어 생사를 모르겠고 도적들이 우리 넷을 횡간도(완도 부근)에 버려두고 떠났다'고 한다(조선왕조실록)."

염간鹽干은 소금 굽는 이들이다. 황당선은 서해 일대에 출몰, 소금, 해산물 등을 가리지 않고 채취하거나 약탈했다. 숙종 43년(1717년)의 기록에는 "황당선이 오늘날같이 많이 나타난 적이 없다. 한꺼번에 32척이 나타났다"는 내용도 있다. 조선 정부는 이때도 중국 측에 외교문서를 보내는 등 여러 가지 조치를 하지만 조금도 나아지지 않았다(조선왕조실록).

고종 10년(1873년) 5월 17일, 황해감사를 지낸 서원보의 보고다. "청어는 (황해도)장연, 풍천, 옹진, 강령, 초도 등지에서 많이 나고 조기는 해주와 연평 바다에서 많이 나는데 당선들은 (청어를 잡기 위하여) 늘 장연 등 다섯 곳의 바다에 나타난다(승정원일기)."

해삼, 청어 등을 거론했지만 실제 이들은 모든 해물을 필요한대로 모두 약탈했다.

영조 13년(1737년) 9월에는, "황당선이 고기를 잡는 핑계로 우리 측 내륙 가까이에 온 다음, 등산진(황해도 옹진반도)에 상륙, 부녀자를 겁간하는 일"도 발생했다. 조선 정부도 황당선의 정체를 정확하게 알고 있었지만 제대로 대처하기는 힘들었다. 예전에도 중국과의 '외교 분쟁'이 문제였다.

"4월이면 황당선荒唐船이 와서 해삼海蔘을 딴다. 대부분 각화도(요동반도 앞의 섬) 등에서 온다. 10여 척의 배들이 몰려오는데 배 1척에는

70~80명, 큰 배에는 1백여 명까지 탄다. 중국인들은 '어만자魚蠻子'라 부른다(청장관전서 서해여언).”

 '만蠻'은 무지막지한, 벌레 같은 자들이다. '어만자'는 물일 하는 무지막지한 자들이다. 예나 지금이나 '어만자'들은 '막가파'다. 중국인들이 스스로 인정한 것이다. '막가파' 황당선에 대처하는 우리 측의 희생이 너무 안타깝다.

못다한 이야기

그나마 중국보다 경제적 상황이 나은 지금도 중국 불법어로 해적선에 이토록 당하고 있다. 지금보다 여러 가지 상황이 어려웠던 조선시대에는 중국 해적선에 어떻게 대적했을까? 허위 보고한 지방 행정관, 군인들이 잘못한 것은 사실이지만, 안타깝다. 벌 받을 짓을 하긴 했지만 현지의 피치 못할 사정이 있었을 것이다.

불법어로를 하는 중국 해적선에 대한 우리의 대처도 완벽하지는 않다. 그동안 여러 차례 안타까운 피해가 발생하지 않았는가? 중국에서도 이미 불법을 저질렀는데 이웃인 우리가 그걸 바로 잡아야 한다. 안타깝지 않은가?

서해에서 열심히 단속하는 우리 해경에게 고마움과 미안함을 전한다. 뿌리 깊은 해적선이다. 안타까운 희생은 못난 나라 때문이다. 아프다.

59 ___ 천렵

참 아름답고 서글픈
다산 정약용 천렵 '농땡이'

 제법 길지만 그대로 인용한다. 다산 정약용의 《유천진암기游天眞菴記》일부다. 천진암에서 즐겁게 놀았던 이야기다. 다산은 조선 조 최고의 경세가 중 하나이자, 근엄하기 이를 데 없는 실학자. 그가 남긴 '농땡이 기록'이다. 배경은 자신이 태어나고 자랐던 고향의 개울가다.

 "정사년(1797년, 정조 21년) 여름, 나는 명례방에 살고 있었다. 석류가 막 꽃을 피우고, 보슬비는 갓 개었다. 초천苕川에서 물고기를 잡기에 가장 알맞을 때라고 생각했다. 대부大夫는, 휴가를 청하여 윤허를 얻지 않고는 도성 문을 나서지 못한다. 그러나 아뢴다고 휴가를 얻을 리 없다. 그대로 출발하여 초천에 닿았다. 다음날 강에 그물(절강망截江網)을 쳐서 고기를 잡았다. 크고 작은 고기가 모두 50여 마리나 되었다. 조그만 거룻배가 무게를 감당하지 못하여, 물 위에 뜬 부분이 겨우 몇 치 남짓했다. 배를 옮겨 남자주에 정박시키고 즐겁게 한바탕 배불리 먹었다(후략)."

 당시 다산의 벼슬은 정3품 동부승지同副承旨, 대부大夫다. 오늘날의 대통령 비서실장쯤 된다. 명례방明禮坊은 명동 무렵이다. 초천苕川은 지금

다산 정약용의 고향이자, 지금은 다산박물관이 있는 마재 앞 강이다. 이 언저리에서 다산은 유배 가기 3년 전에 형제들과 천렵을 즐겼다. 불과 4년 뒤, 1801년 신유사옥 때 형제들은 죽거나 멀리 유배를 떠났다. 다산은 이미 유배를 갔다가 되돌아와 다시 전남 강진으로 유배를 떠난다.

남양주 조안면 능내리 언저리다. 남한강, 북한강이 만나 한강을 이루는 곳이다. 다산이 어린 시절을 보냈고 귀양살이를 끝내고 돌아와서 살았던 고향 '마현'이 있다. 이곳이 '소내苕川마을'이다.

이날의 '농땡이' 주제는 천렵이다. '배가 기울도록 물고기를 잡아서 즐겁게 먹었다.' 이 '즐거움'은 참 쓸쓸하다. 불과 3년 후인 정조 24년(1800년) 6월 28일 정조 승하, 다산은 18년간의 유배 생활을 시작한다. 몇몇 형제가 마지막으로 모였던 즐겁지만, 참 쓸쓸했던 천렵. 천렵은 여름철 최고의 '놀이'였다.

태종 7년(1407년) 2월 《조선왕조실록》의 기록이다.

"완산부윤完山府尹에게 전지傳旨하여 회안대군懷安大君이 성 밑 근처에서 천렵하는 것을 허락하고, 또 관가의 작은 말馬을 내주어 타게 하였다."

회안대군 이방간(1364~1421년)은 태조 이성계의 넷째 아들로 태종 이방원(정안대군)의 바로 위다. 제1차 왕자의 난 때 두 사람은 힘을 합쳐 권력을 손에 넣었다. 회안대군은 정안대군을 상대로 제2차 왕자의 난을 일으켰다. 무참하게 패배한 회안대군은 귀양살이를 떠난다. 궁중이 시끄럽다. 죽여야 한다는 말도 나오고 험한 곳으로 유배 보내야 한다는 의견도 많다. 태종의 손에는 이미 많은 피가 묻었다. 회안대군은 어린 시절을 같이 보낸 바로 위의 형이다. 여기저기 유배지를 옮기다가 완산으로 보냈다. 오늘날의 전주다. 집권 7년 차의 막강한 권력을 가진 군주. 형이 유배지에서 천렵하는 것을 허락한다.

민간에서도 천렵을 즐겼다. 정경운(1556년~?)은 조선 중기 선비이자 임진왜란 당시 의병장으로 경상 지역 왜병 격퇴에 공을 세웠다. 그는 임진왜란 때 진주 지역의 상황을 일기로 기록했다.《고대일록》이다. 이 기록 군데군데 천렵이 등장한다. "최 별감과 함께 혈계血溪(피내, 지금의 남계천)에서 천렵을 하였다(1594년 7월 29일)." "작은 배를 띄우고 작대기로 크게 소리를 내니 눌어訥魚(누치)가 여울을 거슬러 올라왔다. 시내 한 가운데에 그물을 쳐서 89마리를 잡았다. 평생에 좋은 일이 이보다 더하겠는가(1595년 4월 8일)."

점잖은 선비이자 의병장이 천렵으로 누치 잡은 일을 '평생에 더없이 좋을 일'로 손꼽았다. "혈계 여울에서 고기를 잡았는데 온종일 몇 마리밖에 잡지 못했다. 저녁에는 여울을 가로질러 그물을 놓았지만 고기를 겨우 십여 마리 정도 잡았다. 한탄스러웠다(8월 12일)"는 내용도 남겼다.

다산과 비슷한 시기를 살았던 조선 후기 문신 윤기(1741~1826년)는

'천렵을 구경하며'라는 시를 남겼다. "어량에 통발 치고 돌을 물에 던지고/ 아이들이 앞 다투어 물고기를 몰아간다/ 잠깐 사이 통발 가득 물고기가 팔딱이니/ 이번이 제일 많다 웃으며 말들 하네(무명자집)."

천렵을 경계하는 이도 있었다. 조선 중기의 큰 유학자인 한강 정구(1543~1620년)는 후배 최은에게 천렵은 '헛된 작업'이라는 편지를 보낸다. "한번 가면 다시 얻기 어려운 세월을, 집 짓고 천렵하는 헛된 작업으로 오랫동안 보내게 되니 어찌 진정으로 우려할 만한 일이 아니겠는가(한강집)."

못다한 이야기

나는 천렵을 좋아한다. 좋아해도 무척 좋아한다. 지금도 여름철에 어디서 천렵을 한다고 하면 몸이 근질근질하다. 먼 강원도 길도 따라나서고 싶다.

한강 정구의 편지를 보면 예전 사람들도 천렵을 좋아했던 모양이다. 오죽하면 근엄한 노 선배가 "한번 가면 다시 얻기 어려운 세월을 천렵하는 헛된 작업으로 보내는가?"라고 한탄했겠는가?

다산 정약용도 마찬가지. 대통령 비서실장쯤 되는 이가 석류꽃이 막 필 무렵 농땡이를 치고 가는 곳이 천렵하는 고향이다.

어린 시절. 천렵은 가장 미련하면서도 확실한 고기잡이 방식이었다. 폭 1미터 정도 되는 개울의 윗부분에 뗏장을 떠서 물을 막는다. 10미터쯤 아래에도 마찬가지. 뗏장으로 물을 막는다. 아래, 위 뗏장 사이의 물을 모두 퍼낸다. 바닥에서 고기를 건져 올리면 된다.

가끔 안타까운 일도 벌어진다. 물을 거의 다 퍼낸 다음, 바닥에서 고기들이 펄떡펄떡 뛰는 모습이 보이는데 위 뗏장이 무너지는 것이다. 도로 아미타불. 눈앞에 펄떡이던 고기들이 한순간 물속으로 모습을 감춘다. 그때의 안타까움, 아쉬움이란.

60 ___ 명월관과 안순환

'명월관'의 안순환,
한식을 술집 안주로 팔아넘기다

무너진 왕조의 서글픈 인사 발표다. 순종 3년(1910년) 8월 19일(양력). '공식적인 망국'이 딱 열흘 남았다. "전선사 장선典膳司 掌膳 안순환安淳煥 등을 정3품으로 승서(승진)하였다." 정3품은 당상관으로 고위직이다(조선왕조실록).

안순환(1871~1942년)에 대한 기록들은 오류투성이다. 오류를 문제 삼는 이유는 간단하다. 안순환을 '조선 음식 전문가'라고 표기하고 그를 통하여 조선 음식, 한식이 계승되었다는 말이 난무하기 때문이다. 아니다. 안순환은 음식전문가가 아니었다. "고종의 대령숙수 출신으로 궁내부가 해체되면서 실직, 조선 최초의 요릿집 '명월관'을 세우고 조선 궁중요리를 계승, 전파했다"는 말도 있다. 완벽한 엉터리다. '안순환의 궁중요리'는 한식의 잘못 꿴 첫 단추다. 한식은 이때부터 어그러진다. 화려하고 천박한 술집의 안주상을 한식의 밥상으로 여기는 일이 여기서 비롯되었다. 궁중에서는 호화로운 것을 먹었으리라는 지레짐작도 이때부터 시작되었다.

안순환이 '명월루(훗날 명월관)'를 세운 것은 1903년. 전선사의 장선이 된 것은 1909년 1월(양력)이다. 전선사는 궁중음식, 연회 등을 맡아보던 기구로 예전의 사옹원이다. 장선은 6품, 실무책임자다. 안순환은 오랫동안 술집을 운영하다가 궁중음식 관리자가 된 것이다.

안순환安淳煥이 궁중에 처음 들어간 것은 고종 37년(1900년) 윤팔월 27일(음력)이다. 《승정원일기》에 "9품 안순환을 전환국 기수典圜局 技手에 임용한다"는 내용이 있다. 안순환에 대한 첫 공식기록이다. 전환국은 화폐를 주조, 관리하는 부서다. 서른 살에 조폐관련 부서에 말단직으로 입사했다면 안순환이 '요리사'는 아니었다는 뜻이다. 그로부터 안순환의 사망까지 음식 만지는 일을 했다는 내용은 어디에도 없다. 그는 대령숙수도 요리사도 아니었다. 망국의 최후 2년여 동안 궁중 음식 관련 실무책임자이자 술집을 운영하는 장사꾼이었다. 그는 난세의 투잡족이었다.

안순환은 고종 38년(1901년) 10월(음력) 전환국기수에서 물러난다. 1903년의 '명월루' 설립으로 바빴을 것이다. 안순환은 일제와 친일파의 '낙하산'이다. 마음대로 오가고 승진한다. 안순환이 다시 등장하는 것도 엉뚱하다. 4년 후인 고종 42년(1905년) 12월(음력) 기록. "9품 안순환을 6품으로 올려주라(승륙陞六)"는 것이다. 특진이다.

안순환은 '궁중'이라는 이름을 팔아먹었을 뿐이다. '명월관'을 설립하면서 '조선 궁중요리'를 판다고 선전했다. 일제강점기 '식도원' 등을 운영하면서 늘 '조선 궁중요리와 기생'을 들먹였다. 일본인들과 친일파, 졸부, 한량들은 "왕의 기생을 끼고 조선 궁중요리를 먹는다"며 조선과 조선왕조를 능멸했다. 조선에는 궁중에만 있는, 궁중 고유의 음식은 없었다. '궁중잡채'는 코미디다. 당면은 국권침탈 후 한반도에 등장한다.

오늘날 외식업체의 '음식'과 술집의 '요리'는 혼란스럽다. 이 혼란은 대한제국 시기, 일제강점기부터 시작된 것이다. '명월관'의 안순환은 음식 낭비가 심하고 화려한 술상을 '조선 궁중요리'라고 내놓았다. 안순환이 조선음식, 한식을 계승, 발전시켰다는 표현은 엉터리다. 그는 궁중숙수로 일한 적도 없다. 난세의 술집 경영자, 친일파일 뿐이다.

신선로도 마찬가지. 우리의 열구자탕과 중국의 탕제자, 일본의 승기악탕(스기야키)이 뒤범벅된 것을 '궁중신선로'라고 강변하면 곤란하다. 열구자탕은 19세기 동래, 김해 일대 아전들도 먹었다(낙하생집). '궁중요리'는 장사치의 호객용 광고 문안일 뿐이다.

"이왕 전하(순종)가 서거하시면서 '유일관' '국일관' 등 시내 조선요릿집들이 모두 문을 닫고 애도를 표시하는데 유독 '식도원'만은 영업을 계속하고 있어 시민들이 분개한다. 주인 안순환은 고종 승하 시에도 장사를 계속했다(동아일보 1926년 4월 27일)."

안순환은 순종 3년(1909년) 1월(음력) '일본 황태자 전하에게 문안하러 가는' 내부대신 송병준의 수행원이 된다(승정원일기). 송병준은 이완용급 친일매국노다. 안순환은 국치일 10일 전에 정3품으로 승진했다. 안순환이 조선 궁중과 한식을 계승했을까?

'요리'는 일상의 음식이 아니다. 술집 안주다. 화려한 술안주를 '조선음식, 한식'이라고 우기면 곤란하다. "한식은 가짓수만 많고, 먹을 것 없는, 낭비하는 밥상"이란 오명도 여기서 시작되었다. 안순환은 조선궁중의 잔치음식이란 미명 아래 기생들의 춤과 노래가 범벅된 비싼 술안주를 팔았다. 진귀한 식재료와 화려한 음식. "국왕은 일상적으로 9첩을 먹고, 잔치가 있으면 12첩을 먹었다"는 근거 없는 말도 이때 시작되었다. 조선의 군왕들이 화려하고 진귀한 것을 먹었을 것이라는 오해 역시 여기서 비롯되었다. 화려한 궁중요리는 허상이다. 안순환의 '명월관'에서 내놓았던 진귀한 술안주 수준을 탐했던 왕은 폭군 연산 정도였다.

못다한 이야기

안순환은 철저한 친일파, 술집 주인이었다. 그는 1903년 '명월관'을 세웠다.
조선왕실의 마지막 대령숙수待令熟手였다는 이야기는 코미디다. 그는 단 한 번도 음식을 만들어 본 적이 없다. 궁중에서의 첫 직업은 전환국 기수, 화폐 관련 부서의 말단 직원이었다. 그다음부터는 이른바 낙하산 인생이다. 친일을 무기로 승승장구했다. 안순환은 자신이 운영하는 술집 '명월관'을 위하여 조선 왕실을 이용했다. 이리저리 뒤섞인 음식을 '궁중요리'로 포장하고 기생들을 '왕이 데리고 놀던 여자'로 둔갑시켰다. 기생조합 권번券番은 일제강점기에 등장한다. 물론 일본 방식이다.
내용을 모르는 이들이 안순환의 '명월관'을 궁중요리, 한식의 뿌리로 포장했다. 안순환을 대령숙수로 포장했다. 대령숙수도 마찬가지. 대단한 직책이 아니다.
존재하지도 않았던 '궁중요리'는 안순환으로부터 시작되었다. 이때부터 한식은 망가진다. 한식을 바로 세우는 일은 안순환의 어두운 그림자를 지우는 일부터 시작해야 한다. 그가 유교 사당을 건립했다고 해서 대단한 유학자로 포장하는 것도 코미디다. 안순환은 젊은 시절 '하루도 싸우지 않으면 잠을 잘 수 없는' 왈패였다. 난세의 간웅, 왕실을 팔아먹은 시정잡배일 뿐이다.

61 ___ 숙수熟手의 삶

음식 만지는 일은 고귀하다
음식은 남자들만 만지게 하라

영조 42년(1766년) 8월의 기록. 영조(1694~1776년)가 영의정 홍봉한(1713~1778년)을 만난다. 홍봉한의 보고다.

"궁궐 안팎의 제사 등에 병, 면, 포탕을 마련합니다. 이때 여인들에게 음식을 준비하게 하는 일이 잦습니다. 도성의 여러 부서도 궁의 잘못된 전례를 따릅니다. 민폐도 심하고 폐단도 많습니다. 고귀한 일에 내력이 불분명하고 정결하지 못한 여인을 여러 숙수熟手들과 뒤섞이게 하는 것도 미안합니다. 봉상시의 숙수들은 만들지 못하는 것이 없는데 어찌 병, 면, 탕을 만들지 못하겠습니까? 앞으로 봉상시에서 특별히 신경을 써서 (여인들을 쓰지 말고) 숙수들이 일을 하는 것이 올바른 길입니다. 민폐를 없애는 길이기도 합니다."

영조의 대답도 간명하다. "몹시 해괴하다. 무례하다. 민폐도 심할 것이다. 엄금하라. 또 이런 일이 일어나면 봉상시 해당 관원들의 책임을 무겁게 물을 것이다(조선왕조실록)."

영조와 홍봉한은 사돈지간이다. 홍봉한의 딸이 사도세자의 부인 혜경궁 홍 씨. 홍봉한은 세손世孫이었던 정조의 외할아버지다. 영의정, 현

음식은 '봉제사접빈객奉祭祀接賓客'의 주요 도구다. 국가의 빈객은 외국사신이다. 제사는 종묘 등의 제사다. 가장 좋고 정성스런 음식은 손님맞이와 제사에 사용한 것이다. 사진은 안동 경당종택 불천위제사의 상차림이다. 가장 소중한 제사다. 제사상 앞에 있는 몇몇 음식은 지금도 남자인 종손이 직접 정성을 들여 만든다.

직 국왕의 사돈, 세손의 외할아버지가 국왕 독대 자리에서 꺼낸 이야기가 "여인들이 음식을 만지지 못하게 하라"는 것이었다. 봉상시는 제사 등을 도맡는 부서다. 제사 음식, 궁중의 일상적인 음식을 만드는 일은 유교의 법도에 따라 중요한 일이었다. 민간 반가나 상민의 집에서는 여자들이 음식을 만들었지만 궁중이나 관청의 음식은 철저히 남자들의 몫이었다.

음식 만드는 일이나 식재료 장만, 물 떠오는 일도 남자의 몫이었다. 음식은 숙수, 선부膳夫, 재부宰夫, 옹인饔人, 수공水工, 반공飯工 등이 만졌다. '부夫'는 사내, 남정네다. 선부는 반찬, 재부는 고기, 옹인, 반공은 밥 짓는 일을 맡았다. 한양과 지방의 관청도 마찬가지. 음식 만드는 일에 여자들이 끼어드는 것은 받아들이기 힘들었다.

태종 13년(1413년) 7월의 기록. 사간원의 상소에 '뼈'가 있다. "예전부터 가뭄이 오면 국왕도 감선했다. 금주 명령이 있지만 여전히 술 취한 사람이 있으니 금주를 엄격히 시행해야 한다"는 내용이다. 속 시원하

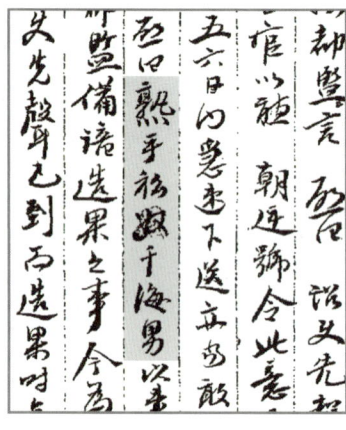

'승정원일기'의 한 부분이다. '熟手私奴千海男'이 보인다. 궁궐의 주방도 인력 부족에 시달렸다. 숙련된 숙수는 늘 부족했다. 외국사신 접대 등 대규모 연회가 있으면 외부인력 즉 '알바'를 쓸 수밖에 없었다. 조선 후기에는 힘이 많이 들지 않는 전 부치기 등에는 여자들을 고용한 적도 있었다. 영조가 '앞으로 주방에 절대 여자를 들이지 마라'고 명한 것은 오히려 '여성 주방 고용'이 널리 퍼졌음을 암시한다.

게 이야기하자면 "국왕인 당신이 술을 마시지 않느냐, 좋은 음식을 먹지 않느냐?"는 뜻이다. 서슬 시퍼런 국왕이다. 마음대로 보위에 올랐고, 살아 있으면서 하야下野했고 외교, 국방권은 가졌다. 재위 13년, 살아 있는 권력자가 변명한다. "감선하는 일이라면 나의 주방에 진실로 별미別味가 없는 것을 선부에게 물어보면 알 수 있을 것이다(조선왕조실록)." 선부는 천민 남자다. 이름도 각색장노各色掌奴, 숙수노熟手奴였다. '노비奴婢'의 '노'는 남자 종이다.

궁궐에서 음식 만드는 일은 힘들었다. 웬만하면 피하려 했다. 숙련된 숙수는 더 귀했다. 인조 3년(1625년) 3월, '숙수 사노私奴 천해남'을 두고 '부처 간의 갈등'이 일어난다. 중국에서 사신이 왔다. 사신 접대는 영접도감의 몫이다. 숙련된 숙수가 없다. 천해남은 숙련된 숙수다. 불행히도 사옹원 소속, 세자궁 파견이다. 영접도감에서 인조에게 건의한다. "중국 사신이 돌아갈 때까지 만이라도 천해남을 영접도감에 보내주셨으면 좋겠습니다." 인조는 허락한다. 나흘 뒤인 3월 27일, 사옹원이 들고 일어선다.

"사옹원 소속 숙수들의 업무가 힘듭니다. 교대로, 밤낮없이 궁궐주방에서 일합니다. 이번에 천해남이 영접도감의 숙수로 명령받았습니다. 왜 하필이면 궁궐에서 힘든 일을 하는 숙수들을 데려갑니까? 천해남과 사옹원 소속 다른 숙수들을 절대 데려가지 못 하게 해야 합니다(승정원일기)."

사옹원은 식재료 관리, 음식 만드는 일 등을 하는 부서다. 숙수들은 사옹원 소속이었다. 대령숙수待令熟手도 잘못 알려졌다. 높은 직책이 아니다. 밤낮없이 일하는 '궁궐주방 5분 대기조'다. 역시 남자다.

궁중숙수들은 부업으로 그릇 빌려주는 일도 했다. 정조 14년(1790년), 궁중숙수들은 사기전砂器廛과 맞선다. 사기전 상인들의 꼼수다. 이들은 '그릇 빌려주는 세기전貰器廛'을 만들고 궁중숙수들을 흡수, 일을 독점하려 한다. 자신들이 그릇 빌려주는 일을 도맡고 이익 일부를 나눠 주겠다는 것이다. 궁중숙수들은 반발한다. 영조 30년(1754년), 이미 세기전, 궁중숙수들이 각자 그릇 빌려주는 일을 나눠하도록 결정했다. 이제 와서 세기전이 독점하는 것은 부당하다. 정조는 궁중숙수들의 의견을 따른다(일성록).

못다한 이야기

문제는 '대장금'이다. 대장금은 중종실록에 '장금'이란 이름으로 등장한다. 약방 기생으로, 궁중의 음식을 만지는 사람으로 이름을 날린다. 드라마 '대장금'은 대형 히트를 기록했다. 국내뿐만 아니라 외국에서도 대박을 쳤다. 드라마다. 허구다. 중종 무렵 여자가 이런 일을 했을 가능성은 제로다. 드라마라고 못 박았으니 뭐라고 비판하기도 힘들다. "웃자고 한 이야기에 정색하고 덤비는 격"이다.

조선시대 궁중에서 음식을 총괄하는 부서는 사옹원司饔院이다. 숙수들은 사옹원 소속의 남자 공무원이다. '알바'를 쓰기도 했지만 역시 전원이 남자들이었다.

영조 42년(1766년)이면 조선 후기다. 기강이 얼마쯤 허술해진다. 여자들이 음식 만드는 일에 참여한다. 여전히 영조의 태도는 굳건하다. 여자들이 음식 만지는 일을 하지 못하게 하라고 못 박는다.

'장꼬마마'란 표현이 있다. 장독대, 장 만지는 일을 한 여자를 일컫는다. 여자들이 음식을 만지지 않았냐고 항변한다. 코미디다. 기강이고 뭐고 다 무너진 조선 말기, 대한제국 시절의 이야기다. 고종, 순종 무렵의 단편적인 이야기를 과장한 것이다. 조선의 국왕은 27명이다. 고종, 순종은 마지막 2명이다. 그나마 나라는 완전히 무너졌고, 한식의 바탕이 된 유교적 가치관도 무너졌을 때의 이야기다.